一念之轉

四句話改變你的人生

Loving What Is

拜倫・凱蒂（Byron Katie）
史蒂芬・米切爾（Stephen Mitchell）◎合著

周玲瑩◎譯　若水◎審訂

目次

推薦序

一念轉乾坤

若水

我初次接觸「轉念作業」，是透過紐約舉辦的「奇蹟課程大會」的因緣。《奇蹟課程》有意為我們指出人類問題的終極肇因，它上可推到天地之始，下能追入潛意識的幽冥世界，它常把人間事說得虛虛實實，我們一不小心便迷失在小我的思想遊戲裡。我發覺凱蒂的「四句反問」頗能cut the crap，一刀劃破小我以千奇百怪的藉口為自己編織的天羅地網，它逼著我們去看自己是如何「一念接一念」地作繭自縛，還痛苦得理直氣壯，怨天尤人。

因此，次年，我在奇蹟研習「自我療癒班」中，便搬出了凱蒂的四句反問。我先講了兩天小我咎由自取的種種伎倆，然後才讓學員試著具體去「轉」心裡對某人或某事的批判。沒想到，大部分的學員都被卡住了，怎麼也轉不過來。那時，我們才體會到，說什麼「外境是自己的投射」，說什麼「冤家是你的救主」、「沒有人能傷害你，只有你能傷害自己」。前兩天在分享討論中說得頭頭是道，一被帶到自己的「受害經驗」前，奇蹟理念頓時顯得虛而無力。於是，我們小時候的經驗，鄰居的一句話都變得真實無比，寧願自己被他們氣死，也要證明自己的看法或感覺正確無誤；寧願繼續受此煎熬，也不肯輕易放過對方那一部分的責任。

在奇蹟研習中，我只做到這兒便打住了。周玲瑩不甘被「卡」，鍥而不捨地探索下去，終於牽出了她與凱蒂的學生吳家芸的一段因緣，《一念之轉》才得以出現於你的面前。

最初，我對「轉念作業」咄咄逼人的追問方式懷著保留的心態，畢竟，《奇蹟課程》再三告誡我們，修正弟兄不是我們的責任，我們不必費心去解決別人的問題，而應借用自己對別人的心理反應，反觀出自己從未察覺的心態而已。真正的奇蹟不是幫助別人解脫，而是自己接受救恩。

然而，在協助玲瑩翻譯的過程裡，我很驚訝地發現，凱蒂的「四句反問」與奇蹟理念幾乎可說是「經典配」。四句反問，刺穿了小我的自衛盔甲，把我們赤裸裸地帶到自己一直想要迴避的真相前，逼著我們不能不「重新選擇」；而《奇蹟課程》的形上真理又正好為凱蒂的四句反問所問出來的事實真相而背書，使得「轉念作業」不再只是一種解除自欺的心理活動而已，更為我們開啓了「實相」的大門。

根據凱蒂的自述，她在「覺醒於真相」的那一刻，終於看清了自己一直被虛妄不實的「故事」所苦，由此發明了這四句反問，追問出事實真相，徹底由自編的謊言中解脫。她在工作坊作個案時，口口聲聲「寶貝、甜心、安琪兒」地來安撫那逐漸遁形的小我（思想體系），一絲一縷地幫當事人拆解自編的天羅地網。就在當事人的自衛開始瓦解之際，她常會輕描淡寫地撂下幾句讓人聞之一怔的絕對真理。

這真理，不只與《奇蹟課程》的理念一致，她開口閉口竟然都是《奇蹟課程》的自創術語，例如：化解（undo）、分裂（separation）、美夢（happy dream）、神志不清（insane）。她又反覆使用鏡子與投影機的譬喻，提醒學員：「世界是你神志不清的投射」、「世界無須拯救，只有你的心念需要改變」。

當她幫助學員處理親子問題時，一邊追問、一邊開導，直到學員明白「看到孩子的純潔無罪，就會看到自己的純潔無罪」為止。在論及死亡時，她不管當事人能否理解，毫不避諱地道出「害怕死亡，其實是害怕真愛的最後一道障眼法」、「你其實仍安居家中，從未離開過」這類《奇蹟課程》的經典理念。

當我讀到凱蒂說：「『轉念作業』談的是百分之百的寬恕」；「『轉念作業』是一種化解（undo）」時，我更確定《一念之轉》與《奇蹟課程》有所淵源。然而，凱蒂卻說，她從未讀過《奇蹟課程》，這至今仍是我心中的一個未解之謎。

在此，我願提醒一下讀者，正因「轉念作業」有一針刺入小我心臟之效，很容易被小我利用，轉為糾正別人的武器——改善別人乃是小我在人間最愛的神聖使命！因此，我覺得

「轉念作業」只適合個人自修或在工作坊裡操練，讀者萬萬不可把這四句反問掛在嘴邊，去挖別人的隱私，這種「好心幫忙」很容易構成一種侵犯。我們都不難明白，一個人的改變，通常不是靠「知道真相」而已，我們真正的隱痛是「我們不敢知道也不忍知道」背後的疚與懼。這個深埋的痛，需要的是諒解，是寬恕，是療癒；我們要學習尊重每個人自己的「時機」。

最後，想好好介紹一下主事翻譯的周玲瑩。經過幾年翻譯工作的歷練，雖然她總是自嘆並未具備專業譯者的能力，奇妙的是，在有限的翻譯經驗下，她卻能精準地把握全書的精神與要旨。這全來自她對「轉念作業」的全心投入，我們可以說，她是用自己整個生命來翻譯的。其實，她不論作什麼，譯書也好，帶讀書會也好，她靠的從來不是技巧與能力，她一向是投入整顆心去經營的。於是，因著她的無比願力，許多利益眾生的美事，甚至她視為「不可能的任務」，都在她的手中完成了。

自從受到「轉念作業」的洗鍊，玲瑩逐漸掙脫了敏感的個性，快樂而勇敢地迎向現實的挑戰，喜孜孜地作一個「永遠的人生學徒」，即使近年來她一直在學習「身體的課程」，周遭的朋友還是能感染到她的喜悅與自在。自從《奇蹟課程》中文版問世以來，周玲瑩一直是奇蹟資訊中心的一股動力，也是這些年來伴我走上奇蹟旅程的一顆福星。

二〇〇七年　寫於加州如客陵星塵軒

推薦序

作真相的情人

吳家芸

拜倫・凱蒂的著作*Loving What Is*終於發行中文版了，這是令人振奮的好消息。這本書的英文原作已在歐美地區發行多年，嘉惠了許多國家的讀者。現在，台灣和其他華語地區的讀者終於有機會分享到這麼棒的訊息，真是一大福音。

我跟拜倫・凱蒂之間的緣分，要追溯到十四年前。當時，我在美國的保險界非常活躍，榮登為終身百萬元圓桌榮譽會員。雖在事業上享有不錯的成就，然而，我總覺得人生似乎還有些缺憾，最大的挑戰來自於身體上的病痛。二十九歲時，我罹患乳癌，後來又發現腦下垂體長了腫瘤。除了健康的問題之外，原生家庭以及婚姻方面的種種考驗，時常得面臨心靈上的驚濤駭浪，難以得到真正的平靜與平安。

因著這些身心的挑戰，我很早就展開「心靈」的追尋之旅。在美國工作之餘，同時也接受靈修課程訓練。就在那時，我和其他幾位朋友開始在好友Ruby的家庭聚會，跟隨拜倫・凱蒂操練「轉念作業」（The Work）的方法。

當時，我對身體病痛抱持著「只有弱者才會生病」、「失去健康就等於失去人生的幸福」等等信念。拜倫・凱蒂帶領我一步步寫下「六道問題」和反問自己「四句問話」，才得以暫時放下「猴」腦裡翻來覆去的老掉牙故事。然而，令人驚訝的是，當我從那些複雜難解的故事中抽離出來，再經過「反向思考」之後，竟能自行找到解答。

透過「轉念作業」的方法，我過去執著的信念鬆動了，因而願意接受「身體不健康也是一種可以接受的事實」，任何表面上看似負面的人、事、物，其實都可能隱藏著一份禮物，身體上的病痛也能為生命帶來成長的機會。我透過乳癌而開始學習如何更愛自己與珍惜生命。

拜倫・凱蒂不只一次跟我強調：「世界上只有三種事：我的事、他的事、還有神的事（上天或大自然未知的力量）。」當時，我一直想要找到可以不必看病、吃藥，靠自己就能把病治好的方法。她就問我：「妳身體的健不健康是誰的事？」我回答說是我的事，但她卻認為身體健康除了是自己的事以外，也是醫生和神的事。這使我恍然大悟，的確，我們每一個人都應該為自己的身體負責，盡全力照顧自己的健康，然而有些身體的問題也只有醫生可以處理，所以我應該好好接受醫生的治療，其他就交託給神了。

拜倫・凱蒂進一步問我：「如果你沒有『你的腦下垂體不應該長瘤』的想法時，你會是怎麼樣的人？」我回答：「我不害怕，內心很平靜。」她又繼續問：「如果你連『內心很平靜』的信念都沒有時，你會是怎麼樣的人呢？」這讓我終於領悟到什麼是「空無」的感覺，她就這樣一步步帶領我去挑戰我既有的執念，也因此幫助我打破了舊有的生命模式。

我們的痛苦大多來自於無法接受事實以及對他人的要求與批判，於是我們的心經常「蹺家」，住到別人家裡，自己的家反而乏人照顧。透過「轉念作業」的操練，我把注意力拉回自己身上，凡事只求盡力就好，我做我自己能做的、該做的，而不向外求或企求改變別人，因而終於經驗到「回家」的平靜與平安，這才是真正為自己負責的態度。奇妙的是，當我們不再一味地去改變別人，並且願意面對自己、整理自己，無形之中產生正面的影響，周遭的人、事、物反而因此有了改變。

「轉念作業」就這樣成為我生命中的良師益友，一路陪伴我走過了十多年的歲月以及人生當中的許多風風雨雨。透過我個人實際的體驗，它的確是一套既簡單又威力十足的工具，只要你願意安靜地坐下來，提起筆，逐一寫下拜倫·凱蒂所設計的「六道問題」，然後再反問自己「四句問話」，並做「反向思考」，就可以將那些隱藏在意識底層卻一直阻礙你的負面信念攤在陽光下，從你所有的困擾、矛盾、疑惑、痛苦當中找出自己的盲點，並將這些挑戰視為一個禮物與機會，藉此找到生命的平衡點，回歸內心的安寧。

由於我從「轉念作業」的操練當中受益良多，因此，推廣這套工具一直是我的心願。這些年來，透過舉辦「轉念作業」工作坊，和許多華人朋友分享這套操練方法，也讓我對這套工具的應用層面有了更深、更廣的認識。

在我接觸拜倫．凱蒂的過程當中，最讓我感動的是，從外表上看來，她是一位再平凡不過的家庭主婦，然而，她卻擁有這麼不凡的智慧，時時刻刻都能夠提出清晰的洞見，原因不在於她與我們不同，而是因為她勇於誠實地面對自己的盲點，勇於「作真相的情人」，因此她比我們早發現了「轉念作業」——這一把得以開啓內心智慧與洞見的鑰匙。

你我跟拜倫．凱蒂一樣，都擁有內在無限智慧的泉源。這世上有許多開啓智慧的法門與鑰匙，就我個人以及引導個案的經驗，「轉念作業」是一把非常神奇的鑰匙，現在，透過這本書的出版將這把鑰匙交給大家，就看你願不願意拿起這把鑰匙，藉著轉變信念來改變自己的人生？

感謝許多好朋友一直在協助成就這件美事，尤其要感謝玲瑩所付出的努力，她一直很熱心地協助辦理「轉念作業」的研習課程，並將這項作業在她的生活裡徹底身體力行，也有了許多深刻的經驗與體悟。因此我可以說，她的確是翻譯拜倫．凱蒂的著作以及詮釋「轉念作業」精髓最佳的人選。

誠心期盼透過這本精采的譯作與拜倫．凱蒂充滿智慧的「轉念作業」，邀請大家一起來打開頭腦的結，讓每個人都能清除困擾著我們的信念這一阻礙，進而成就更完滿與平安、喜悅的人生。

吳家芸：長年旅居海外（現定居荷蘭），台灣引進阿梵達課程之先導，後跟隨拜倫・凱蒂，並修練拜倫・凱蒂的「轉念作業」（The Work）長達十四年。每年固定返台推廣，分享帶領轉念作業，嘉惠有緣人。

推薦序

為生命喝采

賴佩霞

二〇〇二年秋，透過國際知名的心理醫師Rahasya介紹，我初次體驗到拜倫・凱蒂自創的「轉念作業」（The Work）的威力。Rahasya特別強調「轉念作業」是現今世上最好用的自省工具之一。

那次，在短短二十分鐘裡，輕易地解開了與一位多年好友的誤會。讓我在那份關係裡重新體驗自由，那種輕鬆自在的心情，如今依然在我血液裡流竄。幾年下來，偶爾檢視那個心結是否真的消失，而答案是肯定的——那次的洗滌，我對朋友的不滿已徹底煙消雲散。

在美國結束凱蒂的課程後，我暫住一位洛杉磯朋友家裡，當晚夢見眼前一片漆黑，一堆黑色的身影圍繞著我。霎時，「鬼」的念頭立即浮現，緊接著，我看見種種恐懼與不安蜂擁而至，彷彿從童年開始，對黑暗、影子、鬼魅傳說，乃至成年之後的焦慮、害怕，都圍聚過來，有如黑森林般的巨大恐怖，團團而上。然而，瞬間，「轉念作業」的問句乍現，同時，眼前的景象立即轉換，我看到一張張未曾謀面的笑臉，來自不同種族、不同空間，身著白袍，在陽光普照的花園裡，微笑地看著我。這些陌生的臉孔，帶著至深的關懷，好像是我累世結交的摯友，圍繞在身邊，提醒我生命的無窮奧秘。

這個充滿祝福的畫面，以及難以形容的喜悅，至今仍烙印心底，也讓我對恐懼及民間的鬼魅傳說有新的領悟。

「轉念作業」的珍貴，在於它能輕易地化解陳年糾葛的念頭。當任何負向念頭進駐時，整個生命往往被思緒掌控，因而不知不覺深陷焦慮，難以自拔。為了自己及家人的身心健康，我們有必要學習一種有效方法，檢視舊有的困頓，幫助自己離開那萬丈深淵，同時學會經營和諧友愛的關係。

「轉念作業」已深深融入我的生命，時刻帶領我檢視所有阻礙身心平安的念頭，給予新的思惟及生命方向。經過一段時日的練習，我的思緒已能自動離開惱人的思惟模式，移向平靜健康的心靈。透過愛、支持、追求實相的勇氣，「轉念作業」所能帶來的歡愉，只有在自己經歷之後才會明白。

凱蒂的愛與洞見洗滌了有害的念頭，也為各種困頓的關係鬆綁，更為我開拓一個清新的世界。這顆種子已經萌芽，無須多做什麼，它已漸漸生根開花、結果繁衍，自然運行。我是何等幸運！

恭喜這中譯本的誕生，相信它會幫助更多束縛中的心靈。謝謝凱蒂、謝謝玲瑩，以及所有在這領域裡貢獻的人。更謝謝你的參與。透過閱讀、了解、練習，舊有不實的信念將會一一消失，取而代之的將會是有益身心的美好體驗。為你喝采！

賴佩霞：知名藝人，十餘年來致力於身心靈整合及治療之推廣。目前擔任「一念之轉靜心工作坊」指導老師。

譯者序

四句問話，活出自在的人生

從小到大，我們一直被教導：「不可批評別人」、「當你批評別人時，一個指頭指向別人，四個指頭卻指著自己。」所以，我們竭盡所能、克制自己不去批評別人，卻止不住心裡如海浪般不斷湧現的評語，不但無時無刻在批評別人，連自己也不放過。

拜倫・凱蒂在一九八六年覺醒後悟出的「轉念作業」（The Work），直接指明這一事實。她邀請我們在紙上坦然寫出我們對別人的評語，把它們化暗為明，然後經由簡短的「四句問話」反躬自問，最後作「反向思考」，藉此透徹了解我們執著不放的信念，從中悟出事實真相，釋放自己，重獲心靈的自由與平安。

我能有機會翻譯拜倫・凱蒂*Loving What Is*這本書，可說是一連串的機緣巧合。

數年前，若水在「奇蹟課程研習會」裡，借用拜倫・凱蒂的這套方法，教導學員們反觀自己不自覺的「投射心理」。當時，我批評的對象是鄰居：「我不喜歡鄰居，因為她餵養各地的流浪貓，害得我們的愛車經常留有貓爪印。我不喜歡她太有愛心。」

由於研習時間有限，當時只教「反向思考」。我那項評論，經過反向思考後變成：「我不喜歡我，因為我餵養流浪貓。我不喜歡我太有愛心。」我一臉狐疑，因為我不認為我有餵養流浪貓的習慣，而且也不明白我怎會不喜歡太有愛心的我呢？

直到有一天，我蹲在巷口輕聲安慰一隻全身發抖的流浪貓，這才想起了那句反向思考。沒想到，反向思考所說的竟然是真的。雖然我不像鄰居用食物餵貓，卻用言行在餵。更有一晚，一位朋友來電訴苦，他聊到三更半夜仍不肯罷休。等他談完後，我立即疲累得癱倒在床動彈不得，便忍不住怨怪自己太有愛心了。此話一出，內心不由得一震，沒想到反向思考竟能揭露我一向沒覺察到的自己。

興奮之餘，我開始在生活裡廣泛運用反向思考，企求多多認識自己。然而，相對地內疚感也愈來愈深，因為對他人的每一項批評，經過反轉之後，都成了對自己的嚴厲指控，這種滋味確實不好受。詳看研習講義之後，我才知道「反向思考」是最後的步驟，在這之前還有一些步驟當時未教，我猜想那一定是很重要的部分。於是，我虔誠地向上天祈求，請求祂讓我有機會學到拜倫・凱蒂一整套的方法。

沒想到，才過了幾天，上天竟然應允我了。好友小零打來電話，熱情地說要介紹一位新朋友給我。就這樣，操練「轉念作業」長達十二年的吳家芸女士出現了。經過她的解說，我才明白反向思考之前，最好先以「四句問話」探問那些批評的真假虛實。通常，經過這番反問的自我教育之後，就會發現那些評論全是虛妄不實的想法，因而能順理成章地接受反向思考，並在一念之間逆轉自己的人生。

接下來，我們舉辦一場又一場的「轉念作業」研習課程，連續兩年下來，很多人都能當場認清自己執著的信念，同時也讓我清楚見識到「四句問話」帶來的威力。

四句問話雖簡短，卻能很快戳破每個痛苦的想法。每當罪咎感升起，我反問自己：「這是真的嗎？」霎時減輕了不少罪咎。當我身體不適，呼吸不順暢，面臨死亡恐懼的威脅時，「這是真的嗎？」這句無言的反問會自動冒上來，使我一時忘了恐懼，轉而專注於覺察身體當時的狀況，並質問自己的想法。

遇到被人不友善對待時，我反問自己：「若沒有『他對我不友善』的想法時，我是怎樣的人？」頓時心裡感到很平安，因而甘心放下那些想法，轉而以無條件的愛接納對方。所以，我很喜歡第四句反問，它常能讓小我或自我死亡，死於無條件的大愛裡，無怨無悔。

誠如拜倫．凱蒂所說的：

「沒有人傷害過任何人，也沒有人做過任何可怕的事。再也沒有比你對那事件的想法——未經審查的想法，更可怕的事了。所以，一旦感到受苦，便用四句問話反躬自問，觀看那些蠢動的念頭，然後釋放自己。回歸童心，從一片空白的心靈開始起步。」

「如果不審查它們，這些概念會跟著我們到死為止。概念常是我們埋葬自己的墳墓。」

在本書中，隨處可見到拜倫・凱蒂展現深奧且非凡的智慧。最讓我折服的是，雖然她帶領個案做「轉念作業」，所談的不外乎是現實生活問題，比如投資股市、工作、金錢、上癮、疾病、死亡、自我批判、潛在信念……等等，但她都能進入案主內心深處的噩夢，提出她的質問，因而讓案主自行悟出事實真相，當場破涕為笑。而且，她所醒悟到的洞見，把現實生活與深奧的靈修真理結合得天衣無縫，使得靈修真理不再是高掛天上，不識人間滋味，並使我們體驗到現實生活裡處處都是玄妙的真理。

「轉念作業」適用於全世界各地的人，不分男女老少，不論受過教育與否，只要真心渴求自由與平安，必能從痛苦中得到解脫，活出自在的人生。但是，對某些人而言，可能會覺得它「障礙重重」，比如：寧可堅信自己是對的，而不願去看「當下真相」的人；寧可受苦，並相信自己苦得有理的人。這些人除非在生活裡處處碰壁，吃足了苦頭，才有可能動念質疑自己珍惜不放的價值觀。

若是我們一直執著於「我對他錯」，就會陷入內心的交戰。此時，最好是尊重自己當時的選擇，寬恕自己寧苦也不肯轉念。直到受夠了苦，動念想找另一條出路時，「轉念作業」是最棒又最快的轉念工具，因為它簡單又威力十足。

這本書，歷經兩年終於翻譯出來了。這段期間，我曾一度重病，每天只能在電腦桌前勉強敲打寥寥幾個字，當時很擔心是否能順利完成。幸好「四句問話」總能即時冒出來提醒我：但求盡力就好，其餘是上天的事。

感謝家人及很多熟識或不熟識朋友們都伸出援手，不斷支持與鼓勵我。首先，感謝家芸，她協助我深入了解「轉念作業」，並默默地陪伴我整理初稿。當然，憑我有限的語文能力，若要把這本書譯到一定的水準，非得仰賴好友若水及李安生的大力幫忙不可。若水在百忙之餘，義不容辭地協助我大刀闊斧，全面修改譯文；李安生則幫忙把這本書的內容潤飾得流利曉暢。經過他的細膩推敲，句句都精準又優美地傳達出原書的意涵，讓整本書的旨趣躍然紙上。在此，由衷地表達我對這兩位好友的深深謝意。

最重要的，我要感謝一直在旁陪伴，默默支持並付出一切的外子，尤其在我生病期間，他總是不斷提醒我：「交託」、「你是祂最愛的聖子」。雖然他絕不碰心靈書籍，卻不知打從哪裡偷聽到這些心靈詞句，總能適時地慰藉我。

最後，感謝奇蹟課程讀書會的所有夥伴們，不時打電話關心，並為我加油打氣。還有一些朋友們，每回偶遇，總是熱情地追問我：「拜倫．凱蒂的書何時出來啊？我們很迫不及待哩！」

《一念之轉》這本書，終於在大家的聲聲關心與祝福中問世了。感謝大家！感謝上蒼！

導言

愈透澈了解你自己和你的情緒，
你就愈能成爲眞相的情人。

——斯賓諾莎

初次目睹「轉念作業」活動時，我覺察到我正在體驗一個非比尋常的東西。我看到一群人，不分男女老少，不論教育水準，都很用心地學習「轉念作業」——用一種獨特的方式來探究自己固有的想法——因為那些想法帶給他們極大的痛苦。

在拜倫・凱蒂（大家都叫她「凱蒂」）仁慈又犀利的帶領之下，這些人不僅化解了迫在眉睫的各類難題，而且連內心最深處的無明癥結也因之迎刃而解。我一生致力於研究和翻譯心靈方面的傳統經典，不難體認出這些經典跟轉念過程有著若合符節的深刻相通之處。例如《聖經》的〈約伯記〉、老子《道德經》，和印度的《薄伽梵歌》（*Bhagavad Gita*）等傳統典籍的精髓，都對生死提出強烈的質疑，同時又以深奧而風趣的智慧展現內心深處的答案。對我而言，那種智慧正是凱蒂的立足之處，也正是她的「轉念作業」所要帶給人們的標鵠之所在。

我在擁擠的社區活動中心裡，看到五位男女，輪番上陣演練「作業」，透過探問那些造成他們痛苦的想法，如：「我先生背叛我」，或「我母親不夠愛我」等等，學會找回自已的自由。僅僅問四句話，並聆聽自己內在的答案，這些人就能敞開心胸，獲得深奧、寬廣且足以轉變一生的慧見。我親眼見到一位男士對他酗酒的父親既厭又恨，長達數十年，卻在短短四十五分鐘內變得容光煥發。我還看到一位女士開始時驚慌得說不出話來，因為她剛剛得悉了她的癌細胞正在擴散，但會談結束時，她全身散發著了解與接納之後的喜悅。

這五個人當中，有三個人從未做過「轉念作業」，但整個演練過程並不會顯得比其他兩位吃力，而且他們的領悟也絕不遜色於其他人。他們全都領悟到那個最基本並且也最容易被人忽視的真相——正如古希臘哲學家愛比克泰德（Epictetus）所說的：「真正困擾我們的，並非發生在我們身上的事情，而是我們對那件事的想法。」一旦掌握到那個真相，他們對事情的理解就全面改觀了。

人們在練習拜倫・凱蒂的「轉念作業」之前，常會認為它過於簡單，故而不免質疑它的成效。但是我確信：正因它的簡單，更加凸顯出它驚人的效果。自從兩年前遇見凱蒂，並第一次接觸「轉念作業」後，我做了多次的「轉念作業」，主要是針對自己下意識執著的觀念。我也親眼看到好幾千人在公開場合中一起做「轉念作業」，他們來自歐美各地，所涉及的幾乎囊括了全人類共有的問題，從各種重大疾病、至親的死亡、性和精神虐待、上癮、財務危機、事業困頓、社會問題，乃至於日常生活的各種挫折沮喪。（凱蒂在所有的工作坊裡，始終為我保留一個座位，這是跟她結婚最大的好處之一）我一次又一次地目睹「轉念作業」快速又徹底地轉變人們思考自身問題的方式。的確如此，只要想法一改變，問題便會隨之化解。

凱蒂常說：「痛苦是一種選擇。」每當感受到壓力時——從輕微的不舒服，到強烈的悲傷、忿怒，或絕望——我們很肯定這種反應必是某一特定想法引起的，不管我們覺察到它與否。消除壓力最好的方法就是：審視壓力背後的那些想法，這是任何人都做得到的事，只要他願意拿出一張紙和一支筆。「轉念作業」的四句問話（見後），將逐一揭露我們不真實的想法。透過這整個過程——凱蒂稱它為「反躬自問」（inquiry）——你便會發現，所有我們信以為真或視為天經地義的想法全都扭曲了事件的真相。當我們寧可相信自己的想法，而不願去看真相時，就會承受各種情緒性的壓力，那就是我們統稱的「痛苦」。痛苦是一種自然警訊，警告我們：你正執著於某個想法。如果我們仍是充耳不聞，不肯正視這個警訊，這時，就只好接受這個痛苦，並把痛苦當成生命中不可避免的一部分；但其實，絕非如此。

「轉念作業」跟禪宗的公案及蘇格拉底的對話，在啟迪心性的作用上，有極為顯著的相似之處，但它不是來自東西方的任何道統，而是一位美國平凡婦女無意之間創造出來的轉念功夫。

欲知事實本然，惟待契當時機、契當因緣，
時刻一到，彷如大夢初醒。
你明白你找到的是你本有的，不是來自任何外境。

——佛經

「轉念作業」（The Work）「誕生」於一九八六年二月的一個清晨，拜倫・凱蒂從「中途之家」（halfway house）的地板上驀地清醒過來，當時她四十三歲，是來自南加州高地沙漠小鎮的一位平凡婦女。

凱蒂的日子與一般美國人無異，結了兩次婚，有三個小孩，一個成功的事業，但是十年來她一直處在精神低迷狀態，不但暴躁易怒、偏執妄想，到後來愈陷愈深，變得徹底絕望。

她曾意志消沈了兩年，幾乎足不出戶；有一段時期，她好幾個禮拜都待在床上，只能透過臥室的電話與外界聯絡生意，有時甚至嚴重到無法下床盥洗梳理。她的孩子經過她的房門，必須踮起腳尖走路，以免驚擾了她。最後，她被送到專門收容「厭食症」婦女的中途之家，那是她的保險公司唯一肯付費的機構。那裡的人都很怕她，所以她被單獨安置在閣樓的房間裡。

大約一星期後的某天早晨，凱蒂躺在地板上（她覺得自己不配睡在床上），醒來的霎時之間，完全不知道自己是誰，或自己怎麼了。她事後說：「那時，根本沒有『我』的存在！」

> 我所有的憤怒、所有曾經困擾我的想法，以及我的整個世界，甚至全世界，全都消失不見了。就在此時，內心深處突如泉湧般迸出無法遏止的笑聲。而且，周遭的一景一物變得如此陌生，好像內在某個東西突然清醒過來，它張開雙眼，透過凱蒂的眼睛往外看著四周的一切：一切美妙極了……。她浸潤在喜悅之中，一切萬物都融在一起，沒有分裂，也無所不容，每一物都活出它自己。

當凱蒂回到家後，她的家人和朋友都覺得她彷彿變成另一個人。她當時十六歲的女兒羅珊說：

我們知道歷經多年的狂風暴雨終於過去了。她以前有事沒事老愛數落我和弟弟，而且還經常對我們大吼大叫，我怕到不敢跟她待在同一個屋子裡。現在，她似乎完全寧靜下來了，她能靜靜地安坐在窗邊或是外面的沙漠裡，而且一坐就是好幾小時。她像小孩般地既開心又純真，而且內心似乎充滿著無限的慈愛。苦惱的人們開始來敲我們家的門，請求她給予協助。她會跟他們坐在一起，詢問他們一些問題，大都是問：「那是眞的嗎？」當我面臨像「男朋友不再愛我」之類的問題而痛苦地回到家時，媽媽總是以難以置信的眼神看著我，然後問我：「親愛的，那怎麼可能是眞的？」那種語氣，好像我剛才跟她說「我們住在金字塔」那般荒謬。

當人們確信昔日的凱蒂已然一去不返時，便開始猜測她發生了什麼事，是否碰上什麼奇蹟嗎？她自己也說不出所以然來，經過長時間的沈澱之後，她才逐漸描述出自己的離奇經歷。她談的不外乎內在甦醒的自由。她也常說，「反躬自問」幫她領悟出，她過去所有的想法都是不真實的。

凱蒂從中途之家回來後不久，家裡開始擠滿了人，很多人聞風而至，特地前來跟她學習。她已經把那套反躬自問擬為具體的問題，任何想要解脫束縛的人們，都能應用在自己身上，而無需一直仰賴她。很快地，她開始受到一些小團體之邀，在客廳裡會晤形形色色的人。主辦人經常問她：「你開悟了嗎？」她的回答是：「我只是懂得分辨什麼會傷你，什麼不會傷你而已。」

一九九二年，她受邀到北加州，「轉念作業」便從那裡開始快速向外擴展，各種邀約如雪片紛飛而至。從一九九三年開始，她幾乎馬不停蹄地到處巡迴講解，不論在教堂地下室、社區活動中心、旅館會議廳，也不管與會人士有多少，她都能一一示範解說。很快地，「轉念作業」開始以它特有的風貌進入社會每一階層，從公司行號、法律事務所、診療室，到醫院、監獄、教堂和學校。凱蒂遍遊世界各國推展「轉念作業」，所到之處，大受歡迎。如今，在歐美各地，已有不計其數的團體定期聚會，共同操練「轉念作業」。

凱蒂常說：「了解『轉念作業』的唯一方法，就是直接去經驗一下。」但值得注意的是，這種「反躬自問」（inquiry）的作業，正好與研究心智的生物學最新實驗結果不謀而合。當代神經科學證實腦內的某一特殊部位，有人稱它為「自動翻譯機」，能把一切外在訊息轉譯成我們耳熟能詳的內在故事，形成我們的「自我感」。兩位著名的神經科學家最近指出，這個愛說故事的「自動翻譯機」具有詭詐多變的不可靠特質。安東尼奧・達馬西歐（Antonio Damasio）對它的形容是：「或許最重要的啟示正是：人類的左大腦喜歡捏造與事實不符的故事情節。」麥克・葛詹尼加（Michael Gazzaniga）接著說：「左腦慣常編織故事，而且樂此不疲，那是為了說服它自己和你：一切在掌控中……。左腦那種扭曲事實的本領，哪能稱得上什麼能耐呢？『自動翻譯機』的目的不過是幫你把自己的故事自圓其說而已。就這樣，我們才學會了自我欺騙。」這些從精密實驗得到的睿見，顯示出我們都有相信自己所發佈的新聞稿的傾向。當我們自認為「頗具理智」時，通常正是我們用自己的想法在編織故事。這種特性，道盡了我們如何親手把自己推入痛苦的深淵裡，而凱蒂本身就是十足的過來人。她這套自我質問的方法，發掘了一種獨特且鮮為人知的心智能力，使人們跳脫自製的陷阱。

很多人做完「轉念作業」後，都能從他們的痛苦念頭裡，當下感受到前所未有的解脫與自由。但是，「轉念作業」若只給人這種短暫的體悟，就無法發揮它真正的功效，它其實是一種持續不斷深入的自我了悟過程，而不是一帖救急的止痛藥。凱蒂說：「它不單單是一種技巧而已，它能從我們內心深處，喚醒生命的本然真相。」

你愈深入「轉念作業」，就愈能體會到它的效力。練習「反躬自問」一段時間以後，人們常說：「不再是我操練『轉念作業』，而是它在操練我。」根據他們的描述，練習之時，無須刻意使力，心靈便能自行察覺負面的念頭，且在它造成痛苦之前就把它化解了，他們內在與現實真相的爭辯也隨之消散，存留下來的只有愛——愛自己，愛別人，愛一切有情生命。準此而言，本書的書名與他們的體驗，可謂相互呼應：「一念之轉」，就像你我的呼吸吐納，是那般自然又輕鬆自在。

想想看，今後所有的仇恨，
心靈都能回復它原有的純眞，
最後終於明白——
那就是自我愉悅、自我撫慰、自我驚嚇，
以及，它自己甜美的意願就是天堂的意願。

——葉慈

直到現在我才介紹「四句問話」，是因為如果省略了前文的鋪述，就彰顯不出它們的深意；而要認識它們最好的方法，就是親睹「轉念作業」的示範。在這些示範中，你也會領略到凱蒂的「反向思考」，它確實能幫你從相反的角度，去審視你一向信以為真的想法。

下面是凱蒂在大約兩百位觀眾面前，與一位女士的對談。講台上，坐在凱蒂對面的瑪莉女士已經填好「轉念作業單」，在單子上，她按照提示，一一寫下對於恨怨有加的某人的想法。那個提示是：「允許你自己以真實的感受大肆批判一番，不必故做清高或仁慈狀。」填寫之時，愈是挑剔，便愈能從中獲益。你可以看到，瑪莉真的毫無保留。她是一位敢作敢當的婦女，大約四十歲，身材苗條動人，身著名貴的運動服。打從對話一開始，她的憤怒和缺乏耐性便暴露無遺。

不論是讀者或旁觀者，第一次參與「轉念作業」的臨場經驗，可能會感到不舒服，但我們最好記住：所有參與者，包括瑪莉、凱蒂和觀眾，都是站在同一陣線，都正在尋找真相。如果凱蒂的追問好似咄咄逼人，你只要往深處去看，將明白她所取笑或嘲弄的，只是針對構成瑪莉痛苦的那些想法，而不是衝著瑪莉本人。

在對話當中，每當凱蒂問：「你真的想知道真相嗎？」她的意思不是指她認為的真相，或任何預設的抽象真相，而是指瑪莉自己的真相，這真相隱身在使她煩惱的那些想法背後。瑪莉之所以出現於此，正因為她相信凱蒂能幫她找出她的自我欺瞞之處，因之她也樂意接受句句緊迫盯人的追問。

你不難發現，凱蒂在對話時經常使用親密的稱呼。有一位首席執行長（CEO），覺得有必要提醒參加凱蒂工作坊的朋友們：「如果她握著你的手，親密地稱呼你『甜心』或『親愛的』，請不必興奮，她對每個人都這麼稱呼的。」

瑪莉：（唸她寫的「轉念作業單」）**我恨我先生，他的一舉一動，甚至連他呼吸的方式，都令我抓狂。最使我失望的是，我不再愛他，我們的關係像在打啞謎。我要他更成功、不要和我有性關係、我要他身材健美、我要他有自己的社交生活，不要老是黏著我和小孩、我不要他再碰我、我要他堅強。我的先生不應該自我吹噓說他擅於經營我們的事業，他應該更成功才對。我先生是個依賴成性、予取予求的人，他既軟弱又懶惰，他始終在自欺。我拒絕活在謊言中，也拒絕為了維繫婚姻而繼續跟他虛與委蛇。**

凱蒂：他的毛病都被你說盡了吧？（觀眾大笑不已，瑪莉也跟著笑出來）這些笑聲似乎透露出你說出了屋內這一群人的心聲。現在，讓我們從頭開始，看看是否能找出事情的真相。

瑪莉：**我恨我先生，他的一舉一動，甚至連他呼吸的方式，都令我抓狂。**

凱蒂：「你的先生令你抓狂」，那是真的嗎？【四句問話的第一句是：那是眞的嗎？】

瑪莉：是的。

凱蒂：很好，親愛的，你能舉個例子嗎？他呼吸嗎？

瑪莉：他可會呼吸呢。當我們為了商務而反覆通話時，我能清清楚楚聽到他在電話另一頭重重的呼吸聲，讓我忍不住想吼他。

凱蒂：所以，他的呼吸聲令你抓狂，那是真的嗎？

瑪莉：是真的。

凱蒂：你能百分之百肯定那是真的嗎？【第二句問話是：你能肯定那是眞的嗎？】

瑪莉：是的！

凱蒂：我們都有類似的經驗。我知道，對你而言，它確實是真的，但從我的經驗來看，使你抓狂的，並非你先生的呼吸聲，而是你對他呼吸聲的那些想法。所以，讓我們進一步仔細看那是不是真的。你對於他在電話裡的呼吸聲，有何想法呢？

瑪莉：他應該意識得到他在商務電話中呼吸得太大聲了。

凱蒂：當你持有那個想法時，你會如何反應呢？【第三句問話：當你持有那個想法時，你會如何反應？】

瑪莉：我很想一刀殺死他。

凱蒂：那麼，讓你覺得痛苦的，是你對他呼吸聲所執著的那個想法，或是他的呼吸聲本身呢？

瑪莉：他的呼吸聲讓我感到痛苦。對於想要殺死他的這個想法，反而讓我比較舒服些。（瑪莉忍不住笑出來，觀眾也隨之大笑）

凱蒂：你可以繼續持有那個想法。「轉念作業」最美的地方，就是你可以保有你所有的想法。

瑪莉：我從未做過「轉念作業」，所以不知該如何回答才算「正確」。

凱蒂：甜心，你怎麼回答都是完美的，不必事先排練。所以，他在電話裡大聲地呼吸，而你認為他應該意識到，他卻沒做到時。接下來你會怎麼想呢？

瑪莉：我對他的所有最壞想法全都傾巢而出了。

凱蒂：很好，而他還是大聲地呼吸。「他不該在商務電話中呼吸得那麼大聲」——然而，事實是什麼呢？他意識到了嗎？

瑪莉：沒有，我告訴過他不要這樣。

凱蒂：他仍是依然故我，那是事實。事實永遠指「正在發生的事」，而不是「應該怎樣發生的故事」。所以說，「他不該在商務電話中呼吸得那麼大聲」，那是真的嗎？

瑪莉：（停頓一下之後）不，那不是真的。但他還是呼吸得很大聲，那是事實，也是真相。

凱蒂：那麼，當你持有「他不該在商務電話中呼吸得那麼大聲」的想法，而他沒做到時，你會如何反應呢？

瑪莉：我會如何反應？我很想逃掉，而明知自己很想離開，卻脫身不了時，我覺得很不舒服。

凱蒂：親愛的，讓我們回到「反躬自問」，不要陷入自己詮釋出來的那一套故事裡。你真的想要知道真相嗎？

瑪莉：是的。

凱蒂：很好，如果我們一次只針對你已寫的一句答覆，會更有幫助。你能找到一個理由讓你放下「他不該在商務電話中呼吸得那麼大聲」的想法嗎？【這是凱蒂有時附帶問的問句】若你們是「轉念作業」的初學者，聽到我要求瑪莉放下她的故事時，請特別注意：我沒有要她這樣做。這不是為了除掉想法，或是克服、改善，甚至屈服於它們，全都不是。這只是為了讓你領悟到自己內在的因果關係而已。所以，這個提問其實很簡單：「你能否找到一個理由讓你放下這個想法？」

瑪莉：是的，我能。沒有這個想法的干擾，打商務電話時會比較愉快。

凱蒂：那是一個好理由。好的，我再請問，你能找到一個理由讓你毫不焦慮地保有「他不該在商務電話中呼吸得那麼大聲」的不真實想法或謊言嗎？【第二個附帶問句】

瑪莉：不能，我沒辦法。

凱蒂：沒有那個想法時，你會是怎樣的人呢？【第四句問話：沒有那個想法，你會是怎樣的人呢？】如果你從來未曾湧現那個想法，你跟你先生講商務電話時，你會變得怎樣呢？

瑪莉：我將會更快樂、更有能力，而不會這麼容易心煩氣躁。

凱蒂：是的，甜心，就是這樣。所以，不是他的呼吸造成你的問題，而是你對他呼吸的那些想法，因為你從未審查它們，才看不出這想法根本不符合眼前的事實真相。讓我們來看你寫的下一句答覆。

瑪莉：**我不再愛他**。

凱蒂：那是真的嗎？

瑪莉：是的。

凱蒂：好，很好，我聽到了，但你真的想知道真相嗎？

瑪莉：是的。

凱蒂：很好，請先靜下心來，沒有所謂對錯的標準答案。「你不愛他」，那是真的嗎？（瑪莉沈默不語）如果你現在必須誠實回答「是」或「不是」，而且必須永遠活在你的答案裡——不論它是真相或謊言——你的答案會是什麼呢？「你不愛他」，那是真的嗎？（沈寂很久之後，瑪莉開始哭起來）

瑪莉：不，那不是真的。

凱蒂：這個回答，真是勇氣十足。如果用最真實的答案來回答，也許我們會惟恐斷了後路。但是，「那是真的嗎？」只是一句問話而已呀！我們很怕誠實回答最簡單的問題，因為我們把它可能的後果投射到想像的未來裡，因而感到有必要事先防範。當你相信「你不愛他」這個想法時，你會如何反應呢？

瑪莉：它使我的整個人生成為一則可笑的啞謎。

凱蒂：你是否能找出任何理由讓你放下「你不愛他」這個想法呢？請明白，我並沒有要求你現在就放下這個想法。

瑪莉：是的，我能找到放下它的理由。

凱蒂：你能找到一個讓你輕鬆自在地持有這想法的理由嗎？

瑪莉：（停頓很久後）我想，如果我繼續這套說詞，他就不會老是要跟我行房了。

凱蒂：那個理由真的會讓你心安嗎？聽起來，它只會加深人的焦慮。

瑪莉：我想你說的沒錯。

凱蒂：所以，你能找到一個理由讓你完全輕鬆自在地持有這一想法嗎？

瑪莉：喔！我懂你的意思了。不，持續這樣的老把戲，是不可能讓我輕鬆自在的。

凱蒂：真有趣！你跟先生在一起，卻沒有「你不愛他」的想法時，你會是怎樣的人？

瑪莉：那將會很棒，將會美好無比，那是我要的。

凱蒂：我聽到你說，若是有這個想法，你不會輕鬆，若是沒有這個想法時，就會過得美好無比。那麼，你的不快樂跟你先生還有任何瓜葛嗎？我們只需注意一下這一點就夠了。

所以，「我不愛我先生」，請將它反向思考。【結束四句問話後，接下去做反向思考】

瑪莉：我愛我的先生。

凱蒂：好好感受一下。那與他無關，是嗎？

瑪莉：是的，真的無關，我的確愛我先生，你說的對，那與他完全無關。

凱蒂：有時候你認為你憎恨他，而那也與他完全無關。這個男人只不過呼他的吸而已，你卻說出一套你愛他或是你恨他的故事。一樁美滿幸福的婚姻，不需靠兩個人，只需一個人即可——那個人就是你！還有另一種反向思考的方式。

瑪莉：我不愛我自己。我的確如此。

凱蒂：你可能認為，倘若與他離婚，你會覺得好過些。但是，若不仔細審查你的想法，你會把同一觀念貼在下一個進入你生命的人身上。我們執著的不是某一人或某一物，而是執著我們當時未經審查就信以為真的那些概念。讓我們來看你「轉念作業單」的下一個答覆。

瑪莉：**我想要我的先生不要予取予求，老是依賴我，我要他更有成就，不要老想跟我行房，應注意身材，有自己的社交生活，不要老是黏著我和小孩，而且要堅強一點。**這些只能算是我對他的期待的一小部分而已。

凱蒂：請把你整套說詞「反向思考」一下。

瑪莉：我想要我不軟弱，不依賴他，要當更成功的人。我要我常跟他行房，我要保持身材，我要有自己的社交生活，不要老是黏著他和小孩，我要自己更堅強。

凱蒂：所以，「他不應該予取予求」，那是真的嗎？事實是什麼呢？他真的這樣嗎？

瑪莉：他確實予取予求的。

凱蒂：那麼「他不應該予取予求」就成了一個謊言，因為根據你的描述，這傢伙確實是予取予求的。所以，當你持有「他不應該予取予求」的想法，而你眼前的事實，他明明是予取予求的，那麼，你會如何反應呢？

瑪莉：我會一直想逃開。

凱蒂：若他出現在你面前，而你沒有「他不應該予取予求」的想法時，你會是怎樣的人？

瑪莉：依我剛才的了解，我可能會對他懷著愛意，而不會處處防著他。但事實上，我只要看到他有一丁點需求傾向，就受不了，非得逃離不可，我一生都在幹這種事。

凱蒂：根據你的說法，當你看到他予取予求時，你並沒有誠實地說「不」，你反而走開或是想要逃跑，這對你和他都不誠實。

瑪莉：一點都沒錯。

凱蒂：嗯，勢必如此的。在你能與自己進行清晰又誠實的溝通之前，你必然認定他是予取予求的。所以，讓我們來看清楚一點。請你扮演予取予求的他，我來當那個清明的你。

瑪莉：予取予求先生走進來，說：「我剛接到最棒的電話，你一定要聽聽看，這傢伙對我們的公司一定很有用。我還接到另一通電話……。」你知道嗎，他可以這樣一直說個不停。這時，我正忙個半死，正在趕著某個限期交差的事情。

凱蒂：「甜心，我聽到你接了一通很棒的電話，並為此感到很開心。同時，我希望你現在能離開房間，因為我正在趕工。」

瑪莉：「我們必須談談我們的計劃。我們何時去夏威夷呢？我們必須搞清楚要搭哪家航空公司……。」

凱蒂：「我聽到你想談我們去夏威夷的計劃，我們可以在晚餐時談。我真的需要你現在離開房間，我必須趕在最後期限內完工。」

瑪莉：「如果你的女友打電話給你，你會和她聊上一個小時，現在你卻不肯聽我講兩分鐘？」

凱蒂：「你可能是對的，我要你現在離開房間，聽起來好似很絕情，但其實不是，因為我現在必須趕在期限內做完。」

瑪莉：我不會那樣做，通常我會很兇，大發雷霆。

凱蒂：你當然會發脾氣，因為你害怕說出實情，也害怕說不。你絕不會說：「親愛的，我要你離開，我正在趕工。」因為你想從他那裡要一些東西。你暗中在跟你自己和他玩什麼把戲呢？你究竟想從他那兒得到什麼？

瑪莉：我從來不曾跟任何人直截了當地說話。

凱蒂：因為你想從我們身上得到某個東西，那是什麼？

瑪莉：我無法忍受有人不喜歡我。我不想要不融洽的場面。

凱蒂：所以，你要我們的肯定。

瑪莉：是的，我想要保持和諧氣氛。

凱蒂：甜心，如果你先生肯定你說的話和你做的事，你們全家就會融洽和諧，那是真的嗎？有用嗎？你們家融洽和諧了嗎？

瑪莉：沒有。

凱蒂：你在家裡，想用融洽和諧來換取你的誠實正直，卻反而搞得焦頭爛額。別再從別人身上尋求愛、肯定和讚賞了，不妨正視一下眼前的真相，就當成一場遊戲吧。請再唸一次你寫的答覆。

瑪莉：**我要我的先生不予取予求。**

凱蒂：很好。請作反向思考。

瑪莉：我要我不予取予求。

凱蒂：是的，你一直要和諧融洽，要他的肯定，要他的呼吸改變，還要他為你改變性慾。請看看，誰才是予取予求的那一位呢？究竟誰在依賴誰呢？所以，請你把整張單子反向思考。

瑪莉：我要我自己不予取予求，不依賴……

凱蒂：不依賴你先生，是嗎？

瑪莉：我要我自己更成功，我要自己不再有房事了。

凱蒂：如果你好好沈思這句話，可能會發現它真的很有道理。試想一下，你說過多少次你很厭惡跟他行房這件事？

瑪莉：經常說。

凱蒂：是的，你在心裡跟他行房，而且認為它多麼可怕。你一次又一次地跟自己重複和先生做愛的可怕故事，所以，令你厭惡的是那個故事，而不是你的先生。沒有故事時，性根本不會引起任何人的反感。性就是性。你若非有性關係，便是沒有性關係，令我們厭煩的是我們對於性的各種想法。親愛的，你若針對這個主題來做練習，大概整張作業單都不夠你寫關於你先生以及你們的性事。

瑪莉：我懂了。

凱蒂：很好，請把下一句也作反向思考。

瑪莉：我要我身材健美，但是，我的身材不錯呀！

凱蒂：喔，真的？在心念層面呢？

瑪莉：噢，那方面我還需要下點功夫。

凱蒂：你已經盡力了嗎？

瑪莉：是的。

凱蒂：嗯，或許他也盡力了。「他應該身材健美」，那是真的嗎？

瑪莉：不，他身材稱不上健美。

凱蒂：當你相信「他應該身材健美」的想法，而他沒有做到時，你的反應如何呢？你會對他說什麼，或做什麼呢？

瑪莉：我的一切反應都是另有他意，我故意向他展露我的肌肉，我不再用肯定的眼光看他，也不再讚美他，不再對他有任何友善的舉動。

凱蒂：很好，請閉上眼睛，想像你正用那種方式看他。現在，注意看他的臉。（暫停幾秒鐘。瑪莉嘆了一口氣）請繼續閉上眼睛，再看著他。你正和他在一起，而你沒有「他應該身材健美」的想法時，你會是怎樣的人？

瑪莉：我會看出他還蠻英俊的。

凱蒂：是的，安琪兒，你已經看到你多麼愛他。不是很奇妙嗎？這是很令人興奮的事。所以，請多體會它片刻，看看你一向怎樣對待他，而他仍執意要跟你到夏威夷，多麼不可思議呀！

瑪莉：這傢伙最不可思議的地方是，我是如此可惡又自私，而他仍是無條件地愛我。真讓我受不了。

凱蒂：「真讓我受不了」，這是真的嗎？

瑪莉：不，到目前為止，一直是我的想法讓我受不了。

凱蒂：所以，讓我們回到正題。「他應該保持身材健美」，請把它反向思考。

瑪莉：我應該保持身材健美，我應該讓我的想法「健美」。

凱蒂：是的，每當你看著他，並對他感到厭煩時，就提醒自己讓你的想法保持「健美」，也就是：「批評你先生，把它寫下來，反問四句話，然後反向思考。」但是，唯有當你對痛苦感到厭倦時，才會踏實地做這些練習。好了，親愛的，我想你已懂得怎麼做了。請你繼續用同樣的方式做「轉念作業單」上的其他答覆。我很喜歡跟你坐在一起，迎接「反躬自問」，歡迎你隨時回到「轉念作業」來。

從所有想法後退一步，
你便能海闊天空。

——僧璨（禪宗三祖）

在《一念之轉》這本書裡，凱蒂提供你做「轉念作業」所需的一切，幫你自行操練或與別人對練。本書透過整個操練過程，一步步引導你進行「轉念作業」，你還會看到很多人與凱蒂直接練習「轉念作業」的現場記實。這些一對一的對話都是實際案例，有些案例甚至充滿戲劇性，凱蒂都能把她的清明帶入最複雜的人事問題裡，幫助人們透過「反躬自問」而自行化解痛苦和束縛。

史蒂芬・米切爾（Stephen Mitchell）

「轉念作業」只有四句問話，它甚至什麼也不是，既無動機，也無附帶條件。

毋寧說，缺了你的回答，它百無一用。

這四句問話，能配合你學過的任何課程，讓你更上一層樓。如果你有任何宗教信仰，你的信仰將會更形深化；如果沒有宗教信仰，你也會因而獲得無比喜樂。它們將焚化所有對你而言的不眞實之物，而且焚燒淨盡，只剩下那久候著你的事實眞相。

如何閱讀本書

本書的目的，是為了帶給你喜樂。已有成千上萬的人操練過「轉念作業」（The Work），親自證實了它的功效。《一念之轉》這本書將一步一步教導你，讓你在實際生活裡發揮大用。

你可以從感到生氣或沮喪的問題開始下手，本書將告訴你如何去寫「轉念作業單」，落實你的自省功夫。接著，它介紹了四句問話，並告訴你如何將之具體運用到實際的問題。如此一來，你就會體驗到：「轉念作業」提供的解決方法是那麼的簡單、徹底，而且足以改變你的一生。

書中的練習不但帶你深入而準確地運用「轉念作業」，並且還呈現出它「對症下藥」之效能——針對各種不同的情境，它會產生相應的作用。開始做「轉念作業」時，儘量先以你生活中的人物為對象，然後再漸次應用在你感到最痛苦的議題，比如：金錢、疾病、不正義、自我憎恨，或對死亡的恐懼。同時，你也將學會如何看清那些障蔽你耳目而隱藏在真相底下的信念，以及懂得如何處理讓你坐立不安的自我批判。

書裡提供很多實際案例，大致而言，這些「案主」在操練「轉念作業」之前都跟你一樣，相信自己的問題根本無解，認定這一生都得深受其苦：也許他們心愛的孩子死了，或者他們非得跟貌合神離的怨偶共渡餘生不可。你也會看到一位受不了嬰兒啼哭而幾近崩潰的母親，一位活在股市交易恐懼症的婦女，以及受盡童年創傷威脅的人，乃至於因為難以與人和睦共事而深深自苦的人。然後，你會看到他們如何找到脫離痛苦的方法。或許透過他們的案例及書內具體之洞見，你也能從中找到自己的出路。

終究來說，每個人都大可採用最適合自己的方式來學習「轉念作業」，有些人藉由對話過程便能自我覺察。（我鼓勵你在閱讀那些對話時，盡可能地「感同身受」，一邊閱讀，一邊往內觀看，並試著探問自己的答案。）有些人則會直接操練「轉念作業」：拿起紙筆，藉由「反躬自問」，努力挖掘所有困擾的根源。我通常會建議讀者先研讀第二章，可能的話也讀第五章，吸收一些基本概念之後，再依照順序閱讀每場對話，然而，這也要視你的需要而定。如果你喜歡跳躍式的閱讀法，就儘管先挑最感興趣的主題。或許你寧可循序漸進，逐章研讀，偶爾再讀幾篇案例中的對話。無論如何，我相信你一定會找到對你最有效的閱讀方法。

此刻正進入
我們能掌控的人生層面
——內心

1 一些基本原則

我很喜歡「轉念作業」，因為它幫你進入內在，找回自身的喜樂，並經驗到早已存於你內之物——那個永恆不變、堅定不移、始終存在、永遠等你，卻無以名之的東西。不需任何老師，你是自己一直等待的那位老師，而且你是唯一能終止自己痛苦的那個人。

我常說：「別相信我說的。」我要你自己找出屬於你的真相，而不是我的真相。即使如此，很多人印證了下列的原則的確對初學者裨益良多。

請留意：你的想法正在跟眞相「爭辯」

當我們深信不疑的想法跟真相起了爭辯時，我們才會受苦；而唯有內心全然清明之際，眼前的真相才是我們真正要的。

如果你「想要的真相」跟「眼前的真相」相互衝突，就猶如試著教貓學狗叫。你當然可以一試再試，到了最後，貓只好緊盯著你叫聲「喵～」。你大可耗盡餘生，不斷教貓學狗叫，只因你要的真相與眼前真相不符，其結果，成功的可能性必然渺茫。

只要留意一下，你會注意到心裡整天浮現的念頭不外乎：「人們應該更仁慈些」、「小孩子應該行為端正」、「我的鄰居應該好好整修他們的草地」、「雜貨店裡排的隊伍應該移動快一點」、「我的先生（或太太）應該同意我」、「我應該更瘦（或更漂亮，或更成功）」。這些想法都與眼前真相不符，你若覺得這說法令人沮喪，沒錯，因為我們感受到的壓力，全是自己跟真相「爭辯」造成的。

一九八六年，我覺醒於事實真相之後，人們常形容我是「與風為友」的女人。巴斯杜（Barstow）是個沙漠小鎮，經年累月颳著風，每個人都痛恨它。由於受不了風沙吹襲，很多人搬離那裡，而我能與風——事實真相——成為朋友，那是因為我發現別無選擇，而且我也覺悟到：與它作對，根本就愚不可及。每當與真相爭辯，我準輸無疑。我怎麼知道風該怎麼吹或該不該吹呢？反正它就是在吹呀！

「轉念作業」的初學者常對我說：「但是，停止與真相爭論，等於削弱我的行動力。光只是去接受真相，我將會變得消極被動，甚至失去行動的慾望。」我反問他們：「你真的知道那是真的嗎？哪一個讓你更有行動力呢？是『我希望我沒有失業』或是『我失業了，現在我能做什麼？』」

「轉念作業」揭露出你認為不該發生的事「**應該**」發生了。它應該發生，是因為它的確發生了，世上已無任何想法改變得了它。這不表示要你寬恕它，或贊同它，只意味著你可以看著事件，既不抗拒，也不會因為內心掙扎而迷失方向。沒有人希望他的小孩生病，也沒有人願意發生車禍，但是，一旦發生了這些事情，在腦子裡不斷跟它們爭辯又有何用？然而，我們明知不該如此，卻樂此不疲，只因為我們不知道如何切斷它。

我是真相的熱愛者，並非因為我是靈修人士，而是因為每當我與真相爭辯，受傷的一定是我。當我們與真相爭辯，必會緊張和挫敗，而且感覺不自在，或心理不平衡。其實，眼前的真相往往並沒有那麼糟。只要我們停止與真相對抗，行動力自然會變得簡單、靈活、仁慈，而且一無所懼。

管好你自己的事

整個宇宙裡，我只找到三種事：我的事、你的事和神的事。（對我而言，「神」這個字，就代表「真相」。真相就是神，因為它在操控你、我；或者說，任何其他人都掌控不了

的事，我通稱為神的事）

我們的壓力，絕大部分是因為沒有在心裡管好自己的事。當我想：「你必須有份工作、我要你快樂、你應該準時、你必須好好照顧自己」，我就是在管你的事。當我為地震、水災、戰爭，或自己何時會死而操心掛慮時，我是在管神的事。如此這般地，我們的心裡一直在管你的事，或神的事，怎可能不導致分裂的後果呢？一九八六年初，我注意到這一點，當時我心裡正在管我母親的事，比如說，我一想到「我母親應該了解我」，頓時之間，就會湧上無比的孤寂之感。同樣地，我也領悟到，每當感到心痛或孤獨時，經常都是因為我在管別人的事。

如果你正在過你的生活，我的心卻跑去管你的生活，那麼誰在活我自己的人生呢？原來，我們兩人都跑到你那裡了。既然我心裡忍不住跑去管你的事，就不可能管我自己的事，我便和自己分裂了，無怪乎我的人生處處碰壁。

當我自以為知道什麼對別人最好時，其實我早已撈過了界。即使以愛為藉口，也是一種傲慢自大，必然會帶來緊張、焦慮，和恐懼不安。畢竟，我可知道什麼才是自己最該做的事？那才是我唯一的本分。在我設法解決你的問題之前，讓我先處理好自己的那件事。

如果你充分了解我說的三種事，並且懂得只管你自己的事，必然會享受到一種超乎想像的自在。下次你覺得有壓力或難過時，不妨問問自己：你心裡正在管誰的事？你會忍不住大笑的。只須要一句反問，便能把你帶回自己身上來，幫你看到自己從未真正活在當下——這一生，你一直在心裡管著別人的事。一旦意識到你正在管別人的事，便足以把你拉回很棒的自己。

練習一陣子之後，你會覺得普天之下，無事一身輕，原來，你的生命自己運轉得亨通無礙呢。

用「了解」來跟你的想法「相遇」

想法本身不具任何殺傷力，除非我們對它深信不疑。帶給我們痛苦的，並不是我們的想法，而是我們對想法的執著。執著於一個想法，意味著堅信不疑地認為它是真實的。信念，就是我們經年累月執著不放的想法。

大部分的人認為他們「**就是**」自己心目中認定的那種人。有一天，我發現不是我在呼吸，而是被呼吸。緊接著，我也驚訝地發現我沒有在想，而是被想，而且那個想法未必跟我個人有關。你曾否清晨醒來對自己說：「我認為我今天再也不去想了。」太遲了，你已經在想了！所有的想法自己出現，它們來自虛無，又回歸虛無，有如雲彩掠過空無一物的天空。它們來了又走，絕不停留，也不會造成任何傷害——除非我們開始把它們當真。

雖然人們常常談論「如何調整」自己的想法，有關的論調也充斥世間，事實上，沒有任何人掌控得了自己的想法。於我而言，我不是放下我的想法，而是用「了解」去面對它們，於是它們放下了我。

所有想法，就像徐徐微風、樹上的葉片，或落下的雨滴那般，是自然而然出現的，透過「反躬自問」，我們成為好友。你可曾同意一滴雨落下？雨滴不屬於個人所有，就像念頭也不屬於個人。所有痛苦的念頭，一旦你能徹底了解，下次再出現時，你可能發現它變得有趣，昔日的夢魘如今只剩下有趣或有意思。下次它再出現時，你也許會感到可笑。再下一次，你甚至不會注意到它的存在。這就是「愛上真相」所帶給你的力量。

覺察你的「故事」

我常使用「**故事**」這字眼來形容我們深信不疑的各種想法，或一連串想法。一個故事，可能涉及過去、現在，或未來；它可能述說事情應該怎樣、可能會如何，或為何如此發生。當有人一言不發地走出房間時；當某人面無表情或沒回電話時；或陌生人對你面露微笑之際；在你拆開很重要的信件之前；或你的胸口感受到一股莫名悸動之後；當你的老闆請你到他的辦公室；或是你的伴侶以某種語調跟你說話……。這些時刻，你心裡不自覺地浮現各式各樣的「故事」，一天不下數百回。所有的故事全是未經檢驗、未被審查的想法，都在告訴我們這些事件的特有意義，而我們毫不覺察它們充其量只是我們的「推論」而已。

有一次，我走進我家附近餐廳的女洗手間，一位女士剛好從廁所出來，我們彼此相視一笑。當我關上廁所門時，聽到她一邊唱歌一邊洗手，忍不住讚嘆：「多美妙的歌聲啊！」隨即我聽到她離去的聲音，同時也發現整個馬桶座竟然濕答答的。我心想：「怎有人這麼粗魯呢？她怎有辦法尿濕整個馬桶座呢？莫非她是站著尿？」突然，一個念頭閃入：她是個男的，一位有男扮女裝癖好的人，卻用假音在女洗手間高聲唱歌。我想尾隨她（他），讓他知道他把馬桶搞得多髒。我一邊擦拭馬桶座，一邊想著待會兒要對他說的話，然後，我按下沖水鈕，沒想到馬桶裡的水濺得到處都是，搞溼了整個馬桶座，我站在那裡傻笑了一陣。

這整個事件，事情的發展是那麼自然而仁慈，在我採取進一步行動之前揭穿了我心裡的「故事」，但通常而言不會這麼幸運的。在我找到「反躬自問」這個方法之前，我根本無法切斷這類想法。小故事衍生成大故事，大故事再塑造成某種人生信念，世界變得多麼可怕，處處危機四伏。最後，我害怕和沮喪得不敢離開臥室。

當你不知不覺地接受那些未經審查的推論時，你就是陷入我所謂的「夢」。夢，經常會變成煩惱，有時甚至轉變成夢魘。這個時刻，便是你練習「轉念作業」的契當時機，誠實地檢驗你的信念的真實性。「轉念作業」會讓這類令你不舒服的「故事」愈來愈少。沒有故事時，你將會是怎樣的人呢？你的世界有多少是由未經審查的故事組成的呢？你永遠不知道，除非你往內探問你自己。

找出痛苦背後的想法

所有我們經歷過的壓力，無一不是因為執著於不真實的想法造成的。每個不舒服的感受背後，都存在著一個不真實的想法。「風不該吹個不停」、「我先生應該同意我」，就這樣，這些想法必然「跟真相爭辯」在先，緊接著，我們才會感受到壓力，然後我們再依著那個感受去行動，造出更多的壓力來。然而，我們始終不願去了解根本的原因——那些想法、那些故事——卻寧可從外境下手，設法去改變別人，或是藉由性、食物、酒精、藥物，或金錢，得到暫時的慰藉，還兀自以為一一掌控得宜。

事實上，我們隨時都會受情緒的打擊而一蹶不振，所以，記住這一點，會大有幫助：任何壓力感受正如一個鬧鐘，善意地提醒你：「你被逮入夢境裡了。」不論是沮喪消沈、痛苦和恐懼，都是一項禮物，它們說：「甜心，請看一看你現在的想法，你正活在不真實的故事裡。」而活在不真實的故事裡，是不可能沒有壓力的，如果我們不尊重鬧鐘，就會設法從身外尋求改變，想要操控這些感受。通常感受會比念頭先出現，所以我說感受其實是個很好的鬧鐘，讓你知道自己的想法有待審查。透過「轉念作業」審查不真實的想法，常能帶你返回你自己的真相裡。如果你相信另一個不真實的自己，或活在任何不愉快的故事裡，你不可能不感到痛苦。

當你的手碰到火時，需要別人叫你把手拿開嗎？難道一定要你下決定才能拿得開嗎？不！只要一有燙灼之感，它就移開了。你不必指揮它，手會自行移開的。同樣地，一旦你透過「反躬自問」，認清不真實想法所造成的痛苦，那時，你就會自動離開它。很顯然，抱持某個想法之前，你沒有痛苦；有了這個想法，你便陷入痛苦裡。當你認出想法的不真實，自然就不再受苦，這就是「轉念作業」的功效。「當我持有那想法時，我會如何反應呢？」此時，你正在痛灼你的手；「倘若沒有那想法，我將會是怎樣的人呢？」你一看清，就不再受火的燙烙了。我們在反省自己的想法時，如果感受到手被燙著，便會自然地返回原點，根本無需別人提醒。下一次，當這個想法再度升起時，內心便自動遠離火場。「轉念作業」邀請我們覺察內心的因果關係。一旦認出這個關係，所有的痛苦便會開始自行化解。

反躬自問

我把「反躬自問」這字眼當成「轉念作業」的同義字。「**反躬自問**」（**inquire**）或「**審**

查」（**investigate**），就是讓一個想法或故事接受「四句問話」和「反向思考」的考驗（請見下章）。多半時候，人們處身在混亂或痛苦的世界，而「反躬自問」正是結束混淆、化解痛苦，進入內心平安的一種方法。更重要的，「反躬自問」能讓我們領悟到，一切答案原來都在我們內，而且永遠都在。

「反躬自問」不僅是一項技巧，它能從內心深處把我們本有的存在真相帶回生命裡。練習一段時日後，「反躬自問」便會在你內自行運作。一有念頭出現，「反躬自問」隨之現身，為它們找到平衡，成了它們最佳的夥伴。這內在的夥伴能讓你成為一位仁慈、靈活、無懼，而且幽默的聆聽者，成為你自己的學生，一位值得信任的朋友，既不怨恨，也不批評，更不懷恨，因而活得清澈了悟，自由自在。到了最後，這種醒悟自動成為一種生活方式，平安和喜悅也顯得那般自然而必然，又密切又牢固地融入你內心的每個角落，進入每個關係和經驗裡。整個過程如此微妙，你甚至可能意識不到，只知道過去的你真是苦不堪言，而現在，不再受苦了。

你若非反躬自問，
便是執著於一向的想法，
此外，你別無選擇。

2 大化解

我常聽人們這樣評論「轉念作業」：它未免太簡單了吧。人們說：「解脫不可能這麼簡單！」我的回答是：「你敢肯定那是真的嗎？」

批評你的鄰人，把它寫下來，問四句話，然後反向思考。誰能想到解脫竟是如此簡單呢？

把想法寫在紙上

「轉念作業」的第一步，就是寫下你的批評，不論是過去、現在或未來，任何讓你焦慮不安的情境，可能是某位令你討厭、擔心的人，或是使你生氣、害怕、難過的人，或讓你感到矛盾、迷惑的人。不管你認為他們是怎樣的人，請直接寫下你的忠實評論。〔可寫在白紙上，或附錄二的「轉念作業單」，或進入網站 http://www.thework.org，點選「操練轉念作業」（Do The Work），從中找出「批評鄰人」（Judge-Your-Neighbor）的「轉念作業單」，將它下載後列印出來〕

剛開始寫時，也許你會感到頗為吃力，幾乎無從下手。這也難怪，幾千年來，長輩一直教導我們：不可批評他人。但事實上，我們經常在批評別人，甚至可以說，我們腦海裡的批評聲浪一刻也不曾停止過。如今，透過「轉念作業」，我們終於允許那些聲音有機會在紙上宣洩出來，甚至縱情吶喊。請放心，你大可恣意批評，因為即使最卑劣的想法，也會峰迴路轉，引發出無條件的愛。

我鼓勵你寫下至今你仍無法全然寬恕的那個人：父母、愛人、敵人；就由這個「某人」開始，會有立竿見影的效果。即使你已經寬恕他百分之九十九，但除非完完全全地寬恕，否則你不會真正自由的。因為那無法寬恕的百分之一，會在你所有人際關係中，包括你與你自己的關係，繼續作祟下去。

如果你是「反躬自問」的新手，在此必須嚴正提醒你，切忌一開始就把自己當成批判的對象。因為初次練習就批評自己，你的回答往往是「別有企圖」的，隨之所用的解決方式也會讓你無功而返。因此，請先從「批評鄰人」開始，然後再進行「反躬自問」，最後做「反向思考」。這個進程，是了解真相最直接的管道。等你練習「反躬自問」一段時日，開始信任真相的威力之後，才是你對自己下手的適當時機。

沒有錯，我要你把譴責的指頭先朝外；焦點一旦不在自己身上，你便能更加放鬆，肆無忌憚地批評。別人該做什麼、該怎樣過日子、該跟誰交往，諸如此類的，我們經常一清二楚；有趣的是，我們對別人有百分之兩百的完美視力，卻完全看不清自己。

練習「轉念作業」，將使你從「認定別人是怎樣的人」轉而認出「原來自己是怎樣的人」。最後你終將明白，你身外的一切人、事、物，全是你一己想法的倒影。你是編故事的人，也是所有故事的放映機，而整個世界都是你各種想法投射出來的影像。

自古以來，人們為了追求快樂，一直設法改變外在的世界，但卻從未奏效過，只因這種作法顛倒了問題的因果。「轉念作業」提供另一套方法，使我們懂得直接去改變放映機——心靈，而不是試圖改變投射出來的影像。好比放映機的鏡頭沾上一條纖毛，我們卻以為銀幕上的影像有裂痕，因而設法改變這個人和那個人，但這道裂痕或瑕疵會繼續出現在下一個人身上。顯而易見地，努力改變影像是毫無意義的。只要我們看清纖毛所在之處，便能清潔鏡頭本身，結束我們的痛苦，因之，天堂的喜樂終於出現了。

人們常問我：「我已知道所有問題全是我自己造成的，為何還要去批評鄰人？」我的回答是：「我了解，但請信任這個練習。批評你的鄰人，按照簡單指示試試看。」你可以寫：

母親、父親、太太、先生、小孩、兄弟姐妹、鄰居、朋友、敵人、室友、老闆、師長、員工、同事、隊友、售貨員、客戶、男人、女人、任何權威，甚至是神。通常，你選擇的對象愈切身，「轉念作業」帶來的功效就愈明顯。

等你熟悉了「轉念作業」的技巧後，便可開始檢查你對死亡、金錢、健康、身體、上癮，甚至自我批判等議題的看法。（請參閱第六章「工作和金錢的轉念作業」，第七章「自我批判的轉念作業」，及第十一章「身體和上癮的轉念作業」）事實上，等你駕輕就熟之後，便可把心裡任何不快寫下來，並試著「反躬自問」。有朝一日，你將明白，所有昔日的負面感受，都是一項禮物，都能帶給你解脫，那時，再也沒有任何事物限制得了你，從此，你的人生會顯得無比的仁慈與豐富。

「爲何」及「如何」寫轉念作業單

請別找藉口，容許自己臨陣脫逃，不去寫出心中的批評。那些想法，如果不能流露在紙上，而只用頭腦思考來做「轉念作業」，你會被心靈耍得團團轉，甚至在你意識到之前，它早已逃之夭夭，溜進另一個故事裡證明它是對的。但是，雖然人心為自己辯護的速度遠比光速快，卻能透過書寫動作將它攔截下來。一旦心思暫停在紙上，你的想法就穩定下來了，這時，你才可能進行「反躬自問」。

首先，請不假思索地寫下你的想法，你只需備妥紙和筆，然後靜待片刻，讓各種詞句自動湧現，讓心底的「故事」盡情發聲。只要你真的想知道真相，只要你不怕看到紙上的故事，小我自會瘋狂地寫，就像一匹脫韁的野馬，縱情狂奔，不受任何束縛。畢竟，它期待這一刻已經很久了，如今終有機會，在紙上一吐苦水。除非你喊停，否則它絕不罷手的。這一次，真心聆聽它吧，它會像個孩童般向你吐露一切。等這些想法充分表達於紙上後，你便能進展到「反躬自問」。

我期待你恣意批判、口不擇言，甚或稚氣、小心眼，淋漓盡致地寫出內在孩童的悲傷、憤怒、慌亂或受驚等感受，不必故作聰明、偉大或仁慈。這是你的感受全然誠實而且不受任何審查的時刻，請允許它們充分表達出自己，無需擔心任何後果或懲罰。

操練「轉念作業」一段時期後，人們在作業單上寫的事情會愈來愈瑣碎，一干雞毛蒜皮，全都出籠了，只因為他們有意挖出最後那個盲點。是的，當各種問題逐一消失，潛藏的信念就愈加隱晦，難以覺察。然而，冷不防地，它們會突然現身，有如「碩果僅存」的小孩，向你招手：「喂！我在這裡！來啊，來找我啊！」「轉念作業」做得愈多，你就愈少自衛，愈會去探問瑣碎小事，因為能煩擾你的事情已所剩無幾了。到最後，你可能連一個問題都找不出來。這種經驗，我已聽過無數人談起。

把真正造成你痛苦（憤怒、怨恨、悲傷）的那些「想法」或「故事」全都寫下來，並把譴責的指頭先朝向傷害你的人、你最親的人、你所妒忌的人、你無法忍受的人，或是令你失望的人。「我先生遺棄我」、「我的伴侶把愛滋病傳染給我」、「我母親從沒愛過我」、「我的孩子不尊重我」、「我的朋友背叛我」、「我討厭我老闆」、「我痛恨我鄰居，他們破壞我的生活」。寫下你今早在報紙讀到的新聞，那些被殺害的人，或因飢餓、戰爭而家毀人亡的人。寫下雜貨店裡慢條斯理的收銀員，高速公路上惡質超車的司機……。**每個故事都是同一主題的變調曲：這件事不該發生，怎會是我碰到這種事，上天不仁，人生不公。**

「轉念作業」的新手有時會想：「我不知道要寫什麼。再說，我為何要寫『轉念作業』呢？我並不生任何人的氣，也沒有真正令我煩心的事。」如果你不知道要寫什麼，不妨耐心等候，生活周遭將會提供你話題。或許某位朋友說要給你回電卻食言了，你為此感到失望；或許你五歲時，母親不分青紅皂白地誤罰了你；或許你在報紙上看到令你生氣或震驚的事；也或許倏然之間，你想起世間諸多的苦難。

試著把心裡頭這些話寫在紙上。因為無論如何努力，你畢竟無法遏止腦袋裡那堆蠢蠢欲動的故事，那是絕不可能辦到的。唯有讓那些故事披露在紙上，而且誠實地列出所有的痛苦、挫敗、怒氣和悲傷，你才會看見那些一直跟你纏鬥不休的東西，看到它們怎樣展現為物質世界裡的種種面貌。最後，透過「轉念作業」，你終於可以撥開雲霧了。

當小孩迷路時，他會戰慄不已；同樣地，當你迷失於內心混亂的世界，必會感到無比驚恐。但是，一旦你開始做「轉念作業」，便有機會找回某種秩序，探知回家的路。你行經哪條街道並不重要，眼前總有熟悉的東西，使你明白身在何處。設想一下，如果你遭到綁架，被人藏匿一個月，然後，還矇著眼就被丟出車外，隨即，你拿下矇布，環視周遭景物和街道，開始認出某個電話亭或某家雜貨店，慢慢地，一切變得熟悉起來，你終於知道如何找到回家之路了，這就是「轉念作業」帶來的功效。你的心一旦了知，必能找到回家之路的，此後，你再也不會迷失或疑惑了。

「批評鄰人」的「轉念作業單」

一九八六那年，人生發生重大轉變之後，我花了很長一段時間，在住家附近的沙漠獨處，專注聆聽內在的聲音。當時，我內心浮現的故事，也是自古以來一直困擾所有人類的故事，不久，每個觀念都清晰地顯現了……。雖然我獨自一人待在沙漠，但我發現，其實整個世界一直圍繞身邊，它總是傾洩各種聲音：「我想要」、「我需要」、「他們應該」、「他們不應該」、「我很生氣，因為……」、「我很傷心」、「我再也不要」、「我不想要」。這些話語一遍又一遍在我心裡不斷重述，就這樣，「批評鄰人的轉念作業單」（Judge-Your-

Neighbor Worksheet）的六道問題於焉成型了。這份「轉念作業單」的目的，是協助你寫下種種痛苦的故事和批判，讓蟄伏心底的批判聲浪有機會「洩洪而出」。

所有寫在作業單上的批判想法，都將成為你練習「轉念作業」的最佳素材，你寫下的每一句答覆，將逐一跟「四句問話」對質，這個設計，只為了引領你進入真相。

如下所示，你將會看到一個「批評鄰人作業單」的實際案例，在這張單子裡，我寫的是我第二任丈夫保羅，那是在我人生轉變之前對他的想法，如今在他的許可下公諸於此。你練習時，不妨把保羅的名字換成你生活世界的那些人。

1. 誰讓你感到生氣、傷心，或失望，爲什麼？他有哪些地方是你不喜歡的？

我不喜歡（我很生氣、傷心、害怕，或困惑等等）（人名）保羅，因為他不肯聽我說話。我很氣保羅，因為他不體恤我。我很氣保羅，因為他半夜吵醒我，毫不顧念我的健康。我不喜歡保羅，因為他老跟我爭辯我說過的每一句話。我很傷心，因為保羅動不動就生氣。

2. 你要他如何改變？你期待他怎麼表現？

我要（人名）保羅把全部注意力都放在我身上。我要保羅全心全意地愛我。我要保羅體恤我的需要。我要保羅同意我的想法。我要保羅多做些運動。

3.他應該（或不應該）做、想、成爲或感覺什麼呢？你想給他什麼樣的忠告？

（人名）保羅不該看太多電視。保羅應該戒煙。保羅應該告訴我他愛我。他不該忽視我。他不該在孩子和朋友面前批評我。

4.你需要他怎麼做，你才會快樂？

我需要（人名）保羅聽我說話。我需要保羅不對我說謊。我需要保羅跟我分享他的感覺，接納我的情緒。我需要保羅溫柔、和善，而且有耐性地待我。

5.此刻，他在你心目中是怎樣的人呢？請詳細描述一下。

（人名）保羅是不誠實、魯莽、幼稚的人。他認為他完全不必遵守遊戲規則。保羅不關心別人而且常藉故推託。保羅是不負責任的人。

6.你再也不想跟這個人經歷到什麼事？

我再也不要或我拒絕跟保羅共同生活，如果他還不肯改的話。我拒絕看到保羅毀掉他的健康。我再也不要跟保羅爭辯、再也不要受保羅欺騙。

「四句問話」和「反向思考」

1.那是眞的嗎？

2.你能百分之百肯定那是真的嗎？

3.當你持有那個想法時，你會如何反應呢？

4.沒有那個想法時，你會是怎樣的人呢？

接下去，

請反向思考。

現在，讓我們用「四句問話」來審查實例裡第一道問題的第一句答覆：我不喜歡保羅，因為他不肯聽我說話。當你往下讀時，請想出某個你至今還無法完全寬恕的人。

1.那是真的嗎？反問你自己：「保羅不肯聽我說話，那是真的嗎？」然後，靜靜等候。如果你真心渴望知道真相，答案將會自動浮現。讓心來提出疑問，並靜候答案的出現。

2.你能百分之百肯定那是真的嗎？不妨追問下去：「我能百分之百肯定保羅不聽我說話嗎？我能肯定別人沒有在聽嗎？我是否有時候沒有在聽但表面看起來好像在聽呢？」

3.當你持有那想法時，你會如何反應呢？針對這個問題，請仔細檢查自己：當你持有「保羅不肯聽我說話」的想法時，你通常會怎樣反應，而且怎樣對待保羅，請列出清單，比如：「我會『瞪』他一眼。我會打斷他說的話。我藉故不理他以便懲罰他。我開始愈講愈快也愈大聲，強迫他聆聽與了解。」請一邊深入省思，一邊寫下去，看看在那情境之下，你通常如何對待自己，那種感覺又是如何。「我會閉嘴，把自己孤立起來。我會猛吃猛睡，或者整天盯著電視看。我會覺得很沮喪、很孤單。」請靜下心體會一下，當你相信「保羅不肯聽我說話」這想法時，你通常會有什麼反應？

4.沒有那個想法時，你會是怎樣的人呢？現在，請想想看，如果沒有「保羅不肯聽我說話」那個想法，你會是怎樣的人呢？請閉上眼，想像保羅不肯聽你說話的情景。想像你沒有「保羅不肯聽你說話(或甚至他應該聽)」的那個想法，慢慢來，不必急，看看有什麼新發現。你看到了什麼？感覺如何呢？

反向思考：

你原先的答覆是「我不喜歡保羅，因為他不肯聽我說話」，經過反轉之後，可能變成「我不喜歡我自己，因為我不肯聽保羅說話」，對你而言，那是否一樣真實，或更真實呢？當你想到保羅不肯聽你說話的同時，你是否聽到保羅說的話呢？請繼續找你不肯聽別人說話的實例　。(例如：不肯聽同事說話，或是不關心他)

另一個可能同樣真實或更真實的反向思考是：「我不喜歡我自己，因為我不肯聽自己說的話。」當你想到保羅應該做什麼事，你已經撈過了界，此時，你是否聽到自己說的話呢？

當你認定他應該聆聽你時，你還在活自己的人生嗎？當你相信他應該聆聽時，你能聽到自己怎樣對保羅說話嗎？

靜下心做了一會兒反向思考之後，便可繼續反問作業單上第一道題的下一句答覆：我很氣保羅，因為他不體恤我。然後，請依循這個方式，繼續進行作業單上其他的答覆。

反向思考是讓「**你自己**」獲得健康、平安和快樂的藥方。你能否把你提供給別人的藥方轉送給自己呢？

輪到你做「轉念作業單」

此刻，你夠清楚「轉念作業」的做法了。首先，把你的想法全寫在紙上，但暫時仍不宜用「四句問話」來反躬自問，這需要留待稍後再說。先挑選某個人，或某個境遇，用簡短的句子寫下來。切記，**請將譴責或批評的指頭先朝外**。你可以根據目前狀態來寫，或是從你五歲或二十五歲的眼光來寫。但，千萬不要針對自己。

1. 誰讓你感到生氣、傷心，或失望，為什麼？他（們）有哪些地方是你不喜歡的？（切記：盡可能嚴苛、孩子氣，而且心胸狹窄）

我很討厭（生氣、傷心、害怕、迷惑等等）＿＿＿＿（人名），因為＿＿＿＿

2. 你要他（們）如何改變，你期待他（們）怎麼表現？

我要＿＿＿＿（人名）去做＿＿＿＿

3. 他（們）應該（或不應該）做、想、成為或感覺什麼呢？你想給他（們）什麼樣的忠告？

＿＿＿＿（人名）應該（不應該）＿＿＿＿

4. 你需要他（們）怎麼做，你才會快樂？（假裝是你的生日，你可以滿全任何願望。儘管開口吧！）

我需要＿＿＿＿（人名）去做＿＿＿＿

5. 此刻，他（們）在你心目中是怎樣的人呢？請詳細描述一下。（不需理智或仁慈）

＿＿＿＿（人名）是＿＿＿＿

6.你再也不想跟這（些）人經歷到什麼事？

再也不要或我拒絕________

（註：有時候，你可能發現自己莫名其妙地生氣，那通常是某個「內在故事」在暗中搞怪，它隱密地躲著，經常讓你遍尋不得。如果你卡在「批評鄰人的轉念作業單」，請參閱274-277頁的「很難找出自己編的故事時」）

輪到你做「反躬自問」

把寫在「批評鄰人的轉念作業單」上的答覆，逐句用四句問話來反問，然後一一作反向思考。（若需協助，請回顧49-50頁的實例）在這整個過程中，你會不斷探索你未曾意識到的各種可能性，再也沒有比發現未知的心靈更令人興奮的事了。

它很像潛水，經由不斷提問，然後耐心等待，讓答案自動找到你。我稱它是心與腦的「相遇」——頭腦比較溫柔的那一極（我稱之為「心」），跟未經審查而混亂的另一極相遇。一經頭腦真誠地提問，心就會自動回應。透過這種經驗，你們當中的大多數人將對你自己和你的世界，有種種意想不到的發現，使你整個人生徹底轉變。

現在花點時間讓自己經驗一下「轉念作業」。請先看你寫在作業單第一道問題的第一句答覆，並依照下列提問來反問自己：

1. 那是真的嗎？

慢慢來，不必急。「轉念作業」是為了發掘你內心最深處的真相，它可能異於你向來的認定，一旦你經驗到內在的答案，你必會認出它來，那時，只須輕柔地與它同在，讓它帶你進入內心更深處。

那些問題，沒有對或錯的答案。此刻，你正在洗耳恭聽的，不是別人的答案，也不是你一向被教導的任何信條，而是你自己內心的答案。這個過程，可能令人忐忑不安，因為你正進入一個未知領域。當你繼續潛入深處時，請允許你內在的真相浮現出來，讓它自行跟你的問題相遇。當你反躬自問時，千萬要溫柔，完全臣服於這一經驗。

2. 你能百分之百肯定那是真的嗎？

這是一個機會，讓你更深入未知的領域，找出藏在「自以為知」底下的答案。在這片未知領域裡，我所能告訴你的是：噩夢底下藏著一個好東西。你真的要知道真相嗎？

如果你對第二問的答覆是肯定的，那麼請繼續下一個問題。倘若你不夠確定或略感不安，這時，也許暫停下來，重寫你的答覆，揭開你對它的詮釋，對你將會更有幫助，因為那些隱匿的詮釋，經常是造成你痛苦的主因。至於重寫的細節說明，請參閱 133-138頁。

3. 當你持有那個想法時，你會如何反應？

當你持有那個想法時，你會怎樣對待自己，怎樣對待你所寫的那個人呢？你會做什麼事？請具體列出來，把你的各種舉動條列出來。當你有那個想法時，你會對那個人說什麼呢？把你要說的事一一列出。當你相信那個想法時，你如何過日子呢？把你內在的每一個感受和生理反應全都寫下。你身體的哪個部位會產生這種感受呢？它如何表達出它的感覺呢（打顫、發熱等等）？當你持有那個想法時，你會在腦海裡不斷自言自語些什麼呢？

4. 沒有那個想法時，你將會是怎樣的人呢？

請閉上眼睛，安靜等候。想像這一刻你沒有那個想法，或想像你站在那個人（或那情境）面前，而如果你從未有過那個念頭，這時，你看到了什麼？感受如何？情況會有何改變呢？請你把沒有那個概念時的各種可能狀況都列出來，例如：在相同情境卻沒有那個想法時，你對待那個人的方式有何不同呢？你內心會覺得更善良一些嗎？

反向思考：

要做反向思考，就必須重寫你的答覆。這一次全部把它寫成你，把先前對方的名字全換成你自己，用「我」來取代「他」或「她」。例如：「保羅應該善待我」，反轉成「我應該善待我自己」，而且「我應該善待保羅」。另一種反向思考是一百八十度完全相反的型態：「保羅不應該善待我」；他不應該善待，是因為他沒善待我（從我的觀點來看）。這與道德無關，純粹談事實真相而已。

你可能會看到一個句子有三種、四種或更多種的反向思考。也可能，你覺得只有一個反向思考比較真實。（轉念作業單第六道題的反向思考方式不同於一般的反向思考。我們把第六道題的答覆「我再也不要……」，改換成「我願意……」，而且「我期待……」）請參考142-153頁「反向思考的協助事項」。

請反省一下，反向思考後的答覆是否跟你原先的答覆一樣真實，或更真實？例如，反向思考後的答覆「我應該善待自己」，似乎跟原先的答覆一樣真實或更真實，因為當我認為保羅應該善待我時，我就會生氣並怨懟，因此帶給自己極大的壓力，這並非在善待自己。如果我曾善待過自己，就不必等別人來善待我。「我應該善待保羅」，至少它跟原先的答覆一樣真實。當我想到保羅應該善待我，並為此而生氣和怨懟時，我對保羅很不友善，特別是內心深處。讓我從自己開始做起，先以我喜歡保羅對待我的方式來對待他。至於「保羅不應該善待我」，那必定比它的反面還更真實。他不應該善待我，是因為他的確沒有善待我，那原本就是事實真相。

繼續反躬自問

現在，你可以針對自己的批評繼續應用「四句問話」和「反向思考」了，每次只提問一句。請仔細讀你寫在「批評鄰人的轉念作業單」上頭的所有答覆，然後，一句句反問自己，好好審查每一個答覆：

1. 那是眞的嗎？
2. 你能百分之百肯定那是眞的嗎？
3. 當你持有那個想法時，你會如何反應呢？
4. 當你沒有那個想法時，你將會是怎樣的人？

接下去，

請反向思考。

如果你努力做了上述的「轉念作業」，效果卻不彰，也沒關係，請繼續看下一章，或是換一個「轉念作業」的對象，稍後再回到這一章也無妨。不必擔心轉念作業的效用，你才剛剛起步而已，就像學騎腳踏車，你唯一能做的只是繼續搖搖晃晃。等你讀到案例中的對話，你會比較清楚，真的不必汲汲於成效問題。你可能像很多人一樣，當下似乎覺察不出任何效用，其實不知不覺之間，你早已有所轉變了。「轉念作業」的功效常細微到令人難以察覺，但它的影響力卻是深遠難計的。

每個人都是反照出自己影像的一面鏡子：
是你自己的想法在回應你。

3 參與對話

閱讀本書的對話時，請務必了解：跟輔導者一起做「轉念作業」（書裡的實例都是我輔導的個案），和一個人獨自練習，二者之間並沒有多大差別。你，就是自己一直等待的那位老師兼治療師。本書的設計，主要是幫助你自個兒操練「轉念作業」。雖然跟輔導者一起操練的效果可能更為顯著，但那並非絕對必要。觀察別人怎樣跟輔導者一起操練，對你也頗有助益，你可以一邊觀察，一邊往內尋找自己的答案。用這種方法來參與，十分有助於你學會反問自己。

後面很多章節記錄了我跟一些人士分別做「轉念作業」的對話，它們都是摘自我過去一兩年來帶領工作坊的對談錄音。在一般的工作坊裡，會有一些參與者自願坐在我旁邊，他們依序上台，逐一在群眾面前大聲唸他們寫在「批評鄰人的轉念作業單」上的答覆。然後，我把他們領入「四句問話」和「反向思考」的力量裡，靠他們自己領悟出事情的真相。

我拜訪過幾個國家，無論各地使用哪種語言，我發現人們的想法其實都了無新意，類似的想法不斷重複，同一想法遲早都會在每一顆心靈裡以各種不同方式浮現，所以任何人的「轉念作業」都可能是你的作業，讀這些對話時，把它們當成是你自己寫的。千萬不要只讀到「別人的答覆」而已，請你也進入內心，找出自己的答案。盡可能去感受，去跟他們的生命連結，找出你曾幾何時也有過的類似經驗。

你可能會注意到，我並非一成不變地按照「四句問話」的順序來問，有時我改變原有順序，或故意不問某些問題，只問其中一、二句，有時我完全略過反問，直接進入反向思考。雖然那些問話的順序非常管用，但練習若干時日後就無需「固守章法」了。你不必老是一開始就問：「那是真的嗎？」任何一句問話，你都可以拿來當作起頭。有時，你覺得該由「沒有那個想法時，你將會是怎樣的人」開始問。只要你願往內心深處反躬自問，任何一句問話都能立即釋放你。慢慢地，那些問話會在你內心生根，完全被你內化了。但在這之前，你需要按照順序來問全部的四句問話，而後進行反向思考，循序漸進，促成深度的轉變。也因此，我一再強調「轉念作業」的初學者一定要按部就班地練習。

請注意，有時候我會拋出兩句附加問話：「你能否找到一個理由讓你放下那個想法？」和「你能否找到一個理由讓你毫不焦慮地持有那個想法？」這些都是緊隨第三句問話「當你持有那個想法時，你會如何反應？」的後續追問，它們常生奇效。

也請注意，在適當的時機，我會幫某人找出真正造成他痛苦的原因，以及連他自己都尚未意識到的「故事」。這需要深入去看原有的答覆，從中找出它背後隱藏的意念。有時，我在進行反問之際，會從示範者「原先寫下的答覆」，適時跳轉，探問他「當場衝口而出的某句怨尤」。（當你單獨做轉念作業，突然出現一個新的怨尤或埋藏的故事時，你可以把它寫下來，並針對它反躬自問）

請務必了解，「轉念作業」並不是放縱任何有害的行為，也請別誤解它是為任何不人道的事物辯護。要是你發現後續章節的某些事情聽起來冷酷、不關心、不仁慈，或欠缺愛心的話，我邀請你溫柔地跟這些感受在一起，進入其中，感受一下在你內悄然升起之物。然後，請進入你的內心，回答四句問話，親自去反躬自問一下吧。

如果後面的個案無法勾起你深刻的感受，請試著把生命中對你有重大意義的某個人取代個案所寫的對象。例如，如果示範者的問題跟朋友有關，你可以改為：丈夫、妻子、愛人、母親、父親，或老闆，你會發現，別人的「轉念作業」似乎轉變成你的了。表面上看來，我們所做的「轉念作業」好像是針對他人，事實上，我們處理的是我們對於人的想法。（例如，你整張「轉念作業單」寫的全是你的母親，稍後卻發現你與女兒的關係竟戲劇性地改善了，因為你絲毫未覺察你跟她之間的問題也是膠著在同一想法裡頭）

「轉念作業」給你一個進入內心的機會，並經驗那一直存於你內的平安。那個平安永恆不變、堅定不移，而且永遠都在，「轉念作業」會帶你到那裡去，那才是真正的回家。

（註：爲了協助你順利進入反躬自問的過程，第四章特別以粗體字清楚地標示出四句問話）

若我有祈禱文，它將會是：

「神啊！請赦免我對愛、肯定或讚賞的渴望，阿們！」

4 轉念作業：婚姻與家庭生活

根據我的經驗，我們最需要的「老師」就是此刻跟我們一起生活的人，沒有比我們的配偶、父母，和子女看得更清楚的大師了。在我們能夠面對事實之前，他們一次又一次地向我們顯示我們「不想看到」的真相。

自從一九八六年從中途之家返回，我發現不論先生或孩子的任何行徑都激怒不了我，因為當時我對整個世界和我自己有了另一番全新的領悟。「反躬自問」已在我內生根萌芽，所以我的每個「想法」都會自動面對一句無言的「反問」。當保羅做出一些以前可能會讓我光火的事，而我的內心浮現「他應該……」的想法時，我會感恩地會心一笑。這個男人或許穿著沾滿爛泥的鞋子在地毯上到處走，或是隨手亂丟衣物，或是揮動手臂、面紅耳赤地對我大吼，那些時候，如果我內心出現「他應該」的想法，我就會自嘲一番，因為我知道後果；我知道它會帶來「我應該」的想法——「他應該停止大吼」嗎？在我提醒他脫下沾滿爛泥的鞋子之前，「我應該」先切斷自己頭腦裡對他的吼叫。

一天，我坐在客廳的沙發閉目養神，剛好保羅走進客廳，一看到我，他怒氣沖沖地對我大吼：「天啊！凱蒂，你究竟怎麼啦？」那是很簡單的一句問話，我很快進入內心反問自己：「凱蒂，你究竟怎麼啦？」那並非衝著我而來的，但我能否答覆那個問題呢？嗯，在某一剎那，我的確生起「保羅不應該大吼」的念頭，然而，「事實」是「他正在大吼」。哦，「那一念」就是我「究竟怎麼啦」的地方。所以，我說：「甜心，我的問題是我有『你不應該大吼』的念頭，而那個念頭讓我覺得不舒服，那也是我究竟怎麼啦的地方。經你一問，現在我覺得好多了，謝謝你！」

那段時間的前幾個月，孩子們會特地找我，跟我聊起我在他們心目中一直是怎樣的母親，他們以前若說出類似的話，常會遭到嚴厲懲罰。例如，大兒子鮑比對我坦白無諱地說：「你以前總是偏愛羅斯，比較不愛我，你總是最疼愛他。」（羅斯是我的小兒子）我終於學會當個默默聆聽的母親了，我隨著他說的話進入內在，靜靜地反問自己：「這可能是真的嗎？他是否說對了？」因為我由衷想知道真相，所以請孩子們坦言直說。如今我終於看到了，也因此，我坦然向他表白：「親愛的，我明白了。你是對的。我以前過得太迷糊了。」霎時，我深深感到，原來自己是那麼地愛他，而他經歷這一切痛苦，成了我的老師。同時，我也疼惜「那個女人」——她居然有偏愛其中一位孩子的想法。

人們常問我，一九八六年以前我是否有信仰，我回答「有」，那就是：「我的孩子應該撿起他們的襪子。」我篤信這句話，為它奉獻一切，結果卻一敗塗地。直到有一天，「轉念作業」在我內萌芽，我才明白這個「信仰」毫不真實。事實上，即使我這輩子不斷對他們說教、嘮叨，或處罰他們，他們仍是日復一日，照常隨手扔襪子。我終於明白：我這樣嘀咕著要他們撿襪子，其實，我才是唯一該撿襪子的那個人。孩子們根本不覺得襪子扔在地上有什麼問題，那麼，誰有問題呢？當然是我。是我對於「襪子亂丟地上」的想法，讓自己的日子不好過，而不是襪子本身。誰有能力解決呢？當然又是我。我一意識到：究竟我是要「證明我對」？還是要「得到自由」？我不假思索，立即動手撿襪子，只不過花我幾分鐘時間而已。沒想到奇妙的事發生了，我發現自己竟然很喜歡撿他們的襪子，那純是為了我自己，而不是為了他們。在那一瞬間，它不再是累人的家務事，隨手撿起襪子，看到整潔的地板變成我的一種樂趣。當他們發現我居然以此為樂，大感驚訝之餘，他們也開始動手收拾自己的襪子，用不著我提醒。

我們的父母、兒女、配偶，和朋友們，一次又一次地擊中我們的要害，直到我們領悟出「那些要害，原來是我們還不想面對的自己」，就在當下，他們成了為我們指向自由的人。這種經驗，實在屢試不爽。

我要兒子跟我說話

在以下對談中，一位母親終於了解為何她兒子刻意不理她。當她明白自己的悲傷、怨懟，和內疚全都跟兒子無關，而是自己的想法一手造成的，這時，她才開啟了轉變的可能性，不僅為她自己，也為了兒子，她選擇重新面對「真相」。我們的快樂不須仰賴孩子們的改變，我們甚至會發現：我們討厭的任何境遇，竟然就是我們一直尋尋覓覓的——進入內心的入口。

……………………

伊莉莎白：（唸她寫的「轉念作業單」）**我很氣克里斯多福，因為他不願跟我聯絡，也不邀請我去看他的家人。我很傷心，因為他不肯跟我說話。**

凱蒂：很好，請繼續。

伊莉莎白：**我要克里斯多福偶爾跟我說些話，邀請我去探望他、他太太，和他的孩子們。他應該挺身而出，告訴他太太：他不願排斥他的母親。而且，他不該老是責怪我。我需要克里斯多福接受我和我的生活方式，而且我需要他明白我確實已經盡全力了。克里斯多福是個懦弱、愛發脾氣、傲慢自大，而且冥頑不靈的人。我不願再感受到他拒絕我，或故意疏遠我。**

凱蒂：好的。我們現在要從其中一部分想法來「反躬自問」。我們先看看那些想法，然後反問四句話，再做反向思考，看看是否能從中找到一些領悟。讓我們開始吧。請再唸第一個答覆。

伊莉莎白：**我很氣克里斯多福，因為他不願跟我聯絡，而且不邀請我去看他的家人。**

凱蒂：那是眞的嗎？那確實是真的嗎？（停頓了片刻）甜心，只要回答「是」或「不是」。這些問話很單純，不設任何圈套。所以，無論你如何回答，都沒有對錯或好壞之分。只須為你自己走入內心看一看真相，或許還得往下再深入，然後再深入。「他不願跟我聯絡，或是不邀請我去看他的家人。」——那是眞的嗎？

伊莉莎白：嗯，有時候。

凱蒂：很好。「有時候」是比較誠實的回答，因為你剛才的話裡透露了他曾經邀請過你。所以，「他不邀請你去看他的家人」——那是眞的嗎？顯然它的答案是「不」。

伊莉莎白：我懂了。

凱蒂：當你持有那想法時，會如何反應呢？

伊莉莎白：我會全身緊繃。每次電話鈴響，我就焦躁不安。

凱蒂：你能否找到理由，放下「他不邀請我去看他家人」這個想法？我不是要你放棄這個想法，只是很單純地問：「你能否找到理由，放下這個與事實不符的謊言？」

伊莉莎白：可以。

凱蒂：請給我一個讓你毫不焦慮地持有這個「故事」的理由，一個不會帶給你任何壓力的理由。

伊莉莎白：（停頓很久）實在沒辦法找到理由。

凱蒂：讓我們來處理「我要我兒子打電話給我」這個想法。我可以告訴你我個人的經驗：我從來都不要求兒子打電話給我，我要他們過自己想過的生活，打電話給他們想打的人，我當然渴望那個人恰好是我，事實卻未必如此。你若沒有這個想法：「我要我兒子打電話給我，而且不管他願不願意，我都要他邀請我去他家。」那麼，你會是怎樣的人呢？

伊莉莎白：我會是一個輕鬆愜意享受生活的人。

凱蒂：而且，無論他是否邀請你，你都能跟他很親密，沒有任何隔閡。你現在就可打從心裡跟他親近了。現在，請把第一個答覆做反向思考。

伊莉莎白：我對自己感到生氣和悲傷，因為我不願跟我自己聯絡。

凱蒂：是的。你的心一直活在兒子的事裡，所以你不但失去了自己，而且還為「兒子應該怎樣過日子」的那個夢放棄了你自己的生活。我很愛我的兒子們，而且我確信他們「至少」能像我管他們那般管好他們自己的生活。他們有必要見我嗎？我相信他們會做最好的判斷。如果我想要見他們，我會告訴他們，他們可以誠實地說「好」或「不好」。如此而已。如果他們說「好」，我會很開心；但如果答覆是「不好」，我也同樣開心地接受，並不因而失去任何東西，那是不可能的。你能否找到另一種反向思考呢？

伊莉莎白：我感到悲傷，因為我不肯跟我自己說話。

凱蒂：你不肯跟你自己說話，因為你心裡一直忙著管他的事，為此你感受到被排擠的孤單，那是你不為自己活在當下的孤單。好，現在請唸下一個答覆。

伊莉莎白：**我要克里斯多福偶爾跟我說些話，邀請我去探望他、他太太，和他的孩子們。**

凱蒂：「你要他邀請你去探望他太太和他的孩子們」，那確實是眞的嗎？為什麼你要跟他們在一起呢？你要他們做什麼或說什麼嗎？

伊莉莎白：我真正要的是他們接受我。

凱蒂：請做反向思考。

伊莉莎白：我真正要的是我接受我自己。

凱蒂：你明明能給自己的東西，為什麼卻要他們給你呢？

伊莉莎白：還有，我真正要的是我接受他們以及他們的生活方式。

凱蒂：是的，不管你在不在他們身邊都是如此。（伊莉莎白大笑）而且，我知道你能做到，因為你認定他們輕易就能做到，這已顯示你自己知道該怎麼做。「他們若邀請你，就一定會接受你」，你能肯定那是眞的嗎？

伊莉莎白：不。

凱蒂：所以，當你相信那個想法時，你會如何反應呢？

伊莉莎白：那是很可怕的。我會頭痛，肩膀開始緊繃起來。

凱蒂：所以，你要他們邀請你並接受你，然後你就會怎樣呢？

伊莉莎白：我認為，在那短暫的時刻，我會得到某些東西。我離開後，相同的故事再度上演。

凱蒂：你去那裡時，會得到什麼東西呢？

伊莉莎白：一種滿足感。

凱蒂：是的。你說的不是他們曾經怎樣邀請你的快樂故事，便是他們怎樣不邀請你的悲傷故事。所以，除了你的故事之外，什麼事都沒發生過，但你卻相信自己的情緒都是他們邀請或沒邀請引起的。你用那些未經審查的想法套在他們頭上，欺騙你自己，導致快樂→悲傷→快樂→悲傷，像乒乓球一樣來回反覆。「我快樂是他們的錯，我悲傷也是他們的錯。」這就是混亂不清。讓我們再看下一個答覆。

伊莉莎白：**他應該挺身而出對他太太說……**

凱蒂：那是眞的嗎？他真的應該那樣嗎？

伊莉莎白：不。

凱蒂：**當你抱持那個想法時，你會如何反應呢？**

伊莉莎白：很可怕，我感到很苦。

凱蒂：是的，因為對你而言，那絕不是真的：「克里斯多福，你要在家裡發動戰爭，而且要打贏，這樣我才能進得來。」那不是我們想從孩子身上要的東西，甚至還引發出「他是個懦夫」的批評。讓我們繼續省察。或許他沒有不顧一切地跟他太太開戰才是真正的勇敢，或許那就是愛。你能找到一個理由讓自己放下「他應該挺身而出跟他太太抗爭」的想法嗎？

伊莉莎白：可以。

凱蒂：是的，內在的衝突便是一個理由。內在的衝突往往會造成外在的衝突。沒有這個想法時，**你會是怎樣的人呢？**

伊莉莎白：比較少生氣。

凱蒂：是的，甚至你可能看到你有一位既勇敢，又有愛心的兒子，即使他母親要他不計後果地跟他太太抗爭，他仍然知道如何讓全家和樂相處。當你有那個想法時，你會怎樣對待他呢？你是否會給他「臉色」看？讓他知道你認為他是一個懦夫，或他做錯事呢？讓我們看看下一個答覆。

伊莉莎白：（笑）再做下去，我還能全身而退嗎？

凱蒂：（笑聲）嗯，希望不大。（觀眾席爆出更大的笑聲）

伊莉莎白：希望不大。

凱蒂：甜心，這「轉念作業」能結束我們自以為了解的世界，幫我們開啓事實真相——這始終真實之物，遠遠不是我們設計出來的情境所能比擬的；它是何等真實，又何等美妙，我為此深感慶幸。我的人生也變得簡單得多，我再也無需在心裡操控整個世界了，我的孩子們和朋友們也都同感慶幸。讓我們看下一個答覆。

伊莉莎白：**他不該老是責怪我。**

凱蒂：「他不該老是責怪你」——那是眞的嗎？現在你要控制他的想法，甚至規定他該不該責備誰？

伊莉莎白：（笑）哦，我的天啊！

凱蒂：你要接管你兒子的整個心思，你知道怎樣對他最好，甚至你知道他該怎麼想才正確：「對不起，克里斯多福，在我告訴你想什麼之前，你不要亂想，等我要你想的時候，你才能想。」（笑聲）「現在，我們來處理你的太太。別忘了，我很愛你。」（更多的笑聲）

伊莉莎白：喔……我懂了。

凱蒂：所以，這句話請再唸一次。

伊莉莎白：**他不該老是責怪我。**

凱蒂：「他老是責怪你」——是千眞萬確的嗎？

伊莉莎白：不。

凱蒂：當你抱定那個想法時，你會如何反應呢？

伊莉莎白：喔喔，簡直要我的命。

凱蒂：他可能說什麼最刺耳的譴責呢？（面對觀眾）你們最怕聽到孩子怎麼說你們的？

伊莉莎白：「你以前不是好母親，現在也不是。」

凱蒂：你能找到這一事實嗎？你能找到你有哪些地方確實沒做到一位好母親該做的事嗎？

伊莉莎白：能。

凱蒂：如果我的兒子對我說：「你不是一位好母親。」我會誠實地回答：「是的，甜心，我承認。我到世界各地旅行，很少跟你和孫子們相處。感謝你提醒我，不知你有何建議呢？」兒子們和我就像同一個模子打出來的，他們會告訴我一些我可能尚未覺察的自己。然後，我往內觀看自己，看看他們是否說對了，到目前為止，他們從未說錯過，關鍵在於我是否走得夠深，深到足以找出它的事實真相來。我可以選擇往外看，攻擊他們，對他們的觀感嗤之以鼻，企圖改變他們的想法，繼續自己的麻木不仁。要不然，我也可以選擇往內看，尋找讓我得到自由的新真相。「反躬自問」協助我向內去找答案，這就是為何我說所有的戰爭只能留在（作業）紙上。當孩子們告訴我：「你是一位很棒的母親。」我也能往內看並找到它。我無需把眼光朝外，不斷跟他們說：「噢，謝謝、謝謝、謝謝你！」也不必窮盡一生，拼命證明這句話是對的。我只是進入內心，發現「我是一位很棒的母親」，無需用一堆感謝沖淡這個事實。我可以安靜地和兩個兒子坐在一起，讓喜悅的淚水沿著我們的臉頰緩緩而下。愛是如此地偉大，讓人死而無憾——死於自我，在愛內被燒成灰燼。愛才是你們的真相，你們都將再度回到它內，就是這麼簡單。所以，我的兒子永遠是對的，我的女兒永遠是對的。我的朋友們永遠是對的。我若意識不到它，便會繼續受苦，如此而已。我是他們口中描述的一切，而且，我所設下的任何自我防衛都使我無法達到全面的了悟。所以，甜心，讓我們來做**反向思考**吧。

伊莉莎白：我不該老是責怪他。

凱蒂：是的。在這上頭下一點功夫吧。這不是他的職責，他正忙著養活一家子。「停止責怪」這件事是你的人生哲理，是你要活出來的。這會讓你非常忙碌，無暇管他的閒事，生命才能真正開始；它必須從「你」此刻所在之處開始，而不是從「他」所在之處。讓我們看下一句答覆。

伊莉莎白：**我需要克里斯多福接受我和我的生活方式。**

凱蒂：「克里斯多福，停止你的生活，我要你接受**我的**生活方式。」這是你真正要的嗎？這是真的嗎？

伊莉莎白：不，它的確不是真的。

凱蒂：請將它**反向**思考。「我需要我……」

伊莉莎白：我需要我接受他，並且接受他的生活方式。這樣感覺好多了。

凱蒂：是的。他有他的生活方式。他有一個美滿的家庭，他不邀請你和你所有的概念走入他的生活，造成他和太太之間的紛爭，還必須感激你和……

伊莉莎白：喔……喔。

凱蒂：聽起來他好像是聰明人。

伊莉莎白：他的確如此。

凱蒂：或許你該打電話給他，並向他致謝：「謝謝你沒有邀請我，我不是你真正想要共同生活的人，我總算了解了。」

伊莉莎白：（笑）是的，我懂了。

凱蒂：或許你也可以讓他知道你愛他，而且你正在學習給出無條件的愛。所以，甜心，請做另一種反向思考。

伊莉莎白：我需要接受我自己，和我的生活方式。

凱蒂：是的，放他一馬吧，而且你知道的，接受你的生活方式純粹是為了你自己而已。我知道它對你來說極其簡單，因為你也曾期待他如此做！（凱蒂彈指）好吧，讓我們來看下一句。

伊莉莎白：**我需要他了解我已盡全力了。**

凱蒂：那是眞的嗎？

伊莉莎白：不是。

凱蒂：當你相信這個「謊言」時，你會如何反應呢？

伊莉莎白：我會受傷而且生氣，好像活在地獄裡。

凱蒂：沒有這個「受害者」的故事時，你會是怎樣的人呢？那是一個獨裁者無法為所欲為而說出的故事。這個獨裁者說：「你應該告訴我，我確實已盡力了。」那簡直是神志不清！請告訴我，沒有這個既傷心又悲慘的故事時，你是怎樣的人呢？

伊莉莎白：我會是一個自由又快樂的人。

凱蒂：真精采啊！你已經成為你要他看到的你：一位當時已經盡了全力而現在仍深愛兒子的母親。何況，他根本不可能知道真正的你；那是不可能知道的。我認為，倒不如跳過這個中間人，從你當下所在之處快樂地開始享受自由吧。我們一旦那樣做，就會變得受人愛戴，孩子會不由自主地被我們吸引過來，他們必會如此的。編故事的人一旦改變心靈——播放故事的放映機——投射出來的世界必會隨之改變。當我頭腦清醒時，我的孩子不可能不愛我，他們是毫無選擇的，因為我投射出去或看到的只有愛。整個世界只不過是我的故事而已，它把一切又轉而投射回我的知覺螢幕上，纖毫也不差。甜心，讓我們看下一個答覆。

伊莉莎白：**克里斯多福是一個懦夫。**

凱蒂：那是眞的嗎？我的天，看看他的對手就好了，一隻老虎，一隻母老虎。（伊莉莎白突然大笑）

伊莉莎白：噢，一隻母老虎，呵呵，一點也不假。嗯，他打從一開始就應付得很好。

凱蒂：你不妨跟他分享那個感受。「他是一位懦夫」——請反向思考。

伊莉莎白：我是一位懦夫。

凱蒂：是的，你企圖借用他來使你快樂，但他不想接招。他是一位卓越的老師，我們全都跟完美的大師住在一起，的確沒錯。讓我們看下一個答覆，全都反向思考一下。

伊莉莎白：**他很愛發脾氣**，我很愛發脾氣。**他傲慢自大**，我傲慢自大。**他冥頑不靈**，我冥頑不靈。

凱蒂：是的，我們都會錯亂一陣子，如此而已。這邊迷糊一點，那邊錯亂一點，沒啥大不了的。

伊莉莎白：（哭著）長期以來，我一直在找這個，我要停止這種迷失混亂。

凱蒂：我知道，安琪兒，長久以來，我們一直在找這個。現在正是時候，讓我們回到你最後一題的答覆。

伊莉莎白：**我不想再感受到他拒絕我**。

凱蒂：請將它反向思考。「我願意感受……」

伊莉莎白：我願意感受到他拒絕我。

凱蒂：每次他拒絕你，而如果你仍會感到痛苦，就表示你的「轉念作業」還沒做完。他是專業的老師，他會不斷拒絕你直到你了解為止。你的責任則是不拒絕他，也不拒絕你自己。「反躬自問」一下，就會帶給你自由。「我期待……」

伊莉莎白：我期待感受到他拒絕我。

凱蒂：受傷是好事，因為痛苦是你陷入混亂的訊號，也是你活在謊言的標記。批評你兒子，把它寫下來，反問四句話，做反向思考，就會發現那些殘存的痛苦。

伊莉莎白：好。

凱蒂：你是你問題的終結者，我是指你的表相問題。沒有一位母親或兒子真的會傷害對方。我們在這裡處理我們看不清真相的心靈，如此而已。透過「轉念作業」，我們終會領悟到「那個」的。

我先生有外遇

當瑪莉莎走到講臺跟我坐在一起時，她看起來很傷心，她的雙唇微微顫抖，好像隨時都會哭出來。如果有人誠心誠意要知道真相，不妨細看一下「反躬自問」如何發揮它的威力，儘管一開始時，瑪莉莎認為自己遭到莫大冤屈而痛苦不堪。

…………………………………………

瑪莉莎：（唸著她寫的作業單）**我很氣大衛——我的丈夫——因為他不斷說他需要時間來處理事情。我要大衛表達出他當時的感覺。我已經問煩了，而且，我再也沒耐心等下去了。**

凱蒂：所以，「丈夫們應該表達他們的感覺」——那是眞的嗎？

瑪莉莎：是的。

凱蒂：然而，在這地球上，事實是什麼呢？

瑪莉莎：嗯，基本上他們都沒做到。

凱蒂：我怎麼知道丈夫們「**不應該**」表達他們的感覺呢？因為他們的確是不表達的。（觀眾和瑪莉莎都哈哈大笑）他們通常都難得表達一下，那才是事實。「丈夫們應該表達他們的感覺」，這種心態，只是我們毫無根據就信以為真的一個想法而已。**當你相信這句「謊言」時，你會如何反應呢？**你明白我為何說它是「謊言」嗎？「他應該表達他的感覺」，這種說法絕不真實，因為根據你的經驗，他不表達才是事實。這不表示他不會在十分鐘或十天後充分表達他的感覺，但事實上，此時此刻，它不是真的。所以當你有這想法時，你會如何反應呢？

瑪莉莎：很生氣而且痛心。

凱蒂：是的。當你相信「他應該表達他的感覺」這個想法，而他沒做到時，你會如何對待他呢？

瑪莉莎：我感覺好像我正在窺探、強求某些東西。

凱蒂：我會把「我感覺好像」全省略掉。你窺探，而且強求。

瑪莉莎：但是我……哦……是的，我確實那樣。

凱蒂：當你窺探而且強求時，那種感覺如何呢？

瑪莉莎：一點都不好受。

凱蒂：你能找到放下那個想法的理由嗎？請不必試著放下它。根據我的經驗，你「**無法**」放下一個想法，因為打從一開始，它就不是你造出來的。所以，這個問題很簡單：「你能找到放下那個想法的理由嗎？」通常，最好的理由可以從你針對第三句反問的回答裡找到：「當你持有那個想法時，你會如何反應呢？」任何使你焦慮的反應——生氣、悲傷，或疏離——都成了你放下那想法的好理由。

瑪莉莎：是的，我可以找到理由了。

凱蒂：請給我一個理由，一個會讓你認定「丈夫們應該表達他們的感覺」同時又能免於焦慮的理由。

瑪莉莎：一個免於焦慮的理由？

凱蒂：請給我一個讓你相信這想法而又絲毫不感到焦慮不安的理由。

瑪莉莎：我真的不知道怎麼……

凱蒂：請給我一個相信「我丈夫應該對我表達他的感覺」的想法，卻不會造成你痛苦或焦慮不安的理由。你結婚多久了？

瑪莉莎：十七年。

凱蒂：根據你的說法，十七年來他從未表達他的感覺。請給我一個理由，一個讓你願意繼續相信那想法卻能不感到焦慮的理由。（停頓很久）你可能需要花一些時間來找。

瑪莉莎：沒錯，我一個都找不出來。

凱蒂：倘若你不再相信這句謊言，當你跟這男人相處時，你會是怎樣的人呢？

瑪莉莎：我會是更快樂的人。

凱蒂：是的，所以我聽到的是：你的丈夫不是問題的根源。

瑪莉莎：是的，因為我是一個愛窺探和強求的人。

凱蒂：真正的關鍵，是你相信這傷人的謊言。我從你那裡聽到的是，當你不相信它時，就可以快樂過活；一旦你相信了，就會不斷窺探和強求。所以，你丈夫怎可能是你的問題呢？你企圖改變真相，才會引起這些混亂。我是熱愛真相的人，我永遠信賴它，即使它隨時變化我仍喜歡，只因我是「當下真相」的熱愛者。所以，請再唸一次關於你要他怎麼做的那個答覆。

瑪莉莎：**我要大衛表達出他當時的感覺。**

凱蒂：請**反向思考**。「我要我……」

瑪莉莎：我要我表達出我的感覺。但是，我隨時都在做那件事啊！

凱蒂：是的，很正確。那是你的生活方式，但不是他的。

瑪莉莎：噢，我明白了。

凱蒂：你才是應該表達感覺的那個人，因為你一向如此。他不該表達他的感覺，因為他不表達。你如影隨形地窺探和強求，還用「你的方式比較好」這句謊言來騙自己。請告訴我，窺探時，你感覺如何呢？

瑪莉莎：一點兒都不好受。

凱蒂：而且，你認為你的難受都是因為他的緣故，你為此而譴責他。

瑪莉莎：沒錯，我明白你說的是什麼了。

凱蒂：你覺得難受，而且相信那是他造成的，其實那一直是你自己的誤解引起的。好吧，讓我們來看下一個答覆。

瑪莉莎：**我已經問煩了，而且我再也沒耐心等下去了。**

凱蒂：「你沒耐心等下去」——那是眞的嗎？

瑪莉莎：是的。

凱蒂：你正在等嗎？

瑪莉莎：我想我是的。

凱蒂：我會省略掉「我想」二個字。

瑪莉莎：我正在等。說得沒錯。

凱蒂：「你沒耐心等下去」——那是眞的嗎？

瑪莉莎：是的。

凱蒂：你正在等嗎？

瑪莉莎：是的，而我不知如何停下來。

凱蒂：所以，「你沒耐心等下去」——那是眞的嗎？（停頓一陣後）你正在等啊！你正在等啊！我從你口中親耳聽到的！

瑪莉莎：哦！我懂了……是的。

凱蒂：懂了嗎？

瑪莉莎：懂了。

凱蒂：是的，你不是沒耐心等下去，而是你毫不氣餒地等了十七年，十八年……

瑪莉莎：是的。

凱蒂：所以，當你持有「你再也沒耐心等下去」的想法時，你的反應如何呢？當你相信那句謊言時，你會如何對待他呢？

瑪莉莎：我不會善待他。我不理會他，有時對他大吼，或是哭鬧威脅要離開他，還會對他說些不堪入耳的話。

凱蒂：所以，請給我一個理由讓你能安心自在地相信這句謊言。

瑪莉莎：找不到任何理由。

凱蒂：倘若你不相信這句謊言，你在家裡會是怎樣的人呢？

瑪莉莎：我想，我可能會好好享受我愛他這個事實，而不會緊咬其他瑣事不放。

凱蒂：是的。下次跟他說話時，或許你可以說：「甜心，你知道嗎？我一定是很愛你，才會這麼有耐心地等到現在。我以前跟你說我沒耐心等下去，那不是真的，我在騙我自己。」

瑪莉莎：好。

凱蒂：那就是我喜歡的誠實。只要我們往內走，就會看到它，誠實地過生活是很甜美的。所以，讓我們做反向思考。「我沒耐心等下去」——這句話的反向思考是什麼？

瑪莉莎：我**不是**沒耐心等下去。

凱蒂：是的，那是否一樣真實，或更真實？

瑪莉莎：它更真實些，肯定是更真實些。

凱蒂：讓我們看你的下一個答覆。

瑪莉莎：我就直接唸剛才寫的句子。**大衛不該認為我會永遠等下去**。（笑出聲來）其實，我一直在等。

凱蒂：所以，「他不該那樣想」——那是眞的嗎？

瑪莉莎：當然不是。

凱蒂：當然不是啊，因為他得到的證據都是你會一直等下去。

瑪莉莎：（點頭微笑）是的。

凱蒂：所以……**當你持有這個想法時，你會如何反應呢？**甜心，你可知道我喜歡什麼嗎？過去讓我們深深陷入沮喪的那些想法，一旦透徹了解，同一個想法，如今帶給我們歡笑。這就是「反躬自問」的力量。

瑪莉莎：多麼不可思議呀！

凱蒂：它最後留給我們只會是：「親愛的，你知道的，我很愛你。」一種無條件的愛。

瑪莉莎：是啊！

凱蒂：而你只需去看清楚就好。所以，當你相信「他不該認為你會永遠等下去」那個想法時，**你會如何反應呢？**

瑪莉莎：如果我相信自己所寫的，我是在欺騙自己。

凱蒂：是的，活在謊言裡是非常痛苦的。我們像小孩一樣，那麼天真無知，以為整個世界都在告訴你，你的沒耐心是正確的。

瑪莉莎：到今天為止，我確實這樣相信。

凱蒂：其實，你一往內看，便能看到真相。沒有人能使你痛苦，這話很有道理，而且，那純粹是「**你自己的**」事。

瑪莉莎：是的，歸咎別人，容易多了。

凱蒂：嗯，但那是真的嗎？或許歸咎於別人才是「不」容易的。唯有真相能釋放我們。當我發現我是製造自己問題的那個人，我只是咎由自取而已，這才明白根本沒有需要寬恕的事。讓我們來看看你的第四個答覆。

瑪莉莎：**當大衛不斷做出傷害我的事時，我要他住口，別再說「他不想傷害我」這種瞎話。**

凱蒂：「他想要傷害你」——你敢肯定那是眞的嗎？

瑪莉莎：不，我無法肯定。

凱蒂：「他想要傷害你」——請往內看，看看是否真的。

瑪莉莎：我不知如何回答這個問題。他說他沒有。

凱蒂：我會相信他說的。你還有什麼其他證據呢？

瑪莉莎：他的行為。

凱蒂：「他想要傷害你」——你能百分之百肯定那是眞的嗎？

瑪莉莎：不能。

凱蒂：當你相信這個想法時，你會如何反應呢？你會如何對待他呢？

瑪莉莎：我不會對他好。基本上，我把一切歸咎於他。

凱蒂：基本上，你的行為反而像是你想要傷害他。

瑪莉莎：喔！我懂了……我懂了。

凱蒂：所以，你當然會投射出「他想要傷害你」的想法。事實上，是「**你**」想要傷害「**他**」。你是這一切的放映機，編出這堆故事的人。

瑪莉莎：真的那麼簡單嗎？

凱蒂：是的。就這麼簡單。

瑪莉莎：哇！

凱蒂：如果我認為是別人造成我的問題，我一定神志不清了。

瑪莉莎：我懂了。所以……是我們造成自己的問題？

凱蒂：是的，所有問題都是如此，都只是一個誤解而已，而且是「你」的誤解，不是他們的，一向都不是，他們連一點兒邊都沾不上。你的快樂是你的責任，這是非常好的消息。當你跟一個男人一起生活，而且相信他想要傷害你，那種感覺如何呢？

瑪莉莎：很可怕。

凱蒂：所以，請給我一個理由讓你能毫不焦慮地相信「你先生想要傷害你」那個想法。

瑪莉莎：我一個都想不出來。

凱蒂：倘若沒有這個想法，你跟先生在一起時，你將會是怎樣的人呢？

瑪莉莎：我會非常快樂。我現在看得一清二楚了。

凱蒂：「他想要傷害我」——請把它反向思考。

瑪莉莎：我想要傷害我自己。是的。我了解到那個了。

凱蒂：那是同樣真實，或更真實呢？

瑪莉莎：我認為更真實。

凱蒂：我們一向如此，因為我們根本不知道還有別的方法，直到我們找到了。那就是為何我們今晚在這裡的原因。我們相聚於此，共同尋找另一種方法。「他想要傷害我……」，還可以做什麼其他的反向思考呢？

瑪莉莎：我想要傷害他。是的，那也是更真實的。

凱蒂：還有另一種反向思考。「他想要傷害我」——截然相反的反向思考是什麼呢？

瑪莉莎：他不想傷害我。

凱蒂：他可能告訴你實情了，那是很有可能的。好了，讓我們言歸正傳。「你想要傷害你先生」——那確實是真的嗎？

瑪莉莎：不！不！我不會的。

凱蒂：是的，甜心。除非我們真的神志不清，沒有人想要傷害另一個人的。那是我的經驗。神志不清是這星球上唯一的痛苦。當你傷害他時，那種感覺如何？

瑪莉莎：一點都不好受。

凱蒂：是的，那種感覺是一項禮物，它讓你知道你沒有對自己誠實。我們的想法說：「喔，我不該傷害他。」但我們卻不知如何停下來。你注意到了嗎？

瑪莉莎：是的。

凱蒂：它會一而再、再而三地上演。所以透過自我認識——我們在此地經歷的方法——透過這些發現，我們的作風改變了。我曾經跟你一樣，完全無法改變，無法停止傷害我的孩子和自己。但是，當「反躬自問」在我內萌芽生根之後，我發現了真相，徹底改變了作風，問題便也隨之消失。不是我中止問題，而是問題自動消失了，就是那麼簡單。現在，請告訴我，他究竟做了什麼？你說他的行為證明了他想要傷害你，你能舉例嗎？你有什麼證據呢？

瑪莉莎：簡單地說，他有外遇，他在五個月前親口告訴我。他們之間仍相互心儀，而且還繼續聯絡見面。那些舉動就足以證明了。

凱蒂：好。現在，你在心裡看著這兩個人，你能看到他們嗎？

瑪莉莎：我常常看到他們。

凱蒂：現在仔細看你先生的臉，你看到他正注視著她。現在，請先把自己的故事擱在一邊，然後看著他。看看他的眼睛，看看他的臉，你看到了什麼呢？

瑪莉莎：他深愛著她，而且快樂無比。但又有些心痛，因為他們無法在一起。他很想要跟她在一起……。

凱蒂：那是眞的嗎？你能肯定那是眞的嗎？

瑪莉莎：無法完全肯定。不，我無法肯定。

凱蒂：他跟誰在一起呢？

瑪莉莎：噢！他跟我在一起。

凱蒂：「他想要跟她在一起」——那是眞的嗎？

瑪莉莎：嗯……他……

凱蒂：他跟誰在一起呢？

瑪莉莎：是的，我懂你剛才說的。

凱蒂：「他想要跟她在一起」——那是眞的嗎？誰阻止他呢？他是自由的。

瑪莉莎：我也很清楚地向他表明過。

凱蒂：所以，當你持有「他想要跟她在一起……」的想法時，你的反應如何呢？

瑪莉莎：噢，我很心痛。

凱蒂：……而他卻跟你住在一起？

瑪莉莎：我想我沒有完全活在當下，沒有活在他愛我而且他跟我住在一起的事實裡。

凱蒂：他跟你住在一起，但你的腦海裡全都是「他跟她在一起」。所以，根本沒有人跟這個傢伙住在一起！（瑪莉莎和觀眾全都大笑）看啊，這裡有位英俊的男士，卻沒有人和他住在一起！（瑪莉莎笑得更大聲）「我要他跟我住在一起，我要他跟我住在一起！」好吧，你準備何時開始呢？當你相信他想要跟她住在一起，但「事實」卻是他跟你住在一起，這時，你會怎樣對待他呢？

瑪莉莎：我不會對他很好，也不會理他。

凱蒂：然後，你不了解為何他喜歡跟她在一起。

瑪莉莎：是的，是的。

凱蒂：請給我一個讓你繼續相信「他雖然跟你住在一起，其實他想要跟她在一起」，而能免於焦慮的理由。

瑪莉莎：一個免於焦慮的理由？

凱蒂：你無法「**強迫**」他回家。他回家是因為他想要回家。你若不相信這個想法時，你會是怎樣的人呢？

瑪莉莎：喔……（很開心地微笑）那我沒有任何問題了。

凱蒂：「他想要跟她在一起」——現在做**反向思考**。

瑪莉莎：他想要跟我在一起。

凱蒂：是的。那可能同樣真實，或更真實一些。

瑪莉莎：是的，沒錯。

凱蒂：我聽到你說他看起來很快樂。

瑪莉莎：是的。

凱蒂：那不正是你要的嗎？

瑪莉莎：喔，我確實想要他快樂。我曾經如此告訴過他，而且不惜任何代價。

凱蒂：「我要他快樂」——**請將它反向思考**。

瑪莉莎：我要我快樂。

凱蒂：是的。

瑪莉莎：非常強烈地要。

凱蒂：那難道不是事實嗎？

瑪莉莎：是的。

凱蒂：你要他快樂，因為那會使你感到快樂。我建議你跳過這個中間媒介，現在就快樂吧，他也會跟著快樂起來的。他必會如此，因為他是你的投射。

瑪莉莎：（笑）是的。

凱蒂：他的快樂是他的責任。

瑪莉莎：的確。

凱蒂：你的快樂則是你的責任。

瑪莉莎：是的，我明白了。

凱蒂：除了你，沒有任何人能使你快樂。

瑪莉莎：我不知道為什麼會這麼困難。

凱蒂：或許是因為你不知如何使自己快樂，你認為他有責任愛你，而且使你快樂——「我做不到，但你要做到」。

瑪莉莎：要別人做，好像容易多了。

凱蒂：那是真的嗎？他怎樣才能證明他愛你呢？他能做什麼呢？

瑪莉莎：我也不知道。

凱蒂：真是有趣！或許他也不知道哩。（瑪莉莎和觀眾都大笑）他只能乖乖回家，當你的丈夫。

瑪莉莎：若是昨天，我會告訴你：「只要不再去見她，就能證明他的愛。」那會讓我快樂起來。現在，我卻說不出口了。

凱蒂：因為你已把事實看得更清楚些。讓我們看下一個答覆。

瑪莉莎：「我認為他是怎樣的人？」我不知道要說什麼。總之，我愛他。

凱蒂：**請反向思考。**

瑪莉莎：我愛我自己。那可能還需一段時間。

凱蒂：當你愛他時，你不是正在愛你自己嗎？

瑪莉莎：我不曾從那個角度去看。……是啊，是啊！

凱蒂：安琪兒，讓我們看下一個答覆。

瑪莉莎：**我再也不願有「別人愛我，我才快樂」的感覺了。**

凱蒂：「我願意……」，請再唸一次。

瑪莉莎：我願意有「別人愛我，我才快樂」的感覺。

凱蒂：是的，因為相信那個想法，容易受傷，然後你再批評對方，或是任何人。反問四句話，並將它反向思考，便能把你帶回神志清明之境，帶回內心的平安。痛苦，是在向你顯示：你還有些東西有待省察；而且也向你顯示：使你覺察不到愛的障礙就在那裡，那就是痛苦的目的。「我期待……」

瑪莉莎：我期待感受到「別人愛我，我才快樂」嗎？

凱蒂：是的。我們當中有些人已經返回神志清明之境，那是因為我們對痛苦深感厭倦。我們正急著回家，已沒時間瞎搞了。倘若你仍認為「喔，如果他變得不一樣，我就會更快樂」，那是好事，你可藉機寫出來，並用「反躬自問」來審查它。

嬰兒不該哭鬧

如果你是一位看護，如果你有小孩需要照顧，或正在痛苦地照顧別人，那麼，下面這個對話，會特別扣動你的心弦，而且對你幫助極大。莎莉說：「我要對我孩子的選擇負責」，而且「我必須照顧我的孩子」——很多人都有這類的潛在信念（請參閱第九章）。她經過

「反躬自問」後，看清了這些概念；而這整個過程，也極為精采。

……………………

莎莉：我正在設法解決我的憂鬱症。

凱蒂：好，讓我們來看看這些問題的起因：究竟你相信了哪些不真實的想法，導致你陷入憂鬱。

莎莉：（唸著她的「轉念作業單」）**我兒子不負責任時，讓我很生氣。他不做他的家庭作業，也不幫忙家務事，我反覆提醒了八年。我意思是，那好像每天都得重新叮嚀一遍。**

凱蒂：是的，我很清楚你說的意思，但你是否聽清楚你自己說的話呢？你這麼努力地影響他的生活。這八年來，你一直教導他，但八年下來，卻沒有多少成效。

莎莉：我明白，但我就是忍不住不說，我總不能讓他為所欲為吧！為人父母，我必須對孩子們的選擇、後果，以及他們會成為怎樣的人負責。

凱蒂：「反躬自問」是給那些真正要知道真相的人的。你真的想知道真相嗎？

莎莉：是的。

凱蒂：這「轉念作業」最美之處在於：我們要處理的只是身為父母的你的真相，而不是全世界父母的真相。「你得對你孩子的選擇負責」——**那是真的嗎？**

莎莉：（停頓一下之後）嗯，不是。事實上我根本無法控制他的所作所為，我完全掌控不了。但是，我覺得我應該做到。

凱蒂：你說「我完全掌控不了」，那有違你的本性的。即使你掌控不了任何事，你還是認為你應該掌控。這個想法造成的後果就是焦慮、挫敗和沮喪。

莎莉：「我掌控不了任何事」，這一想法，豈不令人更沮喪嗎？我的意思是，我幹嘛那麼努力呢？我沮喪到根本不想待在那裡照顧他。有時候，我甚至不想當一位母親。

凱蒂：你必須照顧你兒子，**那是真的嗎？**誰要你非得如此呢？

莎莉：嗯，真的沒人要我這樣，是我自己要做的。嗯……。不，「我必須照顧他」可能不是真的。

凱蒂：我會拿掉「可能」這個字眼。

莎莉：雖然我不喜歡他的表現，但我確實想要照顧他，那是更真實的。

凱蒂：你剛才從你內在找到一個了不起的真相，這個真相會帶來極大的自由。你再也無需照顧你兒子，而且打從一開始就不必如此。那意味著他不欠你任何事情，你也不是為了他的緣故。現在，你明白你做這件事純粹是為了「你自己」。帶著這份覺知來撫育你的小孩，而且全然清楚地知道：你會在那裡，是因為你想要在那裡，以身作則地撫育他們、教導他們。你這麼做，僅僅因為「你」愛他們，而且因為你那麼做時，你才會喜歡你自己。那全都跟他們無關。雖然那是一種全屬「一己」的行為，卻是無條件的愛，這是值得一再重申的真諦。有了這個經驗之後，這種「自愛」會欲罷不能，而且無遠弗居地延伸到每個人身上。為此，無條件地愛一個人就等於愛所有的人。好了，讓我們往內漫遊，到你可能尚未意識到的答案那裡。「你的兒子應該做他的家庭作業」——**那是眞的嗎？**

莎莉：是的。

凱蒂：「他應該做他的家庭作業」，**你能肯定那是眞的嗎？**

莎莉：我出錢送他到私立學校讀書，所以我很肯定那是真的。

凱蒂：是的，**你能肯定**「他應該做他的家庭作業」**是眞的嗎？**他有做他的家庭作業嗎？

莎莉：每次都只做完百分之八十。

凱蒂：所以，「他應該每次百分之百做完他的家庭作業」——**那是眞的嗎？**事實上，這八年來他做了什麼呢？

莎莉：八年來他做了什麼？他只做完百分之八十，我應該就此滿足嗎？或只要接受它就好？

凱蒂：你接受與否並不重要，重要的是，他做了百分之八十是個事實。我不是說他明天不會做到百分之百，但至少現在沒有。你是否該接受它就好？讓我們看看……這八年來……（觀眾大笑）你一直在跟事實抗爭，而你總是輸了，它帶來的後果就是焦慮、挫敗和沮喪。**請把這整件事反向思考。**

莎莉：當我沒做完我的家庭作業和家務事時，我會很生氣。沒錯，那是真的，我確實如此，而且我會對自己極度不滿。好吧！我看到了自己期望他做我自己都做不到的事。

凱蒂：當你有「他應該做好他的家庭作業和家務事」的想法時，不妨注意一下它的反向思考，把你的家庭作業和家務事做完——要百分之百做完。是否可能你一直以身作則地教他只做百分之八十？可不可能，你只做百分之五十，而他做百分之八十，他該當你的老師了？

莎莉：說的真好，我懂了。我自己也做不到百分之百。去年我對我的嬰兒也感到相當沮喪。他不是我心目中想要的嬰兒。他經常生病，睡得不多。他不快樂，而且他不是個容易親近的孩子。他一看到人就會大聲哭鬧，讓我感到很沮喪。

凱蒂：「他不是一個容易親近的孩子」——那是眞的嗎？「他的內心不是一個容易親近的孩子」，你能肯定那是眞的嗎？

莎莉：不。

凱蒂：當你對你的小孩有那個想法時，你會如何反應呢？

莎莉：我開始擔心這一輩子別人會如何對待他。我想他這一生會過得很辛苦，因為人們很難喜歡他，而且不會有人想要和他共組家庭，因為他如此不友善。很快地，我就對他不抱希望了，我覺得：「他永遠不會有朋友。」那就是為何當他一看到人就哭時，我感到很沮喪。

凱蒂：沒有那個想法時，你會是怎樣的人？

莎莉：我會平靜下來，而且不管他怎樣，我都會很愛他。

凱蒂：有那個想法時，你會感到沮喪；沒有那個想法，你不會沮喪。所以，甜心，你能看到造成你沮喪的其實是你未經審查的想法，而不是孩子的行為嗎？你能看到那與他完全無關嗎？「他看到人時不該哭鬧」——**那是眞的嗎？**

莎莉：不是。

凱蒂：事實是什麼？

莎莉：他會哭鬧。

凱蒂：當你抱定「他看到人時不該哭鬧」的想法，而他卻在哭鬧時，你會如何反應呢？

莎莉：我變得很沮喪，而且感到悲傷和難為情。我母親說我寵壞他，人們都說他很古怪。我忍不住接著想：「天啊！他真古怪！究竟他哪裡出了問題？我哪裡出了問題？」而且，當他在哭鬧時，我發現我自己也對這嬰兒大聲喊叫，要他閉嘴，結果他哭得更大聲。一點都沒有用，他只是不停地哭鬧。

凱蒂：所以，我們再次地發現：造成你沮喪的不是他的行為，那是不可能的。你的沮喪必是你自己內在的騷動引起的。當他正在哭鬧，而你又認定「他不該哭鬧」，當然會感到沮喪。而且，他的哭鬧意味著他出了問題，你也出了問題，這會造成更深的沮喪。我們要孩子們來肯定我們沒給過自己的那種關心——愛、養育和接納。要不然，我們為何需要他們按照我們的理想來表現呢？如果你神志夠清明，「一個哭鬧的小孩」的「事實真相」只不過是一個哭鬧的小孩而已。而且，不論在你的想法或行動中，你的「臨在」都會反映出你那顆清明、慈愛的心。所以，當你認為你的孩子看到人不該哭鬧時，你會怎樣對待他呢？

莎莉：我告訴他要當一個快樂的人：「讓我們快樂、快樂、快樂吧！」

凱蒂：所以，你一直教他：他是不對的。如果他正在哭叫，而你告訴他「讓我們快樂吧」，這就是在教他：他不對。他會認為他在你眼裡是一位失敗者。但如果你神志清明、冷靜，而且快樂的話，即使他正在哭叫，透過你的以身作則，正好向他顯示出另一種生活的方式。

莎莉：而我在告訴他「不要當他自己」。

凱蒂：是的。你正在要求他「不要作自己」，那是有條件的愛。甜心，請閉上眼睛，用一分鐘想像他正在哭鬧，忘掉你的故事，靜靜地看著他。

莎莉：（停頓片刻）他其實挺可愛的！那是真正的他，我好想抱著他，對他說：「哦，寶貝，沒關係。」

凱蒂：即使你兒子不在這房間裡，你也可以跟他親密起來了。現在閉上眼睛，看著你母親正在跟你說：「那個孩子哪裡出了問題呢？你又在寵他了嗎？」你靜靜地看著她，完全忘掉你那些故事。

莎莉：（閉上眼，停頓好一陣子後）我母親只不過在編她的故事，而我兒子也不過從他小小的心臟發出吶喊而已。他們兩個人都不過在做他們自己，所以，我現在沒有沮喪的感覺。

凱蒂：我聽你說過你兒子不容易親近。甜心，**你能百分之百肯定那是眞的嗎？**

莎莉：不能。

凱蒂：**當你持有那個想法時，你會如何反應呢？**

莎莉：悲傷、防衛、沮喪、挫敗全都蜂擁而出。我很想逃跑，可是又想留下來，我覺得自己好可憐，像是一位失敗的媽媽。

凱蒂：你能找到理由讓你放下那個想法嗎？我不是要求你放下它。其實你不曾造出它來，所以你如何放下非你所造之物呢？根據我的經驗，我們無法讓念頭出現，它們自行出現而已。有一天，我注意到它們的出現都不只是跟個人有關而已。注意到這點後，「反躬自問」變得單純多了。所以，我現在只是想知道：你是否能找到理由讓你放下「他不容易親近」的想法？

莎莉：是的，我肯定能找到好幾個理由。

凱蒂：你能否找到一個理由讓你「毫不焦慮或神志清明地」持有這想法？

莎莉：不，我一個都找不出來。

凱蒂：當你跟孩子待在家裡，而你沒有那個念頭時，你是怎樣的人呢？

莎莉：我懂了。沒有那個念頭，我會相當平靜和清澈，不會覺得沮喪。

凱蒂：所以，我從你那裡聽到的是：你的沮喪不是任何孩子引起的，而是你自己。因為，你說一有這念頭，就會焦慮，而沒有這念頭，就會平安。無怪乎我們不明事理地譴責別人時，自己就會難過。我們一直往身外尋找平安，其實根本找錯了方向。

莎莉：我簡直無法相信它如此簡單！

凱蒂：若非它如此簡單，我就無法找到它了。很好，歡迎來到「轉念作業」。

我需要家人的肯定

當賈斯汀坐下來做「轉念作業」時，他看起來好像是一位滿懷理想主義，卻遭到誤解的青少年。通常，一個人堅信自己需要家人的愛、肯定、讚賞，或任何東西時，便很難找到他自己的路，尤其當他要家人以他的眼光去看待事物時（當然，他是為了他們好），更是難上加難。以下的對談中，隨著「反躬自問」的引領，賈斯汀在內心跟家人復合了，同時也更尊重自己選擇的路。

賈斯汀：（唸他的作業單）**我對我的家人感到生氣、困惑，和傷心，因為他們評論我。我氣他們奉為金科玉律的那一套標準模式。我氣我家人和其他親人們，因為他們認為他們的路才是唯一的路，除非我接受那套預設的模式，而且遵照他們的方式去做，才會獲得充分的愛，這讓我感到很悲哀。**

凱蒂：很好。下一個答覆呢？

賈斯汀：**我要我的家人做他們自己，不要按照他們的認知和對我成長的概念，因而吝惜他們的愛和關心。我要他們接受我，任由我這一生追尋自己的真理。我要他們愛我，即使**

我只能找到一部分的真理和立足點。

凱蒂：很好。請重唸第一個答覆。

賈斯汀：我對我的家人感到生氣、困惑和傷心，因為他們評論我。

凱蒂：很好。評論，不僅是身為父母的本分，也是這世上每個人的本分。那是我們大家的職責。除了評論，我們還能做什麼？任何東西都是一項評論，請給我一個不具批判意識的想法。「天空」——那也是一種評論，是我們所下的界定。所以，「父母不該評論他們的小孩」——**那是眞的嗎？**事實是什麼呢？他們評論嗎？

賈斯汀：是的。

凱蒂：是的，親愛的，那是他們的本分。**當你持有「我父母不該評論我」的想法時，你會如何反應呢？**

賈斯汀：嗯，它會使我欲振乏力，因為我覺得我需要……我不知該怎麼說，反正我不同意他們教導的那一套。

凱蒂：讓我們停留在「反躬自問」的問題裡。務必留意你的頭腦會去找它的證據，證明它是對的。只要你一注意到這種情形出現，不妨緩緩回到問題上。**當你有那個想法時，你會如何反應呢？**除了使你欲振乏力以外，還會有其他反應嗎？

賈斯汀：它讓我動彈不得，我感到很害怕。

凱蒂：當你抱定「我要你們停止評論」的想法，而他們卻繼續評論時，你會如何對待你父母呢？

賈斯汀：我叛逆，而且變得冷漠。那是我多年來的態度。

凱蒂：是的。所以，你能找到理由讓你放下「父母不該評論他們孩子」的人生觀嗎？這個人生觀跟事實真相抗爭了好幾個世代。

賈斯汀：可以。

凱蒂：好。經過這些年後，我現在要你做的就是：給我一個讓你能毫不焦慮，或是神志清明地相信這荒謬謊言的理由。

賈斯汀：可是，它是你生命的立足點，就像宗教信仰一樣。

凱蒂：那個理由讓你感到平安嗎？

賈斯汀：不平安。（停頓一下）我無法找到一個能夠平安的理由。

凱蒂：這是一種神志不清的信念。人們應該停止評論別人嗎？你認為你活在哪個星球呢？回到你這裡的家吧。當你來到地球時，你評論我們，我們評論你，大家彼此相互評論，這是真相。只要你能搞清地球的基本法則，它其實是個很適合居住的美好星球。但是，你所持的論點跟眼前的事實正在針鋒相對，那是很瘋狂的！**沒有那個想法時，你會是怎樣的人呢？**倘若你不曾湧現「我要父母停止評論我」這瘋狂的念頭，這時，你會是怎樣的人呢？

賈斯汀：我會感到很平安。

凱蒂：是的。這叫做「頭腦健全」，它終止了你內在的戰爭。我是愛好事實真相的人。我怎麼知道「事實」對我有益處呢？就因為它是事實。父母評論，那是事實。你有一生的時間證明這是真的。所以，親愛的，**請反向思考**，讓我們來看其他的可能性，是否有任何行得通的看法。

賈斯汀：我對自己感到困惑和悲傷，因為我評論我自己。

凱蒂：是的，還有另一種可能。「我感到困惑……」

賈斯汀：我對自己感到困惑和悲傷，因為我評論我父母和家人。

凱蒂：是的，所以我想跟你打個商量。當「你」不再批評他們對你的評論時，你才能去跟他們談談他們的評論。

賈斯汀：那倒是真的。

凱蒂：你先停止做「你不想要他們做的事」，然後你才能跟他們談。那可能要花一段時間。

賈斯汀：我不知道我現在是否已經就緒了。

凱蒂：是的，甜心。現在，請再唸「轉念作業單」第二道題的答覆。

賈斯汀：**我要我家人做他們自己，不要吝惜他們的愛和關心……**

凱蒂：他們早已在做他們自己了，因為你說他們吝於付出愛和關心，又老是喜歡評論你。

賈斯汀：（笑出聲來）沒錯。

凱蒂：看起來，那就是他們目前的真相，直到他們轉變為止。但是，親愛的，那是他們的事啊。小狗汪汪叫，小貓喵喵叫，而你的父母則愛評論，而且他們……你說他們還做了什麼事？

賈斯汀：嗯，他們吝惜他們的愛和關心，根據……

凱蒂：是的，那也是他們的本分。

賈斯汀：但他們是我的家人呀！

凱蒂：沒錯，他們是你的家人，而且，他們既吝於愛你又愛評論。甜心，你目前的人生觀會帶來很大的壓力。請給我一個讓你能毫不焦慮地相信這離譜人生觀的理由。我意思是，這說法真瘋狂。

賈斯汀：我的確覺得自己瘋了好長一段時間。

凱蒂：嗯，你沒有瘋掉才奇怪，因為你一直不曾反問過自己：什麼是真實的，什麼不是真實的。所以，當你面對家人卻沒有這個想法時，你會是怎樣的人呢？倘若你沒有這個不符合事實的念頭時，你會是怎樣的人呢？

賈斯汀：我會很棒，而且很快樂！

凱蒂：是，我很同意，那也是我的經驗。

賈斯汀：但是我要……

凱蒂：不論你用多少「但是」，他們照舊會做他們該做的事情。

賈斯汀：沒錯。

凱蒂：甜心，事實不會等待你的意見、投票，或同意，它只是繼續呈現它的事實，繼續進行它要發生的事。「不，要等我同意才行。」我不認為如此！你永遠會輸給它。現在反向思考，讓我們來看看各種可能性。「我要我……」

賈斯汀：我要我做我自己……

凱蒂：是的。

賈斯汀：而且，不要按照我的認知和對成長的概念而吝於給自己愛和關心。那實在難以下嚥。

凱蒂：哇，好棒！我很喜歡這部分，這麼多年來你一直認為你父母應該吞下相同的東西。（觀眾大笑）現在，靜靜體會片刻即可。我知道我下了一帖猛藥，但那是很棒的啓示。沒有你那些故事撐腰，啓示才有機會從它一向所在之處浮現出來。還有另一個反向思考。請慢慢來。「我要我……」

賈斯汀：（停頓一下後）我看不出來。

凱蒂：請先唸出你原先寫的句子。

賈斯汀：**我要我的家人做他們自己……**

凱蒂：「我要我……」

賈斯汀：我要我做我自己，而且不要吝於給自己愛和關心，根據……

凱蒂：「他們的……」

賈斯汀：……他們的感受和對成長的概念。哇！我喜歡那個。

凱蒂：是的，這就是活出你要他們過的生活方式。

賈斯汀：我還不想輕易放過它，它勾起我心裡很大的反彈。

凱蒂：親愛的，這是預料中的事。說說這個反彈吧。你有什麼想法呢？

賈斯汀：我家有十一個孩子，但是他們全都愛說：「你沒有做好你該做的事情。」

凱蒂：嗯，他們有可能是對的。然而，你必須去過你該過的日子。顯然，你需要十一個、十二個，喔，你需要十三個人來挑釁，才能看清楚什麼是真的。你的人生道路是你的，他們有他們的路。讓我們來看下一個答覆。

賈斯汀：**我要他們接受我，任由我這一生尋找自己的真理。**

凱蒂：他們只會接受他們所能接受的。他們能強迫你接受他們的生活方式嗎？他們能嗎？這十三個人成功地說服了你步上他們的後塵嗎？

賈斯汀：嗯，那是我的功課，對嗎？因為他們生命的立足點……

凱蒂：他們成功地說服了你步上他們的後塵嗎？請回答「有」或「沒有」。

賈斯汀：沒有。

凱蒂：所以，倘若你無法接受他們的，你憑什麼認為他們能接受你的呢？

賈斯汀：那倒是真的。

凱蒂：好好想一想，十三個人都無法說服你，你認為你說服得了那十三個人嗎？這若是一場戰爭，你當然寡不敵眾。

賈斯汀：我懂了。

凱蒂：當你持有「我要他們接受我的方式」的想法，而他們不接受時，你會如何反應呢？

賈斯汀：很痛苦。

凱蒂：是的。感到孤單嗎？

賈斯汀：噢，是啊。

凱蒂：你能找到理由讓你放下「世上每個人都必須隨時接受你」這個觀點嗎？

賈斯汀：我必須放下它。

凱蒂：我不是要求你放下，而是問你是否能找到放下的好理由。你無法放下概念，只能藉著「反躬自問」，突然靈光一閃，看到你過去信以為真的想法其實荒謬無比。一旦看見真相，你就再也無法繼續那套謊言了，最典型的例子就是你寫的：「我要我家人接受我的方式。」那是沒有指望的。當你抱定那個想法時，你會如何對待他們呢？

賈斯汀：我會對他們很冷淡。

凱蒂：**若是沒有「我要他們接受我的方式」這個念頭時，你在家裡會是怎樣的人呢？**

賈斯汀：我很開朗，懂得體貼別人。

凱蒂：**請反向思考。**

賈斯汀：我要我接受我自己，任由我這一生尋找自己的真理。

凱蒂：嘿！他們若沒做到，剩下的還會有誰呢？你。所以，甜心，你能找到另一個反向思考嗎？「我要我……」

賈斯汀：我要我接受他們，任由他們這一生尋找他們的真理。

凱蒂：是的，他們正在尋找自己的真理，他們只不過做你正在做的事而已，每個人都盡力在做了。讓我們看下一個答覆。

賈斯汀：**我要他們愛我，即使我只找到自己的部分真理……**

凱蒂：你愛誰是誰的事呢？

賈斯汀：我自己的事。

凱蒂：他們愛誰是誰的事呢？

賈斯汀：他們的事。

凱蒂：當你的心跑到他們那裡，管他們的事，規定他們應該愛誰，以及為何而愛，那是什麼感覺呢？

賈斯汀：那不是我該去的地方。

凱蒂：感到孤單嗎？

賈斯汀：是的，非常孤單。

凱蒂：所以，請反向思考。

賈斯汀：我要我愛他們，即使他們只找到自己的部分真理。

凱蒂：說對了！是他們的真理，而不是你的。他們的生活方式一定很棒，才會得到十三個人的一致同意！他們說什麼話令你痛苦呢？他們能對你說什麼或說你怎樣，讓你如此痛苦呢？請舉出一個例子。

賈斯汀：說我迷失了。

凱蒂：你能找到你曾經迷失的經驗嗎？

賈斯汀：天啊，有耶！

凱蒂：很好，所以他們是對的。下次他們說：「你迷失了。」你可以大方地回答：「你知道嗎，我也曾覺得如此。」好嗎？

賈斯汀：好。

凱蒂：他們還說過哪些可怕卻可能是真的事呢？我可以告訴你我的經驗。當有人說出某個真相時，有一個方法可以讓我認出它是真的：我立刻築起防禦工事，防堵它進來，而且內心不斷跟它交戰，痛苦隨之而來，然而他們只不過說出事實真相而已。既然要當「真相的情人」，你難道不想知道真相嗎？通常，那正是你一直在尋找的東西。他們還說了哪些話讓你難過呢？

賈斯汀：當我試著描述自己正在經歷的關卡時，好像經常被他們打斷，那是很痛苦的。

凱蒂：當然痛苦，你認為我們應該聽嗎？

賈斯汀：但是，小孩說的話難道不值得聽嗎？

凱蒂：這不是值不值得聽的問題，他們只是「沒有在聽」而已。「有十二個小孩在這裡，放我們一馬吧！」當你持有「他們應該聽我說話」的想法，而他們並沒有聽時，你會如何反應呢？

賈斯汀：好孤單。

凱蒂：當你相信那個想法時，你會怎麼對待他們呢？

賈斯汀：我會刻意跟他們保持距離。

凱蒂：你離得這麼遠，他們就更難聽到你說的話了！

賈斯汀：沒錯。

凱蒂：「我要他們聽，所以我想我最好還是離開。」

賈斯汀：我懂你的意思了。

凱蒂：開始有點串連起來了嗎？在那令人嘆為觀止的家庭裡，倘若你沒有那個想法，你會是怎樣的人呢？如果你沒有「我要他們聽我說話」的想法，你會是怎樣的人呢？

賈斯汀：活得心滿意足，而且感到平安。

凱蒂：當一位聽眾嗎？

賈斯汀：是的，當聽眾。

凱蒂：甜心，讓我們反向思考，聽聽看你該怎樣生活，而不是你的家人。

賈斯汀：我要愛我自己，即使我只找到自己的部分真理和立足點。是的。我願意。

凱蒂：不妨多體會一會兒……。還有另一個反向思考。

賈斯汀：我要我愛他們，即使他們只找到自己的部分真理和立足點。是的，我全心全意愛他們，願他們快樂，但是……算了，算了。（賈斯汀和觀眾都哈哈大笑）

凱蒂：你抓到訣竅了！那是很大的收穫。我很高興你終於明白了對你而言什麼是更真實的，批評就會自然停止，同時，你能開懷大笑，還能活得踏踏實實。很好，請唸下一個答覆。

賈斯汀：我已經知道它的解答了。

凱蒂：哦，你真棒！親愛的，一旦我們熟悉了真相就會這樣。太好了！

賈斯汀：**我很渴望他們尊重我寫的音樂和……**

凱蒂：沒有希望的。

賈斯汀：沒錯，的確如此。

凱蒂：請反向思考。

賈斯汀：我很渴望我尊重自己的音樂。

凱蒂：還有另一個。「我很渴望我……」

賈斯汀：我很渴望我尊重他們的音樂嗎？

凱蒂：他們的音樂是這樣唱的：「我們不想聽，也不想了解，請走我們這條路，我們活得很好，我們知道它也會讓你活得很好。」那是他們的音樂。親愛的，每個人都有自己的音樂。如果有人說：「請走我這條路，它很美。」我聽到的只是他們對我全心全意的愛，而且想要跟我分享他們看到的美。可惜那不是我要走的路，雖然它和我的路一樣重要。我很開心他們的路走得很好並帶給他們快樂。條條大路通羅馬，遲早我們會發現：沒有哪一條路比另一條路更崇高偉大，而我的回應是：「我很開心看到你的路讓你快樂，謝謝你願意跟我分享。」

賈斯汀：一旦我把其他事情都安定下來後，也能這樣面對，那時我更容易說出：「我為你感到快樂，而且我也為自己感到快樂。」

凱蒂：「不要把你自己扯進來，我們根本不在乎！我們喜歡聽到的是你為我們感到快樂的那一部分。接受這一現實吧！」這種情形，確實讓人痛心，沒有人想要聽到有關你的事，至少是絕不會用「我們要你聽我們說話」那種心態來聽你說的話，那就是目前的狀況。明白這點，你內在的戰爭便中止了，那裡會生出一股力量。我真心跟你說，我們今天所談的真相將融入你的音樂。那不正是你要的嗎？

賈斯汀：是的，我簡直無法相信我以前竟然從未看到這一點。

凱蒂：喔，親愛的，你今天的經歷，我可是等了四十年，直到覺醒後才明白這些的。這只是一個起頭。或許你回家後，可以請求你母親跟你同坐一會兒。如果她說：「不，我沒時間。」很好，這是預料中的事！總有其他方法跟她在一起。如果她正在換尿布，你可以說：「我能幫你嗎？」或者你可以坐在她身邊，靜靜聽她說話，默默看她做事。你也可以請她告訴你她的人生閱歷，聆聽她的人生，當她談起她的神和她的人生時，你將看到她整個人彷佛發亮，只要你不用自己的故事去打岔。跟你母親相處的方法有很多種，那對你而言，可能是一個嶄新的世界。當你更清楚自己要什麼時，就會看到那個從未開發的新世界。除了我以外，沒有人能奪走我的家人。我很開心你今天已注意到了。沒有家庭需要拯救，也沒有家庭需要改造，如果有的話，只有一個人——你。

賈斯汀：說得好。

凱蒂：讓我們看看你作業單的最後一個答覆。

賈斯汀：**我拒絕接受「說話沒人聽」的窘態。**

凱蒂：「我願意……」

賈斯汀：我願意接受「說話沒人聽」的窘態。

凱蒂：「我期待……」

賈斯汀：我期待……不，我不要……算了……

凱蒂：如果他們沒有聽你說話，而你仍會感到痛心，不妨再做「轉念作業」吧。「他們應該聽我說話」——那是眞的嗎？

賈斯汀：不是。

凱蒂：**當你持有**「他們應該聽我說話」的想法，而他們沒做到時，**你會如何反應呢？**

賈斯汀：心情壞透了。

凱蒂：所以，**倘若你沒有**「他們應該聽我說話」這個想法，沒有這個謊言時，你是怎樣的人呢？

賈斯汀：噢……這麼簡單的問題，但是……哇！我會很快樂、平安。

凱蒂：「他們應該聽我說話」——請把它反向思考。

賈斯汀：我應該聽自己說話。

凱蒂：還有另一種。

賈斯汀：他們不應該聽我說話。

凱蒂：是的，除非他們能夠聽了。還有另一種反向思考。

賈斯汀：我應該聽他們說話。

凱蒂：是的。聆聽他們的生命樂章。如果我要孩子們聆聽我的曲調，我一定是精神失常了。他們只會聽他們要聽的，而不是聽我要說的。讓我想想，或許我可以篩掉他們所聽的：「除了我說的話以外，其他都不許聽。」你聽聽，這是否瘋狂呢？「不要聽其他事情，不要聽你自己的想法，只聽我要你聽的，只聽我說的話。」不但瘋狂，而且根本沒有用。

賈斯汀：你費了這麼多精力試著……嗯，我明白了。

凱蒂：……指揮他們該怎麼聽，那是毫無希望的。我要他們去聽他們要聽的，我不再瘋狂了。我是熱愛事實真相的人，我邀請你今晚靜靜地「跟自己」去某個地方，好好回味一下。然後，你可能想要回家，告訴家人你對自己的新發現。請務必告訴他們，你才能親耳聽到。而且，請特別留意「我要他們聽我說話」那個念頭，留意一下有這想法時的你，以及沒有這想法時的你有何不同。不必期待他們聽你說話，你只管說便是，這樣，「你」才能親耳聽到它。

事實、永遠比我們編的故事仁慈些。

5 深入「反躬自問」

本章揭示更多「四句問話」和「反向思考」的運用方法，並提供一個全新的視野，讓你的「反躬自問」更深入，也更清晰。我的目的，是為了幫你在展開無垠的心靈航行之際，明白那裡沒啥好怕的。無論遨遊到何處，「反躬自問」都會確保你安全無虞。

「轉念作業」永遠會把我們帶回真正的自己。當一個信念經過仔細審查，獲得充分了解之後，下一個信念便會自動浮現。你化解了一個，接著再化解一個，再下一個，然後你會訝異，自己居然在「盼望」下一個信念出現。化解至某個階段之後，你發現每個想法、感受、人物和情境都成了朋友，而你只不過在跟老朋友會晤而已。到後來，你甚至會期望出現一些「問題」。然而，直至最終，你可能連續多年下來，竟然連一個問題都遍尋不得了。

第一句反問：那是眞的嗎？

面對「反問」之際，有時候，練習者會立即明白自己寫的答覆並不真實。因此，如果你對這個第一句的反問，非常明快地回應「不」，此時，建議你直接跳到第三句反問。若是不然，我們就有必要在第一句反問上，作進一步的審查。

事實是什麼？

回應第一句反問，如果你回答「是」，請再追問下去：「這情境裡的事實是什麼？」讓我們來審查這個說法：「保羅不該看很多電視。」事實是什麼呢？根據你的經驗，他真的看了很多電視嗎？是的，「事實」是：保羅幾乎每天看六到十小時的電視。但我們何從判定保羅「該或不該」看這麼多電視呢？他分明就是這樣，那是事實，也是真相。小狗汪汪叫，小貓喵喵叫，而保羅則是看電視，那的確是他在幹的事，或許他不會永遠這樣，但至少目前是如此。你認為「保羅不該看這麼多電視」，這想法不過是你內心「在跟事實爭辯」而已，那不會帶給你任何好處，也改變不了保羅，它只會使你倍感壓力。一旦你接受他看這麼多電視的事實，誰知道你的人生會有如何的大逆轉呢？

對我而言，事實就是真相，而真相就是出現在你面前的一切，或是所有真正發生的事情。不管你喜不喜歡，現在正在下雨。「不該下雨」，只是一個想法而已。事實上，根本就沒有「應該」或「不應該」這類事情，那是我們硬套在事實上面的一些想法。心靈就像木匠的水平測量儀，當我們認為「它不該下雨」，氣泡會跑到一端去，我們便知道心靈陷入它的想法裡了；而當我們說「天在下雨」，氣泡會跑到中間，我們明白它正處在平穩狀態，表示心靈接受了事實真相。由此觀之，心靈回到中心點時，必會有效地、明確地、正常地發生正面的變化，我們無需知道變化是「如何」形成的，但它必然會來臨的。

那是誰的事？

當你思索自己寫下的某個想法時，你是在管誰的事呢？當你認為有待改變的，必定是某個人或某事物，而不是你時，你的心早已離開自己的事了。如此一來，你當然會感到分裂、孤單、焦慮。此時，請反問你自己：「我該看多少電視是誰的事呢？保羅該看多少電視是誰的事呢？從長遠來看，我真的知道怎樣做對保羅最好嗎？」

第二句反問：你能肯定那是真的嗎？

針對第一句反問，如果你回答「是」，請再追問下去：「我能肯定那是真的嗎？」在很多案例裡，多半的答案看起來「**好像**」是真的——當然如此，因為那些概念全都奠基在你這一生從未審查過的「似是而非之證據」上。

一九八六年，我了悟事實真相之後，每每注意到，不論人們尋常交談，或傳播媒體、無數的書籍，經常有諸如此類的說法：「世界缺乏諒解」、「太多暴力了」、「人們應該更彼此相愛」。這些都是我過去深信不疑的「故事」，它們似乎充滿著感性、仁慈和關懷，但每當我聽到這些話，我發現，愈是堅信它們，只會愈加深我的焦慮，甚而失去內心的平安。

例如，當我聽到「人們應該更有愛心」的說法時，內心便會興起一個疑問：「我能肯定那是真的嗎？我心裡真的能百分之百肯定人們應該更有愛心嗎？即使全世界的人都這樣說，但那是真的嗎？」令我驚訝的是，當我往內聆聽自己的心聲，才看到那就是世界的真相——不多也不少。「事實真相」完全不在乎「應該是什麼」，只在乎「它是什麼」，也就是它在此時此刻所呈現的樣貌。毫無疑問，真相不僅凌駕一切故事之上，真相也「先於」每個故事而存在，遺憾的是，所有的「故事」，在未經審查之前，都有遮掩真相的重大嫌疑。

如今，我終於能質問任何可能引起自己不快的故事：「我能肯定那是真的嗎？」每次坦然地回應「不」的答案時，就像這句反問一樣，都是一種全新的體驗，一次次地，我穩穩紮根在那個答案裡——單獨、寧靜、自由。

「不」，怎可能是正確答案呢？我所認識的人及所有的書都說：答案應該是「是」。然而，我慢慢看出事實就是事實，它不聽任何人使喚。不論我贊成與否，在內心出現這個「不」的同時，我看到世界永遠是「該怎樣就怎樣」。於是，我學會全心全意擁抱事實真相，而且無條件地愛這個世界。

讓我們斟酌一下這個說法：「我覺得心痛，因為保羅對我生氣。」你可能會回答：「是的，那是真的，保羅確實對我生氣。他不但臉紅脖子粗，還對我大吼。」證據確鑿。但是，請再往內走，你真的知道保羅氣的是你嗎？你真的知道別人的內心發生什麼事嗎？你從這個人臉部表情或身體語言就能知道他真正的想法或感受嗎？例如，你是否曾經在害怕或生氣時，覺察到你自己正帶著既無助又恐懼的情緒，譴責你最親的人？即使對方告訴你實情，你真的能體會他當時的感受嗎？你能確定他對自己的想法和情緒都瞭若指掌嗎？你是否曾經搞不清楚自己在氣什麼，還裝模作樣地生氣，或故意扭曲你所氣的事情呢？你能肯定保羅真的有意對你發脾氣嗎？

進一步說，你能肯定你的傷心只因保羅生氣的緣故嗎？你的傷心真的是因保羅生氣而引起的嗎？有沒有一種可能，你以另一種心態面對保羅的大發雷霆，而自己完全不「隨之起舞」呢？如果你只是聆聽，既冷靜又有愛心地聆聽他說的一切，結果將會如何呢？那是我「反躬自問」後的親身經驗。

假設你說：「保羅應該戒煙。」毫無疑問，他理當戒煙！每個人都知道吸煙會減少肺活量，造成肺癌和心臟病。現在，讓我們進入內心深處問自己：你確實知道「保羅應該戒煙」是真的嗎？你敢確定：他若戒煙就會活得更好，或活得更長久嗎？或許他明天被車撞了。從長遠來看，你確實知道保羅戒煙對他或對你是最好的嗎？（我並非說它不是最好的）你能確定在保羅這一生裡，怎麼做對他最好嗎？你能百分之百肯定「保羅應該戒煙」是真的嗎？

如果你的回答仍是「是」，很好，表示事情理當如此。倘若你認為對方的一切所作所為果真如你所寫的那樣，而且如果你能百分之百肯定那是真的，那麼你可以繼續往下做第三句反問。但萬一你感到似乎「卡住」了，不妨練習下列幾種方法。

當你相信「那是真的」

有時候，第一句和第二句反問都回答「是」，可能讓你感到不太舒服，使你的「反躬自問」停滯不前。你很想挖深一點，但你寫的答案，或那些折磨你的想法卻好似一個無可反駁的事實。這兒有些方法能誘使你的念頭鬆動，進而激盪出新的答覆，讓你更深入「反躬自問」，釋放積存已久的心理壓力。

那表示______

最有力的腦力激盪法，就是在你原先答覆的後面加上：「那表示______」。你的痛苦可能是你對那事件的詮釋造成的，而不是來自你所寫的那個想法。這附加短句會引出你對事實的詮釋，為了「反躬自問」，你對這短句的回答顯示出：「你認為你的原有答覆是什麼意思」。

讓我們來談你所寫的：「我很氣我父親，因為他打我。」那是真的嗎？是的，那是真的：你「**的確**」生氣了，而且，在你小時候，他「**的確**」多次打你。請試著在這句說法的後面補上你的詮釋：「我很氣我的父親，因為他打我。那表示＿＿＿＿＿」。或許你會補上：「那表示：他不愛我。」

你知道自己的詮釋之後，便能針對它「反躬自問」。請寫下這個新的答覆，並用四句問話和反向思考來審查它，到最後，你可能明白：自己對事實的詮釋才是造成心理壓力的真正起因。

你認為你會從中得到什麼？

自我激盪的另一種方法，就是唸出原先的答覆，然後反問自己：從你的觀點來看，如果你事事如願，你認為你會從中得到什麼？假設你原先寫「保羅應該告訴我他愛我」，而你對於「你認為你會從中得到什麼」的答覆若是：「如果保羅告訴我他愛我，我會感到更安全。」那麼，請寫下這個新的說法，繼續針對它來「反躬自問」。

最糟的結果是什麼？

當你的答覆牽涉到自己最不想發生的事時，請一邊唸，一邊想像萬一它真的發生了，最糟的結果是什麼。循著你最害怕的情形一直想下去，把它們全寫在紙上，徹底一點，讓你的想像力發揮到最大極限。

例如，你在作業單上的答覆可能是：「我心碎了，因為我太太離開我。」現在反問自己：「最糟的結果是什麼？」把你認為即將發生的可怕事態當成你目前處境的結果，然後列出一張清單。每當任何恐怖情景由內心浮現時，便想像接下去會發生什麼，然後會再發生什麼事？然後再接下去呢？把自己當成一個受到驚嚇的小孩，徹底一點，無需任何保留。

寫完之後，從你清單的最上方開始，把每一條「最糟的情況」都用四句問話反問，接著反向思考，去「反躬自問」你所寫的每一個答覆。

「應該」是什麼呢？

第四個有效的腦力激盪法，就是從你原有的答覆裡找出「應該」或「不應該」的字眼。如果你的怒氣是從「事實應該有所不同」的信念發出的，那麼，你或許能把「我氣我父親，因為他打我」重新改寫成「我父親不應該打我」，這個說法或許更易於審查。因為它的最初形式「我父親打我」，我們全都知道（或是自以為知道）是真的：「那是真的嗎？千真萬確。」我們把一生都投注在那個節骨眼，一旦重寫成「父親不應該打我」，我們便不敢輕易認定它，而願意試著敞開心胸，探索另一個更深的真相。

你的證據在哪裡？

有時候，你根本不曾仔細瞧瞧你所謂的「證據」，卻認定自己寫的答覆是真的，而且百分之百肯定那是真的。如果你真想知道事實真相，不妨公開你所有的證據，並用「反躬自問」來測試它的真實性。以下舉出一個實例：

原有的答覆：保羅傷了我的心，因為他不愛我。

保羅不愛我的「證據」是：

1.有時候他從我身邊走過，一句話都不說。
2.當我走進房間，他連看都不看我一眼。
3.他沒跟我打招呼，繼續埋頭做他的事。
4.他不叫我的名字。

5. 我請他倒垃圾，他卻假裝沒聽到我說的話。

6. 我告訴他晚餐的時間，但他有時候沒回來。

7. 我們交談時，他心不在焉，好像他還有更重要的事要做。

請把上述每一個「事實證據」用四句問話和反向思考來審查，例如：

1. 有時候他從我身邊走過，一句話都不說，足以**證明**他不愛我。那是真的嗎？我能百分之百肯定那是真的嗎？（他是否可能正在想其他事情呢？）請繼續用四句問話反問並反向思考。

2. 當我走進房間，他連看都不看我一眼，足以**證明**他不愛我。那是真的嗎？我能百分之百肯定那表示他不愛我嗎？請繼續用四句問話來檢測你的證據，然後反向思考。

請用這種方法測試整張清單，然後回到你原先的反問：「保羅傷了我的心，因為他不愛我。」——那是真的嗎？

找出你的「事實證據」

請在你這一生中（無論過去或現在），找出一位你認為不愛你的人，然後把你認為真正的證據全列在一張清單上。

現在，把你寫的每項「事實證據」，逐一用四句問話反問並反向思考。

第三句反問：當你持有那個想法時，你會如何反應呢？

因著這一反問，我們開始注意到內在的因果關係。你將看到當你相信那個想法時（你可以相信它），便會不由自主地湧現一股不安的感覺，那種干擾可以從輕微的不舒服，一直到強烈的恐懼，甚至於驚惶失措。因為從第一句反問，你可能已覺察出，那個想法對你而言不是真實的，而且也見識到謊言的威力。你的本性是真理，一旦與它對抗，你就會感到失落或焦慮，而焦慮從未像平安那樣讓我們覺得自在又自然。

四句問話進入我生命之後，我注意到「人們應該更有愛心」之類的想法經常勾起我的不安。我也注意到，這念頭出現之前，我內心原是寧靜的，既無壓力，也沒有不適的生理反應，這是未孳長任何故事之時的我。然後，在寂靜覺知中，我開始看到「相信或執著那一念」

所導致的種種感受。而且，在這片寂靜裡，我能清楚地覺察，如果我相信那個想法，就會導致不安和悲傷。接下來，會升起「我應該為此做點事情」的念頭，再接下來，內咎之感，油然而生。

我完全不知如何讓人們更有愛心，因為事實上連我都不知如何使自己更有愛心。當我自問：「如果我相信人們應該更有愛心時，我會如何反應呢？」我看到我不僅會有不舒服的感覺（這是很明顯的），腦海還會浮現種種影像：我往昔受到的虐待、人們曾經對我做過的可怕事件、我第一任丈夫對小孩和我的不友善舉動，在在證明了那個觀念真實不虛。頓時我飛入一個不存在的世界裡，那一刻的我，端著一杯茶，坐在椅子上，內心卻活在虛幻的過去裡。我變成痛苦神話裡的角色：一位受苦的女主角，墜入一個充滿不義的世界，而我的應付方式則是活在一個焦慮的身軀裡，透過恐懼的眼光，看著周遭一切，有如一個夢遊者，陷入無止盡的噩夢。治療它的方法其實很簡單，就是「審查」。

我喜歡第三句反問，只要你坦誠地回答，只要你看到這念頭造成的因果關係，所有的痛苦便會開始動搖。起初，你也許覺察不到，甚至渾然不知自己已經進步了，但是進步與否，不是你管得著的。只要持續做「轉念作業」，它將繼續把你帶往內心深處。下回你處理過的問題再次出現時，可能你會啞然失笑，也可能感受不到任何壓力，甚至能夠「毫不理會」那個想法了。

你是否能找到讓你放下那個想法的理由呢？（請不必勉強放下它）

這句附帶問話，通常緊跟在第三句反問的後面，因為它會徹底轉變你的覺知。這隨後接下去的附帶一問，能讓你加深意識到內在的因果關係。「我是否能找到放下那個想法的理由呢？是的，我能，因為在這想法浮現之前，我心裡很寧靜；它一出現，我感到全身緊繃，而且壓力重重。」

最重要的是，明白「反躬自問」的目的是讓你「注意」那想法而已，而不是要你「放下」它，那是不可能做到的。你若認為我在要求你放下想法，請聽好：我絕無此意！「反躬自問」不是為了「消滅」想法，而是透過自覺和無條件的自愛，領悟出對你而言的真相。一旦你看到真相，那種念頭就自動會放你走，而不是反其道而行。

你是否能找到讓你毫不焦慮地持有那想法的理由？

第二個附帶問句是：「你是否能找到讓你毫不焦慮地持有那想法的理由？」或許你會找出一大堆理由，但它們全都會引起焦慮，使你感到痛苦，沒有一個會讓你平安。除非你無意終止你的痛苦，則一切另當別論。倘若你找到一個好似有效的理由，不妨問你自己：「這理由會帶來平安，或是壓力呢？持有那想法，會使我的生活更平靜，或是更焦慮呢？當我感到

有壓力，或不感到壓力時，哪一種會讓我做起事來更有效率、更有愛心，又更清楚呢？（根據我的經驗，所有的壓力都會造成無效率）

第四句反問：沒有那個想法時，你會是怎樣的人呢？

這是力道十足的一句問話。想像你正站在你寫的那個人面前，而他沒去做你認為該做的事，或是他做了你認為不該做的事。現在，閉上眼睛，慢慢深呼吸，花一、二分鐘想像：倘若沒有這個念頭，你會是怎樣的人呢？你會過怎樣不同的生活呢？請繼續閉上眼睛，僅僅看著他，千萬別讓你的「故事」介入。你看到了什麼？你對他有何感覺？你比較喜歡加上你的故事，還是放下你的故事呢？你覺得哪一個更友善呢？哪一個更平安呢？

大部分的人都會被自己的故事所困，認不出故事之外的真正自己，甚至還一無所知。這一句反問適足以揭開你的「全新身分」，所以，面對這句反問，很多人會回答「我不知道」，有些人則說「我感到自由」、「我感到平安」、「我更懂得愛人」。你也可能說：「我更能掌握現況，而且更能採取有效行動。」沒有自己的故事時，我們不僅能清楚且無懼地行動，還會成為善解人意的朋友。我們會過得很快樂，心中的謝意與感恩，就像呼吸那般自然湧現。對於那些悟出「無需事事知道」，以及悟出「早已擁有一切」的人而言，快樂是此時此刻的本然狀態。

第四句反問的答覆也可能讓我們失去「舊有身分」，這是非常令人興奮的事。除了當下的真相，你一無所有，只是一個坐在椅子上寫字的女人。這可能讓人害怕，因為過去或未來的幻相都不存在了。你或許會問：「既然一切都無意義。那麼，我該如何活下去？我能做什麼？」我會回答：「『沒有過去或未來，你就不知如何活下去』，你確實知道那是真的嗎？『你不知要做什麼，一切都了無意義』，你確實知道那是真的嗎？」請寫下你的恐懼，針對這些細微又錯綜複雜的念頭，再度用「反躬自問」來穿越。「反躬自問」的目標是把我們帶回正念，讓我們親身體會出：我們活在天堂內，卻渾然不覺。

如果你是「轉念作業」的初學者，我建議你一定要使用第四句反問的形式：「沒有那個想法時，你會是怎樣的人？」當然，你也可以採用另一種形式：「沒有那個想法時，你會是誰或是什麼人？」讓自己沈浸在那句問話裡。當你沈思這句反問時，允許任何想法或畫面來去自如，那絕對會讓你大豐收。你也可以演練第四句反問的原有形式：「沒有那個想法時，你會是怎樣的人？」通常人們對這句問話的回覆是：「平安」。容我再接著問你：「連平安那個念頭都沒有時，你會是怎樣的人呢？」

反向思考

反向思考是「轉念作業」非常強而有力的部分。藉著它，任何你寫下對「他人」的看法，都將一一返回自己身上，讓你得以捫心自問，看看是否同樣真實或更真實。「反躬自問」連同「反向思考」合併使用，是發現自我的捷徑。一旦你認為問題的肇因是「在外面」——你認定任何人或任何事物該為你受的苦負責——你就陷入了絕境。這表示你永遠是受害者的角色，而且是在天堂裡受苦。所以，請把真相帶給你自己，並開始釋放自己吧！

例如，把「保羅很不友善」的說法，反轉成「我很不友善」，然後進入內心，找出你生活裡可能發生的情境。你是否曾對保羅不友善呢？（請留意你對這句問話的答覆：「當你持有『保羅很不友善』的想法時，你會如何反應？如何對待他呢？」）當你把保羅看成不友善的那一瞬間，你難道不是一樣不友善嗎？體會一下你相信保羅不友善時的那種感受。你的身體可能緊繃，心跳加速，滿臉漲紅——那對你自己是友善的嗎？你或許變得刻薄，加強自我防衛——你內心有何感覺呢？那些反應都是你未經審查的想法所引起的。

例如，當保羅說你壞話時，你在心裡重播那情景多少次？那麼，誰比較不仁慈呢？是保羅（今天侮辱你一次），還是你（一次又一次地在心裡擴大他的侮辱）？仔細想一想：是保羅的行為本身，還是你對他行為的批評，才造成你的感受呢？若是保羅侮辱你，而你根本不知道他說你壞話，你會感到痛苦嗎？請安靜一下，再往深處看，清明地與它一起，好好地面對你自己的心念問題。

要你把朋友當成敵人在紙上大肆批評，這只是為了讓你看清自己內心暗藏的祕密。由於你心目中的敵人是你想法的投射，一旦透過「反躬自問」，找到了投射者，你的敵人霎時之間變成了朋友。

反向思考的三種型態

反向思考有三種形式：把批評轉向你自己、轉向別人，以及完全相反的思考。這三種形式會有很多種可能的組合。經過反轉後，一句答覆就能讓你觸類旁通，豁然了悟。所以，重點不在於找出最多的反向思考，而是找出那些能帶給你自我了悟，且能讓你從混沌執著的噩夢裡獲得釋放的關鍵性反思。你可以把原先的答覆反轉成任何你想要的形式，直到找出最能觸動你的那一個為止。

讓我們來演練這句答覆：「保羅應該感激我。」

把它轉向你自己：

我應該感激我自己。（**那是我的職責，不是他的**）

把它轉向別人：

我應該感激保羅。（特別是當他不感激我時）

把它轉成相反：

保羅不應該感激我。（除非他做到了）

心甘情願地深入你找到的每一個反向思考裡，細細體會它跟原先的答覆同樣真實或更真實之處，以及它是如何的真實。它符合你的現實生活嗎？不妨承認它吧。如果覺得很難承認，那麼，請在反向思考的句子加上「有時候」。你是否承認它「有時候」是真的，即使在那一瞬間你仍認為它對別人才是真的？留意一下你如何詭詐地想逃離自己，飛去管別人的事情。

你是否經驗過「反向思考」後的實際情境呢？請耐心等待那些生活實例自動浮現出來。你是否曾對保羅做過這種事呢？怎麼做？請具體詳述，把你不曾感激保羅的各種言行和情境列舉出來。也列出你在生活裡怎樣不感激別人。把你對自己和別人做過的事全都列成清單，看看你一向是怎樣不感激你自己的。

建議你在反向思考之前，務必先用「四句問話」來「反躬自問」。或許你想抄捷徑，不先針對寫下的答覆來「反躬自問」一番，便直接跳到反向思考，這樣的反向思考，效果堪虞。若未經過徹底的自我教育，便逕行反向思考，一下子把批評的箭頭轉向自己，這是很殘忍的。四句問話能提供你一種緩衝的自我教育，祛除你對信以為真之物的無知，使最後步驟的反向思考感覺起來更為溫和，而且合情合理。一旦略過四句問話，反向思考便會讓你感到刺痛，甚至羞愧難堪。

「轉念作業」不是為了讓人羞愧或譴責，也不是為了證明你是「錯的一方」。反向思考的威力，只是為了發掘你在身外看到的一切事物不過是自己內心的投射，一切事物都是反映你想法的一面鏡子。一旦你發現過去批評的那人原是純潔無罪的，你才可能認出自己的純潔無罪。

有時候，你無法在自己的行為習慣中找到合適的實例，那麼不妨從「想法」裡去找。例如，「保羅應該戒煙」的反向思考是「我應該戒煙」。或許你這一生從未吸過一口煙，但說不定你是在心裡吸煙。每當你想像保羅讓整間屋子充斥著煙味時，你其實是在心裡吞吐著那些「憤怒和挫敗的雲霧」。一整天裡，你心裡冒的火是否比保羅還更多呢？由此可見，找回平安的藥方就是停止你心裡的煙火，停止因保羅的吸煙而冒煙。在保羅可能死於肺癌之前，我是否要讓自己因這個信念所引起的焦慮而先死於心臟病呢？所以，讓我先從自己內心的平安開始吧！

另一種探尋的方法，就是用其他東西來取代「吸煙」這字眼。你真的從未吸過一口煙，但你曾否對其他東西上癮，如食物、藥物、信用卡，或人際關係等，一如保羅的煙癮呢？你的反向思考可能會讓你謙卑：「我應該停止嘮叨保羅。」或是「我應該停止為了讓自己稱心而任意刷卡」。誠心聆聽你給他的忠告，那忠告會告訴你：你該如何過好自己的日子。

把反向思考化為「行動」

反向思考帶來的全新領悟，威力極為強大，但除非把它化為行動，活出反向思考，否則你的自我了悟還不算完整。當你想到你一向跟別人如何說教時，不妨返回自身，先修正自己，並讓他們知道你要他們做的事對你而言也一樣困難，讓他們知道你是怎樣操控和捉弄他們，怎樣發脾氣，怎樣藉著性、金錢和內疚來得到你要的東西。

我也知道，我常大力鼓動別人去活出來的反向思考，我自己卻未必做得到。當我領悟到這點時，我發現自己和被我批評的人都站在平等的立場了。而且，也看到我的人生觀對任何人都不容易展現出來，我看到我們其實都已經盡力了。這就是開始體會謙卑人生的第一步。

我發現「告白」是另一種強化領悟的有力方法。我覺醒後的第一年，經常去找那些我曾經埋怨批評過的人，跟他們分享我的反向思考和領悟。在痛苦的過去經驗中，我的「告白」只涉及關於自己的那一部分經驗（絕口不談有關「他們」的部分）。我這樣說，純是為了至少有兩位證人（對方和我）親耳聽到它；在我誠懇「說出去」的當兒，同時也「接收到」它了。例如，如果你的答覆是「他欺騙我」，其中一個反向思考將是「我欺騙他」。現在，盡你記憶所及，列出你所有的謊言，並誠實告知對方，但絕口不提他對你說過的謊言，那是他的事。你這樣做，只是為了釋放自己。謙卑才是真正的安息之處。

當我渴望邁得更快、更自由時，我發現「道歉並誠心彌補」是非常美妙的捷徑。彌補，意味著修正已覺察到的錯誤，而我所謂的「活出彌補」（living amends），效果更深遠，它不僅有助於某一事件，而且有助於未來所有類似的事件。當我透過「反躬自問」，領悟到過去傷害過某人時，我會立即停止傷害任何人。即使在這之後，我仍不免傷害到人，我也會即刻告訴他們為何我那樣做，我當時害怕失去什麼，或我想要從他們身上得到什麼。以這種至誠的心來自我修正，我感到可以隨時乾乾淨淨、一塵不染地重新出發。這是活得自在最有效的一種方法。

誠心道歉是化解錯誤的良藥，讓我們站在平等、無罪的基礎上重新出發。道歉並彌補都是為了你自己好，關係著你自身的平安。當個只會耍嘴皮的聖人又有何益呢？地球上充滿這樣的人。放下你的故事後，平安便是你的本然真相，你只需活出它來。

請靜下心，閱讀一遍你所寫「反向思考」的實例清單，看看它們對你是如何的真實，把你覺得傷及別人的每句答覆底下劃線。（對那些但願早日結束痛苦的人而言，光是針對清單上面的句子，一一回答這句反問：「當你相信那個想法時，你會怎樣反應，怎樣對待他們呢？」就夠你忙著去告白和道歉了）藉著彌補對方而彌補你自己吧！在每一事件上，你的信念曾如何傷害對方，你反過來也同等地償還他。

誠實而不造作的「告白」，加上「活出彌補」，能為陷於絕望的人際關係帶來真正的親密。倘若你在作業單上寫的「那個人」已經過世了，不妨透過我們其他人來彌補，為了你自己的緣故，請把你要給他們的轉給我們吧。

我認識一位非常在乎自由的男士，他曾經是一位吸毒者和慣竊，輕輕鬆鬆闖空門，是他的拿手本領。在練習「轉念作業」一段時期後，他開始憑著記憶所及，詳列出偷過的每個人和贓物的清單。當他完成清單時，上面寫滿密密麻麻的人名和房子。而後，他也進行了「反向思考」。他知道自己難逃法網，但在被捕入監之前，他感到必須為自己做正確的事，於是他依照清單逐一登門拜訪。他是美籍非裔，由於自己強烈的種族偏見，他折返拜訪的有些人家讓他很不舒服，但他仍繼續努力敲叩每一戶的大門。只要有人來應門，他就坦白告知他是誰和他偷過的東西，然後誠心道歉說：「我可以怎樣修正錯誤呢？我願為此做任何事。」他去過很多家，但沒有一戶打電話報警。他對他們說：「我必須做些事來彌補，請告訴我能做什麼事。」他們會說：「好啊，幫我修車子。」或是「油漆我的房子」，諸如此類。他很開心地做完事情，然後在清單上那一戶的名字或地址前做上記號。他說，油漆時，我每刷一下都是上帝、上帝、上帝。

我兒子羅斯是轉念作業的「箇中老手」。八、九年前，當我們一起逛街時，我注意到他有時會說：「媽媽，請等我一下，我很快就回來。」然後轉身消失，大約十分鐘左右再出現。有一次，我透過商店的櫥窗，看到他挑了一件襯衫，拿到出納員那裡付錢，隨後折回衣櫃前，確定四周沒有人在注意，就悄悄掛回那件襯衫，然後才走出商店。我問他在幹嘛，他說：「前一陣子，我曾偷過五、六家商店的東西。媽媽，那是很可怕的事。現在，每當看到商店裡有我偷過的物品，我就會走進去，找出類似我偷過的東西，付了帳再把它放回原處。我曾試著檢舉我自己，我對他們說：『這筆錢是用來賠償我先前偷過的東西，如果你想要控告我，請便。』他們不知如何是好，只好請經理來，而經理也束手無策，他告訴我這筆錢會使電腦作業變得很複雜，而且，要是找警察來，警察可能說必須是現行犯才行。所以，他們最後告訴我他們幫不上忙，但我真的想要把它反轉回去。幸好我發現這個方法，它對我很管用。」

羅斯也很喜歡玩我建議的另一項練習：默默行善，而且不為人知；若被發現，這項行動就不算數，必須從頭來過。我看過他在遊樂園裡，一看到那些似乎不夠錢玩的小孩，便從他的皮夾裡掏出一張紙鈔，在小孩的面前彎下腰，假裝從地上撿起，順手交給那位小孩說：「老兄，你掉了這個。」然後頭也不回地離開了。他是一位懂得如何藉由「活出彌補」來操練反向思考的好老師。

日復一日，如此具體操練，等於是慷慨地對待你自己，它帶來的結果，簡直不可思議，若能更進一步的「反躬自問」，必定讓你體會得更深入、更徹底。

第六道題的反向思考

對於「批評鄰人的轉念作業單」第六道題，它的反向思考跟其他幾題完全不同：把「我不願意……」改成「我願意……」，而且「我期待……」。例如「我不願再和保羅爭辯」，反轉成「我願意再和保羅爭辯」，而且「我期待再和保羅爭辯」。

每當你認為「不願」再經驗到生氣或焦慮時，就改成你「願意」而且「期待」它，因為它們很可能再度發生，即使僅僅發生在你「心裡」，所代表的意義並無不同。反向思考是要你擁抱生活的全部；一旦你能夠說出來，並且真心說出「我願意……」，必會激發一種開放心、創造力，和靈活度。內心所有的抗拒都會隨之融化，使你放鬆，而不是繼續毫無指望地用意志力或蠻力把逆境摒除於生活之外。真心說出「我期待……」，能幫你積極地開放自己，迎向廣闊的人生，內在的自由讓你在世間活得更輕鬆自在，更有愛心。

例如，「如果保羅不改變，我不願再和他住在一起」，反轉成「即使保羅不改變，我仍『願意』和他住在一起」，而且，「即使他不改變，我仍『期待』和他住在一起」。你最好仍期待它，因為你實際上正跟他住在一起，即便只在心裡想也是一樣。（我曾跟無數配偶已亡故二十年但仍心懷怨懟的人做過「轉念作業」）不管你是否跟他住在一起，那些念頭仍會隨時出現，而且讓你一再感到焦慮和沮喪。期待這些感受吧，因為它們是一種信號，提醒你該是清醒的時刻了。任何不舒服的感受都能把你帶入「轉念作業」。當然，這並不表示你「應該」跟保羅住在一起，而是你的心甘情願會為你開啟各種生命的可能性。

再提供「轉念作業單」的兩個實例樣本：

第六道題的原先答覆：我拒絕看到保羅毀掉他的健康。

反向思考：

我願意看到保羅毀掉他的健康。

我期待看到保羅毀掉他的健康。

第六道題的原先答覆：我不願再受保羅冷落。

反向思考：

我願意再受保羅冷落。

我期待再受保羅冷落。

容我再次提醒，最好先有這個認知：那些感受或情境可能再度發生，即使只在你的想法裡。唯有明白了痛苦和不舒服的感受都在呼喚你「反躬自問」，你才可能真正開始期待不舒服的感受，甚至把它們當成朋友——正在提醒你「審查得不夠徹底」之處。不必再等別人或外境的改變，你便能自行經驗到平安與和諧。「轉念作業」是譜寫你自己喜樂最直接的管道，你必須往內去找，而「轉念作業」能帶你到那裡去。

任何人都無法傷害我——
唯獨我有此本事！

6 轉念作業：工作和金錢

有些人的生活完全受制於他對工作和金錢的想法，如果我們腦子夠清楚、想得夠透徹，工作或金錢怎會成為問題呢？所以，我們唯一需要改變的是我們的想法，這也是唯一「**能夠**」改變的。這是非常棒的消息。

大多數的人都渴望成功，但成功是什麼呢？我們究竟想成就什麼呢？我們這一生中只能做三種事：站、坐、躺。即使飛黃騰達了，我們還是要坐下來，直到我們站起來為止。反正不是躺著、坐著，就是站著。成功，只是一個概念、一種幻相而已。你更想買十萬元的那把椅子而不是一千元的這把嗎？還不都是坐下來而已。沒有任何「故事」作祟時，無論身在何處，我們都是成功的。

當我到企業界示範「轉念作業」，常會邀請所有員工彼此互相批評，結果這正是員工和老闆最想要的：從別人的觀點知道自己是怎樣的人。接下來，他們全體一起做「轉念作業」和「反向思考」。所有的員工和管理階層都深為對方的清澈透明所折服，即使他們未必意識到當中的深意。通常，只要有一個人願意藉此機會誠實面對問題，整個公司便會開始掀起開放明朗的風潮。

我曾跟一位總經理做過「轉念作業」，他說：「我的助理為我工作了十年，雖然我知道她並沒有做好份內工作，但我必須體恤她有五個孩子要養。」我對他說：「很好，請繼續把她留在身邊，這樣她才能教其他員工：如果他們的孩子夠多，就能為你工作，而不必管有沒有做好它。」他回答說：「沒錯，但我沒辦法解雇她。」我說：「我能了解。既然無法解雇她，那麼，你可以聘請有能力的人來做她的工作，然後讓她回家照顧五個孩子，每個月照常付她薪水，至少比你目前的方式更誠實些。內咎是要付出代價的。」

那位助理在總經理當場唸他的「作業單」時，也認可他所寫有關她工作表現的每一項，因為那全是不爭的事實。我問她：「你有何建議嗎？如果你是『你自己』的員工，你會怎麼做呢？」當人們恍然大悟後，通常會選擇開除自己，她也不例外。後來她在別家公司找到了類似的工作，離她家更近，她可以同時扮演一位好助理和好母親。總經理終於了解他從未審查過自己對助理「忠心耿耿」的那些想法，事實上她和他一樣對這種情況深感不安。

我從未看過有哪個工作或金錢的問題不是出自「想法」的緣故。過去我認為必須有錢才會快樂，然而，即使擁有了很多錢，我卻老是擔心個要命，唯恐某些可怕的意外會使我一下子就傾家蕩產，因此我經常怕到生病。現在我才明白，沒有任何金錢值得我承受那種壓力。

如果你一直抱存著「必須有錢，我才會感到安全和安心」的想法，而不加以審查的話，就會活得渺茫無望。銀行破產、股市崩盤、貨幣緊縮、戰爭爆發，人們說謊，扭曲合約，甚至不守承諾等等，在這樣混亂的心態下，即使掙得百千萬，內心仍會不安全、不快樂的。

讓我們看一下「壓力」和「恐懼」所耗損的能量。若是每個問題都被轉換成讓你心安理得的解決途徑時，將會怎樣呢？有些人相信恐懼和壓力是刺激他們賺錢的動力，但你能百分之百肯定那是真的嗎？你真的知道，若沒有恐懼或壓力的激發，你就賺不到同樣或更多的錢？「我需要恐懼和壓力的激勵」——如果你不再相信那個「故事」，你會是怎樣的人呢？

在體悟到「轉念作業」之後——在它找到我之後——我才開始注意到，不論我做什麼，即便只有一點錢，或根本身無分文，我都覺得足夠使用。快樂來自於一顆清澈透明的心；清澈透明而健康的心靈知道如何生活，如何工作，要發送哪些電子郵件，要打什麼電話，而且知道如何一無所懼地創造它想要的東西。沒有「必須有錢，我才會感到安全」的想法時，你會是怎樣的人呢？你可能更容易與人相處，甚至會開始注意到「慷慨法則」——不怕金錢出去，也不怕金錢回流，而且，並不渴望更多的錢。只要明白這點，你便會了知，你早已擁有自己想要從金錢那裡得到的安全保障。所以，從這出發，賺錢反而更容易了。

正如我們常用壓力和恐懼來刺激自己賺錢，我們也會用憤怒和挫敗來刺激我們發動社會關懷。當我致力於地球環保時，若想做得既明智又有效率，就必須先清理自己的環境。讓我用愛和了解來清理我「想法」裡的一切垃圾和污染，行動才會充滿力量。所以，要幫助地球，只須靠一個人，那個人就是你。

每次我到監獄示範「轉念作業」，通常大約有兩百名受刑人坐在那裡，他們的眼睛盯著地板，雙手交叉胸前。我跟他們做完「轉念作業」後，警衛會再帶來另外兩百名。這些人全是暴力重刑犯——很多人因強姦、謀殺和其他重大罪行而被判終身監禁——而我是屋子裡唯一的女人。我通常不發一言，直到他們抬眼看我。這對他們很不容易，因為那是他們無言的約定，用這方式把像我這樣的人摒除在外。我只是默默站在他們面前，等候著眼神的接觸。有時候，我走進成排的坐席間，慢慢來回踱著步，等著某人抬頭看我一眼，只要有一個人就夠了。這一刻終於來臨了，有個人一直目光下垂，卻在一瞬間與我的眼神相遇，速度相當快，但太遲了，已經有接觸了，全場除了我以外，沒有任何人看到這一瞥，由於發生得太突然，其他人都無緣看到它的發生。但是，很快地，他們的「協定」開始在房間裡瓦解了。有兩、三個人陸續抬眼看我，接著有八個人，後來又有十二個人，最後每個人都在看我，他們開始哄堂大笑，笑到滿臉漲紅，彼此說些：「他媽的！」或「老兄，她瘋了。」成了！現在我可以開始跟他們說話，並教他們做「轉念作業」，這一切，只因有一個人敢跟我眼神交會。

我十分感謝這群人犧牲了一生來教導我們的孩子：只要他們想保有自由，千萬要過或不要過怎樣的生活才行。我告訴他們，他們是最偉大的老師，他們的生命是好的，而且有其意義。在我離開之前，我問他們：「如果你知道自己的生活方式可以幫助孩子們不要重蹈你們的覆轍，你們可願意在監獄裡度過餘生？」那些暴力犯了解之後，都淚流不止，像個純真的小男孩。

我們所做的任何事對這星球都會有所幫助，那就是真相。

他很不稱職！

葛瑞對他不稱職的員工極為煩惱。如果你有類似的情緒，那麼，困擾你的，是你的同事，還是你的配偶、小孩？因為他們沒把碗盤洗乾淨，或是把牙膏殘留在浴室的洗臉盆裡？你能否從生活裡找出實際例子，像葛瑞一樣，進入內心探索一下。

葛瑞：**我對法蘭克很生氣，因為他為我工作時，做得很不稱職。**

凱蒂：「法蘭克應該稱職」——那是真的嗎？

葛瑞：我認為如此。

凱蒂：你能百分之百肯定那是真的嗎？誰跟你這麼說呢？他的履歷表說他稱職，他的推薦函也說他稱職，到處都這麼說，所以你雇用了他，他就應該稱職？根據你的經驗，事實是什麼呢？他稱職嗎？

葛瑞：根據我的經驗，他不稱職。

凱蒂：事實，是唯一讓你保持神志清明的地方。他應該稱職，那是真的嗎？不！他不稱職，就是那樣，而那也是你眼中的事實。我們不斷追問下去，直到你真正明白「那是真的嗎？」這一反問。一旦了解這點，你就成了真相的熱愛者，內心也獲得了平衡。當你相信「他為你工作應該稱職」這一謊言，而他並不稱職時，你會有何反應呢？

葛瑞：感到沮喪和焦慮。我覺得好像我必須承擔他的工作，每次都必須跟在他後面幫他收尾。我不放心讓他獨當一面。

凱蒂：你是否能找到理由讓你放下「他應該稱職」的想法？我不是要求你放下它。

葛瑞：如果我能放下，會覺得舒服些。

凱蒂：那是一個非常好的理由。你是否能找到理由讓你毫不焦慮地持有這個「跟事實對抗」的想法呢？

葛瑞：嗯，我不懂你說的「跟事實對抗」的意思。

凱蒂：這個事實，正如你看到的「他不稱職」，你卻說他「應該稱職」，那種觀點對你沒好處，因為它擺明在跟事實對抗。你說過它造成你的沮喪和焦慮。

葛瑞：好吧！我想我慢慢清楚一點了。事實上他不稱職。令我抓狂的是我認為他應該稱職的那個想法，我並沒有接受這一事實。

凱蒂：無論你接不接受，他都是不稱職的。事實無需我們的同意或認可。事實就是真相，它極其穩當，極其牢靠。

葛瑞：事實就是真相。

凱蒂：是的，事實永遠比幻想仁慈多了。你不妨在家裡練習我提到的「真相證據」作業，你一定能從中得到很多樂趣。「他應該稱職」，你的證據何在？請一一列出，然後逐一質問自己，看看是否真的能證明他應該稱職？那全是謊言，毫無證據。真相就是「他不應該稱職」，因為他確實不稱職，無力勝任那份工作。

葛瑞：事實是他不稱職，而我都得為他收拾善後。我不需為了「他應該這樣或那樣」，而給自己增添額外負擔。

凱蒂：說得非常好。

葛瑞：我在工作上的一切焦慮全都跟「法蘭克應該稱職」有關。真相是他真的不稱職，我自行加上他應該稱職，才是令我抓狂的原因。事實上，我該做的，還是得做。換句話說，我得繼續填補坑洞，直到他不再是我的問題為止。我正在這麼做。再說，「他應該稱職」的想法，害我一直陷入一種他媽的惡劣情緒。這就是我們紐約！

凱蒂：我不知道你們紐約會用「他……」這個字眼。（觀眾忍不住捧腹大笑）

葛瑞：是耶，我們會說，只是偶爾說說而已。

凱蒂：所以，沒有這個瘋狂故事跟事實爭辯時，你會是怎樣的人呢？

葛瑞：我將隨順因緣，做我份內該做的事。

凱蒂：倘若你跟這個人並肩工作，而心中沒有這「故事」時，你會是怎樣的人呢？

葛瑞：我會比較慈悲，而且很有效率。

凱蒂：好。「法蘭克應該稱職」——請反向思考。

葛瑞：法蘭克不應該稱職。

凱蒂：你說對了。在他能夠稱職之前，他不會稱職的，而且那是當下的真相。請做另一種反向思考。

葛瑞：我應該稱職。那是真的。

凱蒂：讓我們來看看你在「轉念作業單」上第二道題的答覆。

葛瑞：**我要法蘭克承擔起他那部分工作的責任。**

凱蒂：請反向思考。

葛瑞：我要我承擔起我那部分工作的責任。

凱蒂：是的，你若把焦點老放在他的不稱職，表示你並沒有全面擔起這個專案工作的責任。

葛瑞：而且我應該承擔起他那部分工作的責任。

凱蒂：是的，如果你想要稱職地做好工作，就只有這個辦法了。好，讓我們繼續看下一個答覆。

葛瑞：**他應該勇敢站出來，以專業姿態，作專案負責人。**

凱蒂：那是真的嗎？我的意思是，這個人能從哪裡弄到這種能力呢？「嘿！你！你這無能的傢伙，你應該勇敢站出來！」

葛瑞：不，那太瘋狂了。我同意你說的，他只能做他有能力做的。

凱蒂：當你相信那個「幻相」時，你會如何對待法蘭克呢？

葛瑞：我變得很嚴厲。我認為他應該趕快做完，而且我會緊盯著他。

凱蒂：不會有什麼效果的。你是否能找到一個讓你放下這個想法的理由？

葛瑞：絕對可以。

凱蒂：請反向思考。

葛瑞：我應該勇敢站出來，以專業姿態，作專案負責人。我得站出來，非得如此不可。

凱蒂：他是把你這一生的能力激發到極限的專家，錯不了的。

葛瑞：是的，他是我的老師，我能感覺到那一點。

凱蒂：很好，讓我們回到你第四道題的答覆。

葛瑞：**我需要他承擔他那部分的工作。**現在我看到我真的不需要那個了。

凱蒂：無法指望他了嗎？

葛瑞：不再奢望了。如果我想順利完成的話，就必須承擔他那部分和我這部分的工作。

凱蒂：讓我們看下一個答覆。

葛瑞：**法蘭克是不稱職的。**

凱蒂：反向思考。

葛瑞：我是不稱職的。

凱蒂：你把他看成不稱職的那一瞬間，你的確是不稱職的，而他在帶給你的影響上卻是非常稱職的，那是有目共睹的事實。那是他帶給你的東西，而且說不定他還帶來更多東西，誰知道呢？

葛瑞：我真的感受不到那個反向思考。我認為我自己是非常稱職的。

凱蒂：在應付他的問題方面，你不夠稱職，才看不出他無需稱職。

葛瑞：我同意，那是我無能。即使他非常資深，仍是得隨時盯著。我得好好盯著自己，那是更真實的，因為有時候我也蠻神經質的。

凱蒂：恭喜你找到內心世界了。當你看到你需要處理的只是你的想法時，你就會開心地把世上每一個問題都拿來反躬自問。對於真正想知道真相的人而言，這個「轉念作業」是破釜沈舟最好的工具。

葛瑞：本週初，我試著自己做練習時卡住了，因為我一直認為「我是對的」。如今我往內心探問這一切，所有的反向思考開始顯出意義了。

凱蒂：有人迎面走來，而你把自己的故事硬套在他身上，然後大叫說你的痛苦全是他害的。這表示你相信了自己的故事，並活在「他是問題來源」的幻相裡，才會如此焦慮。如果你丟開「這個人應該更稱職」的念頭，或許你會想要解雇他。要是你真的解雇他，無異於放他一馬，讓他去找更為勝任的工作，然後他就會在需要他的地方做得很稱職，他的空缺便能留給適合這職務的男士或女士。兩週之後，這傢伙可能打電話給你：「謝謝你解雇我，我不喜歡跟你共事，我很喜歡我的新工作。」任何事都有可能發生的。或許，你做了「轉念作業」，更清楚自己的想法後，在下週一早上看著這傢伙時，竟然發現你從未注意到的某種能力。好了，請唸作業單上最後一道題的答覆。

葛瑞：我再也不要跟他或像他這樣的人合作。

凱蒂：請反向思考。

葛瑞：我願意跟他或像他這樣的人合作，而且我期待有他或像他這樣的人待在我的小組裡面，因為它會帶我進入內心找出最徹底的解決方法。

凱蒂：你做得非常好。歡迎參加「轉念作業」。

雷爾夫叔叔和他的股市情報

以下的對話證實了：即使是一個執著自己故事而咎由自取的人，只要他願意耐心做完整套「反躬自問」，仍有可能獲得解脫。即便像案主馬汀那樣，一直認為這練習只是「理性」工作，然而透過它，在他的內心深處仍能湧現靈光，有所醒悟。

在練習過程中，我不喜歡用催促的方式，因為除非心靈肯轉變，否則是急不得的。心靈的轉變，有它自己的時間，連一分鐘也提早或延後不得。人們常等不及種子的發芽，然而，我們是無法催促自己的了悟進度的。

你無須了解馬汀談到的股票操作專業術語，只須注意他的情緒隨著股票的忽漲忽跌而上下起伏不定，就夠了。

馬汀：**我很氣我叔叔雷爾夫，因為他給我一些不可靠的股市情報，害我損失慘重。**有些股票是我向投資公司借錢買的，當我被催繳保證金時，我叔叔曾幫我脫困，所以我欠了他一筆人情債，但股票還是繼續暴跌，使我脫不了手。還有另外根據他「天大」的情報而買的股票，在兩年內損失了八成五的價值，我叔叔暗地裡與我較勁。

凱蒂：是的。

馬汀：他總是用他銀行存款來證明他比別人行，不幸的是，他確實是有錢人，無需向別人借錢。我卻不然，只要有一支股票看跌而其他股票看漲時，就必需趕緊借錢來買，期盼能藉機翻身，償還所有積欠他的錢。

凱蒂：我聽到了。

馬汀：所以，我對他不斷積欠債務，這情況持續了兩年半，到了最近，當他的其他股票一路不斷下滑時，我不得不告訴他：「雷爾夫，你知道的，它們現在已經雙雙套牢了，我損失了所有的錢，和你的一些錢。」他卻說：「聽著，你他媽的蠢蛋，我『告訴過』你不要借錢，你卻硬要借。你違背我說的話，處處跟我作對，而且還做了這件事，又做了那……」我只能勉強插上一句話：「雷爾夫，我當時必需買你其他的股票，那時我正好沒有錢。」但我沒說為何我必需買，我想要藉此還他的錢。而且，我也想趁機賺點錢，我的意思是我自己的恐懼和貪婪都同時出現了，但是……

凱蒂：甜心，記住，只要唸你寫的就好，不必講故事。

馬汀：好，好，很抱歉。**我想要雷爾夫叔叔幫我擺脫困境，還給我當初六萬元的本金，加上我另外欠下的三萬五，讓我能付清信用卡債務，並為他自己的錯誤情報造成我及我家庭財務損失而負起責任來。**

凱蒂：很好，請繼續唸。

馬汀：**雷爾夫叔叔應該償清我的債務，並給我十萬元。他不該要求我還錢，因為我根本付不起。我需要雷爾夫叔叔幫我擺脫破產的困境。**我需要他負起責任，至少成熟地為我們兩個人的投資負責。雷爾夫是一位嚴厲、操控，報復心強的人，他不想面對真相，只想一直證明他是對的而且是極度聰明的。好了，還要唸最後一個答覆嗎？

凱蒂：是的。

馬汀：**我不想再聽他的股市情報，或再欠他錢，或忍受他那些無聊、幼稚，又惹人厭的廢話。**

凱蒂：好，很好。甜心，請你開始唸第一題的答覆，只按照你寫的唸，好嗎？

馬汀：好。**我很氣我叔叔雷爾夫，他給我一些不可靠的股市情報，害我損失所有的錢和他的一些錢，而且還威脅我……**唉，我唸不下去了。

凱蒂：好，停在那裡就可以了。他給過你情報嗎？

馬汀：嗯……嗯！

凱蒂：好。如果我「給」你這個杯子，你不一定要「拿」，拿或不拿全在你自己，沒有對錯之分。「叔叔們不該給侄子股市情報」，那是真的嗎？事實是什麼呢？他們該給嗎？

馬汀：嗯，他想要我賺錢，所以提供我那些情報。

凱蒂：所以，事實是什麼呢？他給了你那些情報。

馬汀：他給我情報，而且我接受了，也施展了一番身手，我就這樣上勾了。

凱蒂：我們全都知道股市情報是不可靠的，但是「知道」仍阻止不了我們的行動。而且，在清晨兩點或下午兩點鐘，意識到我們的投資是個可怕的錯誤，有些人甚至跳樓結束生命。所以，「叔叔們不該給侄子不可靠的情報」——那是真的嗎？

馬汀：是的，沒錯，那是真的！

凱蒂：它的事實是什麼呢？他們有給嗎？

馬汀：是的。我叔叔給了我不可靠的情報，卻不承認它不可靠。

凱蒂：很好。「叔叔們應該承認他們的過錯」——那是真的嗎？

馬汀：是的，你說的沒錯。叔叔們應該承認他們的過錯。

凱蒂：事實是什麼呢？你經驗到什麼？

馬汀：他硬把一切錯誤怪到我頭上來，而且還……

凱蒂：所以你的經驗是「沒有」，他們沒有承認他們的過錯。

馬汀：正確。

凱蒂：所以，叔叔們真的應該承認他們的過錯嗎？

馬汀：我認為是真的，所有的人都應該承認他們的過錯。

凱蒂：哦，很好！然而，事實是什麼呢？他們經常承認嗎？叔叔們真的應該承認他們的過錯嗎？

馬汀：是的。

凱蒂：它的事實是什麼呢？

馬汀：他沒做到。

凱蒂：他沒做到。所以，我問你，哪個星球上的人會承認他們的過錯？人們真的應該承認他們的過錯嗎？事實不然！除非他們做到了。我在此不講倫理道德，只單純地問你事實真相。

馬汀：但是，我要說的是，我真的試著承認我的過錯，而且還進一步用行動表達，我把所有的錢和資產全都送給了他，以我的實際行動承認我的過錯。

凱蒂：你是這樣的人，而我的做法也與你一樣。

馬汀：我希望不是。

凱蒂：當我對自己的行為負責時，我很愛我自己。但是「人們應該承認他們的過錯」，那是真的嗎？不！不是真的！我們怎麼知道人們該不該承認他們的過錯呢？

馬汀：因為他們根本不承認。

凱蒂：他們不承認。甜心，數千年來我們一直都沒做到，這是很簡單的事實。唯有事實真相才能讓我們得到解脫。若是與它爭辯，你必輸無疑。我是事實的熱愛者，並非因為我是靈修人士，而是當我與它爭辯時，我心裡就會失去我自己，與內在的家鄉斷線。當你認定他應該承認自己過錯，而他沒做到時，你的反應是什麼呢？

馬汀：我覺得被他害了。

凱蒂：還有別的嗎？內心的感覺如何呢？

馬汀：我覺得痛苦、悲傷、憤怒、害怕……

凱蒂：感到分裂嗎？

馬汀：是的，全是負面的。

凱蒂：你感受到的一切混亂全是因為你卡在一個謊言的核心裡。「他應該承認自己的過錯」，那不是真的，它是一句謊言。好幾世紀以來，世界一直在教導這句謊言，如果你感到自己受夠了，表示留意真相的時機到了。「人們應該承認他們的過錯」，始終不真實，這對某些人來講是很難吞下的事實，但我請你進去「那裡頭」看看。轉念作業要求絕對、簡單、徹底的誠實，以及一顆聆聽真相的願心，如此而已。「如果他承認自己的過錯並還給你錢，你就會過更好的生活，而且心靈開始提昇，獲得最大的解脫」——你能百分之百肯定那是真的嗎？

馬汀：那將會是我最高的靈性之路嗎？

凱蒂：是的。

馬汀：嗯……

凱蒂：只要說「是」或「不是」。你能百分之百肯定那是真的嗎？

馬汀：我不知道。

凱蒂：我有同感，我無法知道那是不是真的。

馬汀：你知道的，嗯，不妨這樣說……我可以說「是」，然後我覺得很公平，但我不確知公平與平安是否同一回事。

凱蒂：我同意：公平與平安是不同的。我不在乎公平，只在乎你的自在。唯有你內心找到的真相才能讓你獲得解脫，這就是最終極的正義。

馬汀：是的，我知道。我說的是神聖的正義。我是說，誠實的做法是兩個成熟的男人能夠真正坐下來，看看……因為我也有錯。

凱蒂：「他應該坐下來跟你談」——那是真的嗎？

馬汀：是的，肯定是真的。

凱蒂：事實是什麼呢？

馬汀：他沒有。

凱蒂：他沒有，所以並未發生。

馬汀：對。

凱蒂：所以，當你認定「他應該像個成熟的男人坐下來跟你談」，而他沒有做到時，你會如何反應？

馬汀：嗯，我覺得我被虧待了，覺得自己很對，覺得很窩囊。

凱蒂：是的，結果必然如此。然而，你的痛苦不是因為他不坐下跟你談，而是你相信了那個想法：他……

馬汀：他理應如此做的。

凱蒂：他理應如此做。所以，請在那裡停留一分鐘，看看你是否能找到那一點。當你內心沒有「他該像成熟男人坐下來跟你談」，或是「他該承認自己的過錯並道歉」的故事時，會是怎樣的人呢？我不是要求你放下自己編的故事，只是很單純地問：沒有那個故事時，你平常會是怎樣的人呢？

馬汀：我知道我不會對他有任何期待。

凱蒂：是的。

馬汀：我想那將使我自己變得更完整些。

凱蒂：是的。

馬汀：但是，我……

凱蒂：當你說「但是」時，請注意你開始跑進你內心的故事裡了。只要安靜地跟它同在即可。

馬汀：（停頓一下後）我真的不知道會有什麼感覺。

凱蒂：那就對了，甜心。我們一向習慣抓著真相背後的謊言不放，以至於不知如何自由地過日子。我們有些人已經開始學習了，這是因為痛苦到受不了而非學不可。根據我的經驗，當我不執著故事時，我只是起床、刷牙、吃早餐，做這一天該做的事，來這裡，做同一件事，但內心沒有壓力，沒有地獄般的火煉。

馬汀：聽起來很棒。而且，你知道，我也曾享受過自由的滋味，雖然它稍縱即逝，所以我知道那種心境，也很想過那種生活，那是我為何來這裡的原因。

凱蒂：所以，請再唸那一部分。

馬汀：我現在才有辦法唸第一部分的答覆。**我很氣我叔叔，因為他給我一些不可靠的股市情報，害我失去所有的錢。**

凱蒂：現在，我們要做反向思考。「轉念作業」就是：批評鄰人，寫下評語，問四句話，最後做反向思考，如此而已，很簡單的。所以，我們現在要開始做反向思考：「我很氣我自己……」

馬汀：我很氣我自己……

凱蒂：「因為拿了……」，他給你，而你拿了。

馬汀：因為拿了他的股市情報而且相信了他。

凱蒂：是的，就這樣，單純一點。現在再唸一次，而且只唸你寫的「我很氣我自己……」

馬汀：我很氣我自己，因為給我……？

凱蒂：是的，甜心。

馬汀：喔！我很氣我自己，因為我給自己這些不可靠的股市情報，害自己失去所有的錢。

凱蒂：是的，那是你給你自己的。

馬汀：我懂了。我從他那裡接收股市情報，然後給我自己。

凱蒂：完全正確。除非你拿了它們，否則他無法給你。你一直在相信自己編的神話，我想你慢慢明白了。

馬汀：那是很難吞下的一帖猛藥。

凱蒂：嗯，的確很難下嚥，但那是你一直在過的生活，也是你任由別人擺佈的生活方式。

馬汀：哎呀，那必定不好受的。

凱蒂：讓我們來看下一個。

馬汀：**我要雷爾夫叔叔幫我擺脫困境。**

凱蒂：好，所以，「雷爾夫叔叔應該幫你擺脫困境」——那是真的嗎？

馬汀：是的，如果他是一位可敬的人，理當如此呀！

凱蒂：為什麼呢？你用誰的錢投資呢？

馬汀：有些是他的，有些是我的。

凱蒂：好，你的和他的，現在讓我們來看看你的錢。你從叔叔那裡聽到股市情報之後，就把它們給你自己，然後根據那些情報投資於股市。

馬汀：沒錯。

凱蒂：而且，他應該幫你擺脫困境？

馬汀：嗯，按你這樣講……不該。

凱蒂：很好。所以，他除了跟你分享他當時信以為真的東西之外，他還應該為你做什麼嗎？

馬汀：沒有。

凱蒂：很正確，什麼都不需要做。

馬汀：但問題是，這一切，對我來講，太理性了一點，只是用頭腦在想，內心仍感到忿恨不平。

凱蒂：只須待在那個過程裡即可。此刻似乎是用頭腦，本來就是如此。當你認定「他應該幫你擺脫困境」時，你的反應如何呢？或是說，倘若他幫你擺脫困境，對你的靈性成長會有什麼幫助？

馬汀：我陷入全面的焦慮、恐怖，和負面情緒，我真不想如此。

凱蒂：繼續專注在那一點上，無需即刻幫你自己脫困。

馬汀：好。

凱蒂：你把心思集中在「他應該做此事」的想法上，而且堅持自己是對的，卻從未贏過，因為你根本無法贏。事實是：他不該幫你擺脫困境。他沒用你的錢投資，是你拿了他的錢。

馬汀：對。

凱蒂：但是你寧可把焦點放在他身上，而不願去看真相，以為這樣就可以迴避真相，無須誠實面對，其實，唯有真相能幫你脫身。你知道的，沒有比幫自己擺脫困境更棒的事了。誰陷你於此境呢？是你。當叔叔不肯幫你時，那麼幫自己脫困是誰的事呢？是你的事。如果雷爾夫叔叔幫你脫困，你就不可能知道你有脫困的能力。

馬汀：那倒是真的。

凱蒂：然後，當雷爾夫叔叔說「不」時，你很氣他，把注意力都集中在他身上，當然無法幫自己脫困，因為在那情況下，你不可能發現自己有此能力。而且，你死命哀號：「那是不公平的！我究竟造了什麼孽，竟會有如此無情的叔叔呢？」

馬汀：我同意你說的，那是真的。

凱蒂：所以，當他事實上不肯幫你時，請給我一個充足的好理由讓你能毫無焦慮地持有「他應該幫你脫困」的神話。

馬汀：對他而言，那不過比午餐費還多一點點錢而已。

凱蒂：那是很好的理由！我發現天底下只有三種事——我的事，你的事，和神的事。如果你不想用「神」這字眼，可以改成「自然」或「現實」。所以，這是檢測你分辨能力最快的方法。他的錢是誰的事？

馬汀：他的事。

凱蒂：沒錯。

馬汀：我把它變成我的事，所以才會這樣痛苦。

凱蒂：是的，根據我的經驗：當我的心跑去管你的事時，就會開始感到焦慮，醫生稱它是胃潰瘍、高血壓、癌症……等等。然後，心靈就會執著那件事，創造出整個思想體系來支撐第一個謊言。讓你的感受來提醒你第一個謊言的出現，然後去質問它，否則你會在感受和形成感受的故事裡迷失自己，而且，你只知道自己很痛苦，你的心一刻不止地轉個不停。如果你反躬自問，便能透過覺察感受而逮到第一個謊言，只要你把所執著的故事寫在紙上，便能切斷心念的轉動。你那顆焦慮的心終於找到暫歇之處，即使它可能仍在你頭腦裡不停抗議。現在，質問你寫的答覆，問四句話，然後反向思考，這樣就可以了。你是唯一能釋放自己的人，而不是你叔叔。你若不幫自己脫困，你便永遠脫不了困——你注意到了嗎？

馬汀：我同意你說的一切，正中要害。只是此刻我感受不到自己有脫困的能力。

凱蒂：嗯，在這個國家裡，隨時有人破產。我既能讓自己捲入其中，便能幫自己脫困。而且，如果我申請破產，最終我還是會付清每一筆債務，因為唯有這樣做，才能給自己那個尋找已久的自由。也許我一個月只還得起十分錢，但至少我的行徑像是一個可敬的人，這不是因為我是靈修者，而是因為若非如此，我就會受苦，就是這麼簡單。

馬汀：是的，我同意那是一個理由。

凱蒂：人們常認為：「當我賺到一大筆錢時，就會很快樂。」我則說，讓我們跳過那一關，現在就開始快樂吧。是你把自己陷入困境裡，到目前為止，與你叔叔完全無關。

馬汀：我同意你的看法。我了解他沒做任何事，是我在自作自受。這想法在某方面蠻刺激的，但也讓我感到「大事不妙了」！

凱蒂：是的，歡迎回到事實真相。當我們開始活在事實真相裡，內心不懷任何老舊故事地看著它時，那是很奇妙的經驗。請看著它一會兒，不要有任何故事介入。這就是真相：神。我稱它為「神」，是因為它統治一切，而且永恆不變。「叔叔應負責任」的錯誤迷思會讓我覺察不到這真相。就是這麼簡單。好，所以，你叔叔的錢是誰的事？

馬汀：他的事。

凱蒂：他怎樣用他的錢是誰的事？

馬汀：他的事。

凱蒂：我很喜歡你的回答！

馬汀：我現在已搞懂你說的「兩種事」了。我以前不懂，還一直認為那是我的事哩。

凱蒂：你簽名同意把遺產交由你叔叔繼承了嗎？

馬汀：是啊。

凱蒂：好，那麼，現在那是誰的錢？

馬汀：他的。

凱蒂：他怎樣用他的錢是誰的事？

馬汀：他的。

凱蒂：你豈能不愛這個答案？當我們只管自己的事時，生活就變得簡單多了。

馬汀：但我此刻一點都不好受。

凱蒂：甜心，我們挖到這麼根本的層次時，就像初生的馬兒，開始時雙腳都不知道如何行走，搖搖晃晃，非得坐下來不可。我建議你另找時間，到某個地方跟它同在一會兒，只是心平氣和地跟你的「新領悟」同在一陣子。那是很大的經驗。讓我們再看下一個答覆。

馬汀：好吧。**雷爾夫叔叔應該還清我的債務，並還給我十萬元。**

凱蒂：很棒！我很喜歡它！現在請反向思考。

馬汀：我應該還清我的債務，並還給自己十萬元。

凱蒂：這是非常令人興奮的。如果你心裡不去管他的事，你將會驚訝眼前開啓的廣大空間，以及冒出來的解決問題的能力。那是……嗯，它是不可思議，又無法言喻的。總之，唯有真相才能真正釋放我們，讓我們清楚明確又愛心滿滿地付諸行動，那真是很棒的經驗。好，讓我們做另一種反向思考。「我……」

馬汀：我應該還清我的債務，並給我自己十萬元。

凱蒂：「……而且給我叔叔十萬元。」（馬汀和觀眾全都哄然大笑）

馬汀：噢，天啊！

凱蒂：不論你欠他多少。

馬汀：我應該還清我的債務……你可知道，可能真的欠他十萬元吔。

凱蒂：那就對了。

馬汀：我應該還清我的債務並給我叔叔十萬元。哎呀！

凱蒂：是的。那是為了你自己的緣故。即使這個人擁有上億的錢財，都與此無關，這純是為了你自己的緣故而已。

馬汀：我同意，我絕對同意那一點。

凱蒂：是的。所以，「他應該給你十萬元」，為什麼呢？

馬汀：嗯，基本上，那將彌補我兩年半的所有損失。

凱蒂：然後，你會快樂嗎？

馬汀：嗯，不會。

凱蒂：當你相信他應該給你十萬元的想法時，你會有何反應？

馬汀：我心裡很痛。

凱蒂：是的。沒有那個想法時，你會是怎樣的人呢？

馬汀：自由。

凱蒂：讓我們看下一個答覆。

馬汀：（笑）**我需要雷爾夫叔叔幫我擺脫財務困境**。這太好笑了！

凱蒂：很好，現在請反向思考。

馬汀：我需要幫我自己擺脫財務困境。

凱蒂：你看到自己怎樣開始切斷痛苦了嗎？有些人通常等到九十歲高齡臨終時還繼續說：「都是我叔叔的錯。」我們無需拖到那一刻，當下就可以做到：批評你的叔叔，寫下評語，問四句話，並反向思考，然後寄給他一張感謝卡。我們怎知道你叔叔不幫你擺脫困境對你更好？因為他沒有幫你，他給了你一份很棒的禮物，然而，你必須先踏入真相，才會看到及收到這份禮物。最後，你宛如一位新生的小男孩。

馬汀：我喜歡那樣。

凱蒂：我真的很感激你的勇氣。要是你能打電話給他，用你自己的方式告訴他這個反向思考，一定很棒。或許你可以說：「雷爾夫叔叔，每次我打電話給你，都是在跟你要這要那的。現在我想讓你知道，我已經看到自己在做的事，而且看得一清二楚了。我絕不再期待你幫我擺脫困境，因為我已明白你的錢是你的，而且我欠你錢，我正在設法解決。如果你有任何建議，請儘管告訴我，我會敞開心胸聆聽。而且我對自己做過的一切，真心向你道歉。」以後，他再給你一些很棒的股市情報時，你可以向他道謝，然後自己作決定。萬一你又輸了，可別再責怪他，因為是你把那些股市情報給你自己的。

馬汀：是的。事實上，是我主動要求他提供情報的，因為我有一筆小錢，而我知道他生財有道，所以我要他指點我怎麼做。

凱蒂：你能投資的最大股市是你自己。看到這個真相比挖到金礦還更好。

馬汀：關於你剛說打電話給我叔叔的那件事，光是我記住的那一部分，對我已經大感威脅了。

凱蒂：當然嘍，變成你是錯的，而他是對的。

馬汀：而且，我甚至不知道他是否願意坐下來聽我講。

凱蒂：是的，你不會知道的。好，讓我們看下一個答覆。

馬汀：**我再也不要聽到他的股市情報，或欠他錢，或忍受他那些無聊、幼稚又惹人厭的廢話。**

凱蒂：你很可能會重蹈覆轍，即使只在心裡想也是一樣，因為可能還有些渣滓殘留在你內。然而，我可以告訴你，當你對一件事鬆手時，其他的事就會像骨牌一樣自動倒下，因為我們處理的是概念——從未檢查過的理念。那些概念都可能再度出現，這是一項好消息，因為你已經知道如何處理它們了。你還會從他那裡期待某些東西，但如果那些念頭有違你的誠實正直，你會受傷的。

馬汀：那是真的。沒錯，確實是真的。很難承認它，但卻是真的。

凱蒂：是的，但是承認比否認會容易些。

馬汀：是的……我不知道……我不知道我是否準備好了，但是……

凱蒂：你可以一而再、再而三地在心裡演練那場景，你若遺漏了哪個執著，或是某個東西讓你痛心時，它便會把你踢回「轉念作業」裡。現在，繼續唸你寫的：「我願意……」

馬汀：**我願意聽他的股市情報，並欠他的錢？**（停頓一下）我想我確實如此，我願意聽他的股市情報，並欠他的錢，而且願意忍受他那些無聊、幼稚又惹人厭的廢話。

凱蒂：是的。如果你還感到一些痛苦，它就會帶你回到「轉念作業」。如果你真想解脫，現在說「我期待……」

馬汀：我期待……等一下……有點迷惑了。

凱蒂：只要跟著說就好，請信任這整個過程。「我期待……」

馬汀：好吧。我期待聽到他的股市情報，並欠他錢，而且忍受他那些無聊、幼稚又惹人厭的廢話。

凱蒂：是的，因為你很有可能再次重演那套劇本。

馬汀：不太可能，因為我不認為他會再給我情報，而且我不認為我還會有錢玩股票。無論如何，反正我也不想玩了。

凱蒂：當你半夜驚醒，嚇出一身冷汗時，很可能你是在夢裡繼續上演這套劇本。

馬汀：喔。

凱蒂：我們常在夢裡幹這種事情。

馬汀：沒錯。

凱蒂：那時，你只須拿起紙筆，再度批評你叔叔，藉以清理你自己。每個概念都仍存在於你心裡，它不屬於個人所有。這些想法歷經好幾千年後仍存在我們每個人的心裡，等待我們友善的諒解。過去我們一直用藥物、逃避、捉迷藏、爭辯和性愛來解決，那是因為我們不知道除此之外還可以做什麼。每當念頭升起時，只須誠實地面對它們。「他虧欠我」——那是真的嗎？你能百分之百肯定那是真的嗎？當你持有那個想法時，你的反應如何呢？問問你自己，若是沒有那個想法時，你將會是怎樣的人呢？你可能會關心你的叔叔，可能會對自己負責。除非你能無條件地愛他，否則你的「轉念作業」

還沒做完。現在閉上眼睛，看著你叔叔正努力幫你。仔細看著這個人，不要讓你的故事介入。

馬汀：你想知道我的感受嗎？

凱蒂：是的。

馬汀：我仍對他的辱罵感到刺心。

凱蒂：很好，辱罵——請反向思考。「我感到刺心……」

馬汀：我仍對我的辱罵感到刺心。

凱蒂：是的，你在心裡辱罵他。

馬汀：你是說，我感受到的痛苦來自我心裡對他的辱罵嗎？

凱蒂：是的。

馬汀：好像在場的人都明白了，但我就是不明白。

凱蒂：你能舉出他辱罵你的例子嗎？

馬汀：「馬汀，你什麼都不懂，我告訴過你這樣做，你卻我行我素……」

凱蒂：很好。讓我們在此暫停一下。是否有可能他說對了，但你不想聽呢？那稱不上侮辱。當有人告訴我們有關自己的真相，而我們不想聽時，就推說那是「侮辱」。我們「**以為**」自己不想聽到它，其實我們內心深處多麼渴望真相啊。

馬汀：好，我懂了，確實如此。

凱蒂：根本沒有「辱罵」這回事，只不過是「有人告訴我不想聽的真相」而已。倘若我真的能夠聽進譴責者的話語，便能從中解脫。你所認同的那個「你」不願被人發現，因為那等於判它死刑。比如，當有人指責我說謊時，我就進入內心去找，看看他們是否說對了。如果在他們提的事件裡找不到，我就到別的情境裡找，或許二十年前確實曾發生過。然後，我很坦然地說：「甜心，你說對了，我是一個說謊的人。」我們在此找到了一些共識：他們知道我是說謊的人，而我現在也知道了，我們因而結合在一起了，而且是我們雙方同意的。我從他們口中找到了我這人的某些部分，這是「自愛」的開始。

馬汀：說的很對。天啊！我從未想過這一點！

凱蒂：如果你叔叔說了某些令你痛心的事，他只不過揭露你還不想面對的東西而已，他真是個活佛啊（觀眾大笑，馬汀也跟著笑）！我們身邊的親人會給我們所需的一切，如此我們才能了解自己，並從謊言中解脫。你叔叔很清楚要說什麼，因為他就是你，把你交回給你自己。但是你卻說：「走開，我不想聽。」你通常都在心裡暗地說，因為你認為如果你坦率直言，他可能就不給你錢，或是不愛你、不肯定你了。

馬汀：他從來沒肯定過我。

凱蒂：很好！我愛上這傢伙了。（馬汀和觀眾都大笑）他要你為自己做這件事，而他只是相信他的真相而已。

馬汀：如果你遇到他，我很懷疑你會認為他是一個有悟性的人。

凱蒂：我只知道一件事，他對你還不想面對的事知之甚詳，而且事實上他能引導你其實很想看到的東西。如果你向朋友說：「噢，我叔叔對我如此這般惡劣。」你的朋友將會說：「可憐蟲，那真是不幸。」我則會說，去找死對頭，他們不會同情你。你找朋友尋求庇護，因為你料準他們會附和你的故事。但是，當你去找你的死對頭，他們會毫不留情說出你想要知道的一切，即使你可能認為你並不想知道。如果你真的想知道真相，你叔叔給你的是無價之寶。但是，在那之前，你必會怨恨他。

馬汀：你的意思是，我正在防衛的這一切全是我不想看到的真相？天啊！難怪我一直把我叔叔看成死對頭！真不可思議！

凱蒂：叔叔根本不是問題來源，而且永遠都不是。你對於叔叔的那些未經審查的想法才是真正問題的肇因。當你反躬自問時，你開始釋放自己。你叔叔其實是神化身的叔叔，正在賜給你解脫所需的一切。

對美國企業界憤怒

經常有人問我：「如果做了『轉念作業』，我是否就不用再擔心地球的福祉，那我何必參與社會運動呢？如果我過得心安理得，我何需採取任何行動？」我的答覆是：「有愛就會這樣做。」

人們開始反躬自問時，最大的障礙之一就是：害怕「沒有恐懼」。他們相信一旦沒有焦慮、沒有憤怒，他們就不會付諸行動，只能整天無所事事地坐著發呆。凡是認定「平安就是無行動力」的人，一點也不了解我所知道的平安。我完全不需要憤怒來激發我的行動，因為真相給我自由，而自由會生出動力。

當我帶人們到沙漠裡，他們可能看到仙人掌下的一個錫罐，說：「怎會有人如此對待這片美麗的沙漠呢？」但是，那個錫罐「**就是**」沙漠，那是事實真相。所以，怎能說它出現得唐突呢？仙人掌、蛇、蠍子、沙子、錫罐和我們，全都是沙漠裡的一份子，那就是大自然，而不是人的意念中「沒有錫罐的沙漠」。當內心沒有任何焦慮或批評時，我只是順手撿起錫罐而已。否則，我可能開始訴說人們污染地球，以及人類自私和貪婪的故事，然後滿懷傷感和怒氣地撿起錫罐。不管哪種方法，時候到了，我就會出現在那裡撿錫罐，那也是屬於大自然的一部分。沒有未經審查的故事時，我會是怎樣的人呢？我會開心地撿起錫罐而已。如果有人注意到我在撿錫罐，並認為我的行動是對的，他們可能跟著彎下腰撿。這些行動不是出自有意的計劃，但我們卻自動自發，默契十足，有如一個群體。不編故事，不跟任何人對立，我們的行動顯得自然自主、清楚明確，而且充滿無限的慈愛。

……………………

瑪格莉特：**我要企業界開始負起責任、開始尊重生命、關心未來、支持環保和第三世界、停止虐待動物，不要只想賺錢。**

凱蒂：所以，「他們只想賺錢」——你確實知道那是真的嗎？我並不是說它不是真的，也無意在此討論人生哲理或對錯問題，只不過針對這句話提出質問而已。

瑪格莉特：嗯，似乎是那樣。

凱蒂：當你相信「他們只關心錢」時，你會如何反應呢？

瑪格莉特：我會很生氣、很沮喪，甚至不願把他們當人一樣支持他們。

凱蒂：是的，然而你確實在支持他們，你使用他們製造的產品，他們的電力、石油和瓦斯。

你這樣做心裡充滿罪咎感，但你照做不誤。或許，你就像他們一樣，也找到藉口為自己的行為辯護。所以，請給我一個理由讓你能毫不焦慮地相信「那些人只關心錢」的這個想法。

瑪格莉特：嗯，我以那種方式改善世界，至少我做了我能做的。

凱蒂：我聽到你說，當你相信那個想法時，會感到憤怒和沮喪。如果你認為自己正在努力改善世界，而他們卻繼續砍樹，這種時候，你如何過你的生活呢？你認為你只有更焦慮才拯救得了地球。現在請給我一個能讓你毫無焦慮地相信那個想法的理由。

瑪格莉特：沒有一個理由能讓我毫無焦慮。

凱蒂：沒有能讓你毫無焦慮的理由？那麼，如果沒有「他們只關心錢」的想法或信念時，你會是怎樣的人呢？

瑪格莉特：平安、快樂。或許想得更清楚些。

凱蒂：是的，或許更有效率，更有活力，較少混亂，而且還會採取意想不到的方式來促成真正的改變。根據我的經驗，眼光清晰遠比暴力和壓力更有效率，它不會沿途製造仇敵，而能自在地坐在談判桌旁，面對任何人。

瑪格莉特：那是真的。

凱蒂：當我見到企業主管或伐木工，指著他或譴責他的公司破壞大氣層時，無論我用的資料多麼正確，你認為他會敞開心胸聽我說話嗎？我的態度讓他退避三舍，也不合乎事實真相，因為我的譴責全出自於自身的恐懼。他聽到的全是我認為他犯了錯，而且一切都是他的過失，所以他會極力否認和抗拒。但是，如果我跟他說話，內心毫無焦慮，全然信任一切事物會以它當下應有的方式呈現時，我就能溫和地表達自己，對未來也一無所懼：「這是當前的事實，我們雙方如何讓它變得更好呢？你可有其他途徑嗎？你建議我們該如何進行呢？」當他回應時，我也更能靜心聆聽。

瑪格莉特：我了解。

凱蒂：甜心，請做反向思考，看看你能從中經驗到什麼。把第二題的答覆反向思考，請用你自己當主詞，重說一遍「我……」

瑪格莉特：我要開始負起責任、開始尊重生命，並關心未來。我要支持環保和第三世界，並要停止虐待動物，不要只想到賺錢。

凱蒂：有沒有幫你想起一些什麼？

瑪格莉特：嗯，我覺得……那就是我一直在做的事。

凱蒂：難道你寧可在沮喪、焦慮和憤怒的心境下做這些事？當你接觸企業界人士時，擺出一副自以為是的姿態，我們所看到的只是一個來挑釁的對頭。當你心神清明地走向我們，我們會願意聽你談有關地球的福祉，那是我們早已心知肚明的問題，而且我們願意聆聽你說的話和你的解決方案，而不覺得受到威脅，也無須任何防衛。我們會把你視為一位有愛心、有吸引力的人，一位容易相處，值得信任的人。那是我的經驗談。

瑪格莉特：嗯，那是真的。

凱蒂：戰爭只會教導戰爭。你若先清理你的心靈環境，我們清理我們的物質環境便容易多了，這是最好的運作方式。讓我們看你作業單的下一個答覆。

瑪格莉特：**企業界應該關心和回饋地球，用他們的錢支持環保團體，復育自然生態，支持新聞自由，而且應該清醒過來，開始為明天著想。**

凱蒂：所以，「他們不關心」——你確實知道那是真的嗎？

瑪格莉特：嗯，看起來好像還是如此，不是嗎？

凱蒂：對我而言並非如此，但我了解你為何會這麼想。當你持有「他們不關心」的想法時，你會如何反應呢？

瑪格莉特：有時候我真的感到很沮喪。但那是好事，我愈生氣，就愈有動力，而且更賣命地推動改變。

凱蒂：心裡充滿怒氣是什麼感覺呢？

瑪格莉特：很心痛，我無法忍受他們對地球做的一切。

凱蒂：那股憤怒不會讓你感受到內在的暴力嗎？

瑪格莉特：會啊。

凱蒂：怒氣就是暴力。感受一下它吧。

瑪格莉特：但是，它刺激我去行動，所以「些許」的壓力是好的。我們需要它來推動一些事情。

凱蒂：所以，我從你口中聽到的是：暴力很有用，暴力是邁向和平之道。我覺得那是沒道理的。人類自古以來一直企圖證明這觀點。你說暴力對你有益處，但企業界卻不該用它來對待地球。「很抱歉，企業家們，你們應該停止使用暴力，要和平地善待地球。還有，順便說一聲，暴力對我的生活確實蠻有用的。」所以，「你需要暴力來刺激你」——那是真的嗎？

瑪格莉特：（停頓片刻）不，那幾次生氣讓我沮喪到筋疲力竭的地步。你的意思是，沒有暴力時，我仍然勁力十足嗎？

凱蒂：不，甜心，那是你說的。我是說：我，根本不需要靠生氣或暴力助陣來完成工作。如果生氣，我就做「轉念作業」找出它背後的念頭，這會帶來愛，並把愛當成動力。有哪個東西比愛更有力呢？回想你這一生的經歷，什麼最能激發你呢？你說了，恐懼和生氣讓你感到沮喪。想一想，當你愛一個人時，你變得多麼有動力啊。如果沒有「你需要暴力來推動」的想法時，你會是怎樣的人呢？

瑪格莉特：我不知道。那種感覺非常奇怪。

凱蒂：所以，甜心，讓我們把它反向思考。「我……」

瑪格莉特：我不關心……。是的，那是真的，我不關心那些人，而且，我應該關心並且回饋地球。我應該用我的錢來支持環保團體，復育自然生態，支持新聞自由。我應該清醒起來，開始為明天著想。

凱蒂：是的。而且如果你真心誠意地去做，心裡沒有暴力，沒有憤怒，不把企業界當成仇敵，人們便會開始留意，樂於聆聽以和平方式帶來改變的可能。你知道的，這必須先由一個人開始。如果那個人不是你的話，會是誰呢？

瑪格莉特：嗯，那是真的，而且非常真實。

凱蒂：讓我們看下一個答覆。

瑪格莉特：**我需要他們停止傷害和破壞、開始有所改變，並尊重生命。**

凱蒂：所以，「你需要他們那樣做」——那是真的嗎？

瑪格莉特：嗯，那將會是很棒的開始。

凱蒂：「你『需要』他們那樣做」——那是真的嗎？

瑪格莉特：是的。

凱蒂：你進入內心了嗎？你真的問自己了嗎？「你需要他們清理環境」——那是真的嗎？

瑪格莉特：嗯，我並不需要它或這類行動來支持我的存活。但是，嗯，那會是很棒的事。

凱蒂：我聽到了。你需要那樣才會快樂嗎？

瑪格莉特：那是我想要的。我知道你的意思，但是，它如此……

凱蒂：你知道，這會在你內心引起恐怖的折磨。當你持有「你需要這個」的想法，而企業界卻……噢，我的天……他們正在做他們在做的事時，你會如何反應呢？他們不會聽你說話，你也不是他們的顧問委員（觀眾大笑）。他們不肯接你的電話，你只是被轉接到他們的語音留言信箱。當你持有「你需要他們清理環境」的想法，而他們沒做到時，你會如何反應呢？

瑪格莉特：我覺得很沮喪、痛苦，而且也變得非常焦慮、生氣、害怕。

凱蒂：是的。很多人甚至寧可不生小孩，因為那個未經審查的想法一直纏繞著他們。他們一旦執著這個信念，就會活在恐懼裡。你能否找到理由放下那個信念？我不是要求你放下它。

瑪格莉特：是的，我能找到很多理由，但是我真的害怕……

凱蒂：如果你放下那信念時，會發生什麼事呢？

瑪格莉特：我將不再關心。

凱蒂：我要問你：「如果你放下以前的想法，你就會不再關心，對周遭環境變得很冷漠」——

——你確實知道那是真的嗎？

瑪格莉特：不。

凱蒂：如果我們「不受苦」，就表示我們「不關心」，多奇怪的想法啊！當你持有「有焦慮才會關心，有恐懼才會關心」的想法時，你會如何反應呢？當我們相信那個想法時，我們會如何反應呢？我們變成受難英雄，只因一個崇高的理由：為了全體人類，我們犧牲自己的生活而選擇受苦。有人說耶穌在十字架上受苦好幾個小時，你被十字架的鐵釘釘了多少年了？

瑪格莉特：我明白了。

凱蒂：讓我們把它反向思考，甜心。

瑪格莉特：好的。我應該停止傷害和破壞。

凱蒂：不再以清理地球的名義來傷害和破壞你自己。「當地球清理乾淨時，我才會安心」，那有道理嗎？「你的痛苦」是我們清理地球的途徑嗎？你是否認為倘若你痛夠了，苦夠了，才會有人聽你說並做一些事嗎？

瑪格莉特：好吧。我懂了。我需要開始有所改變，開始尊重我自己的生命。

凱蒂：是的，那是你的事，是一個很好的起點。

瑪格莉特：所以，我需要開始尊重自己的生活。

凱蒂：是的，好好照顧你自己吧。當你找到平安，你心理環境達到平衡後，你才可以做一個無懼、懂得關心，而且有效率的專家，協助地球達到平衡。同時，和其他人，甚至企業人士一樣，都在盡心盡力。一個心理不平衡、充滿沮喪的婦女如何教導別人改變他們的行為呢？我們必須從自身開始學起，而且從內心開始。暴力只教導暴力，焦慮教導焦慮，而平安則教導平安。對我而言，平安是最有效率的。親愛的，你做得不錯。很棒的「轉念作業」！

你寧願要「對」？還是要「自由」？

7 轉念作業：自我批判

有一年，我買了一個「達斯維德」（Darth Vader）的塑膠玩具，作為孫子瑞斯的生日禮物，那是他一直吵著要的。當時他剛滿三歲，對星際大戰（Star Wars）一無所知，卻很想要這個玩具。只要在達斯維德身上投一枚硬幣，就會播放星際大戰的音樂，隨後達斯維德帶著沈重的呼吸聲說：「很精采！但你還不是絕地武士。」同時還高舉寶劍，頗有強調的意味。瑞斯每次聽完之後都會搖頭說：「奶奶，我不是絕地武士。」我跟他說：「親愛的，你是奶奶的小絕地武士呀。」他回答：「我不是。」繼續搖搖他的頭。

大約一週後，我打電話問他：「甜心，你是絕地武士嗎？你是奶奶的小絕地武士嗎？」他語調略微悲傷地說：「我不是。」他根本不知道也從未問過什麼是絕地武士，只是一心一意想當個絕地武士。於是，這小傢伙聽從了塑膠玩具給的指令，失落地邁入他早熟的三歲。

有一次，瑞斯來時，正巧我的朋友邀請我搭他的私人飛機橫越沙漠，我跟他聊起絕地武士的事，並問他是否可以邀瑞斯同行，他爽快地答應了。瑞斯聽到這個消息非常興奮，因為他愛極了儀表板和小機件玩具。我朋友跟地勤人員約好，當飛機一著陸時，機長透過擴音器向我們廣播：「瑞斯，你是絕地武士！你現在是絕地武士了！」瑞斯聽了之後，難以置信地轉動他的小眼珠子。我問他是不是絕地武士，他沒回答。然而，我們一回到家，他立即跑向達斯維德，投入一枚硬幣，音樂聲響起，隨著沈重的呼吸聲和高舉的劍，一個低沈的聲音說：「很精采！但你還不是絕地武士。」它只會講這句話而已。我再度詢問瑞斯，他搖著頭回答：「奶奶，我不是。」大部分的三歲小孩都還不懂如何「反躬自問」。

很多人毫不留情地自我批評，就像那個塑膠玩具播放錄音帶一樣，不斷重覆地告訴自己「我是什麼，我不是什麼」。一旦經過審查，那些自我批判便會自動化解。我未曾見過「反躬自問」無法揭示出自己和別人的純潔無罪。如果你按部就班地練習到現在，透過「轉念作業」向外指責，就會發現你對別人的批評總會轉回自己身上。有時候，那些反轉的批評可能讓你感到不舒服，那就表示它擊中了你一向對自己所持的信念，那些未經詳細審查的信念。例如「他應該愛我」，反轉成「我應該愛我自己」。只要那個想法讓你焦慮不安，你就有仔細審視的必要。「我應該愛自己」這類的反躬自問隱藏了許多東西，當你開始探求：「如果我持有『我應該愛自己』的想法，卻不知『該如何愛自己』時，我會有什麼反應呢？」以及「沒有

『我應該愛自己』的想法時，我會是怎樣的人呢？」這類關鍵性反問，我希望你多花些時間，耐心深入，便會從中找到你對自己無盡的愛。

四句問話和反向思考用得愈是流暢，你的心境會愈趨穩定，而且你將親眼看到，即使批評的對象是你自己，「轉念作業」仍具有同等的威力。你還會發現，你所批評的「你」其實並不比別人更具有個人性，因為「轉念作業」處理的是「觀念」，而不是「人」。

在練習自我批判時，「四句問話」的使用方式完全一樣。以「我是失敗者」這句話為例，首先，請進入內心，反問自己第一句和第二句問話：「那是真的嗎？我能百分之百確定『我是失敗者』嗎？我丈夫或太太或許會這麼說，我父母也這麼說，而我也常這麼說自己，但我能百分之百肯定那是真的嗎？是否有可能我也努力在過我應該過的日子，做我應該做的事情？」然後跳到第三句問話，請一一列出，當你相信「我是失敗者」時，你會如何反應呢？你的身體感覺如何？你如何對待自己和別人呢？你會特別做什麼事或說什麼話嗎？你的肩膀會無力地下垂嗎？你會突然暴怒嗎？會不由自主地走向冰箱嗎？請盡可能列出完整清單，然後再進入內心，問第四句話：「如果不再有這個想法，你會過什麼樣的生活？」請閉上眼睛，想像一下，如果沒有「我是失敗者」的想法時，你是什麼模樣？在這樣的「注視」之時，請保持平靜，問問自己「看」到了什麼？

自我批判的「反向思考」結果，可能令你大為震驚。當你用一百八十度截然相反的方式思考時，「我是失敗者」反轉成「我不是失敗者」，或「我是成功者」，然後，把這話帶入內心，讓它向你透露，它可能跟你原先的說法同樣真實或更真實一些些。請一一列出你成功的例子，從黑暗處找出那些真相來。剛開始時，有些人覺得萬般困難，絞盡腦汁也找不出一個例子。慢慢來，不必急。如果你真想知道真相，給真相一點時間，讓它自行浮現。每大不妨找出三個成功的例子。第一個很可能是「我刷牙了」，第二個則是「我洗了碗盤」，第三個是「我在呼吸」。無論你是否意識到，能夠成功地活出真實的自己，原本就是十分美妙的事。

有時候，把「我」這個主詞轉換成「我的想法」，會帶來一些新的領悟。「我是失敗者」轉變成「我的想法是失敗者，尤其是跟我自己有關的那些想法」這個作法，在你回答第四句問話時，就會更清楚了：當你沒有「我是失敗者」的想法時，你不是過得很好嗎？你的痛苦是來自想法，而不是你的生活。

反向思考並沒有所謂對或錯的方式，所以無須把自己卡在反向思考裡。當你與自我批判共處時，讓反向思考自動找上你。如果某個反向思考對你不適用，表示目前應該如此，不必勉強接受，儘管放心地繼續做下一個答覆。請記住，「轉念作業」不只是一個方法，它是一種「自我發現」的途徑。

害怕現實生活

我很喜歡以下的對話，因為它顯示出「轉念作業」可以像愛的對話那般順暢。當你協助別人或自己反躬自問時，不必死守四句問話的固定順序或問話方式，特別在你或你所協助的人開始害怕而想壓下痛苦的想法時，尤其管用。

……………………

瑪莉：我沒完全按照規定寫，因為我寫的是我自己。

凱蒂：是的，你確實沒有遵守規定，但沒關係，我們常幹這種事，這不算錯誤，你不可能做錯「轉念作業」的。我建議人們先批評別人，而不要急於批評自己，但你會發現，你就是「別人」，兩者並無分別。所以，讓我們來聽聽你寫的。

瑪莉：好。**我很氣瑪莉……**

凱蒂：那是你嗎？

瑪莉：沒錯，是我……因為她那副德性。**我要瑪莉活得自由自在。我要她克服種種恐懼和憤怒。**

凱蒂：親愛的，你在怕什麼呢？

瑪莉：我害怕參與現實的生活。

凱蒂：例如呢？請多說一些，我很想知道。

瑪莉：嗯，例如找工作、性關係。

凱蒂：是的。所以，在性關係上你最怕什麼呢？如果你有性行為，最糟會發生什麼事？

瑪莉：嗯，我可能會過度興奮，而且可能……會失控。

凱蒂：好，讓我們這麼說好了，你有了性行為，而且肯定會失控。大多數的女人多麼想要擁有這樣的性愛啊。（觀眾爆笑）

瑪莉：（難為情地用「作業單」遮住她的臉）我簡直不敢相信我竟然在談這個！這不是我想談的！或許我們應該重新開始！我以為我們在談心靈方面的事！（笑得更大聲）

凱蒂：哦，神是一切，但不包括性嗎？那是真的嗎？（笑聲連連）

瑪莉：我認為我們應該從頭開始！你不覺得嗎？

凱蒂：嗯……不，那是你認為的，不是我。（大笑）

瑪莉：如果我改唸其他的答覆，可以嗎？

凱蒂：甜心，這類討論是現實生活的一部分，你參與得非常好呀。

瑪莉：（嘆了一口氣，背對著觀眾）哦！我不敢相信我竟然說溜了嘴！我還有很多別的事要談呀！

凱蒂：安琪兒，不會有錯的。所以，我希望你面對觀眾，好嗎？你們有多少人高興這位女士的參與？（鼓掌、口哨和喝采聲紛紛響起）看吧，看看台下那些人的表情。你看，事實可能正好相反，或許你已經完全參與了人生，只是沒有意識到而已。你是如此地動人，而且在羞怯之中顯得更美，但你卻只想回到你寫的那些詞句上，以免失態或失控。

瑪莉：是的。

凱蒂：但是，現在發生的事就像性一樣，不是你能控制的，而每個人都忍不住愛上你。那種天真最具吸引力，因為其中沒有操控或造作。那是很美妙的，就像性高潮那般令人亢奮。

瑪莉：（用作業單遮臉）我不敢相信你竟然說出那個字！我很尷尬！我們不能談些別的嗎？（笑得更大聲）

凱蒂：「你不敢相信我竟說出那個字」——那是真的嗎？不！我把它說出來了！我說出那個字了！（笑得更大聲）失控有時是很美妙的，甜心。

瑪莉：那麼，害怕呢？

凱蒂：害怕什麼？你是指你的尷尬嗎？

瑪莉：不，比那還更糟，是很恐怖的。

凱蒂：甜心，「你陷入恐怖裡」——這是真的嗎？「你現在覺得很恐怖」——你能肯定那是真的嗎？

瑪莉：不。

凱蒂：若沒有「你陷入恐怖」的故事時，你會是怎樣的人呢？（停頓很久）讓我們回到原先的問題裡，一個一個來。你正在談你不想談的事，尤其在滿屋子觀眾面前，你覺得……

瑪莉：那是值得的！如果能讓我得到自由，我願做任何事。

凱蒂：是的，親愛的，很好。那麼，讓我們繼續反躬自問，這是我懂的東西。我只能給你四句話，它們會仁慈地幫你獲得解脫，而不是我。

瑪莉：好。

凱蒂：那麼，你是否願意回答我的問題？

瑪莉：願意。

凱蒂：我想要更了解你的尷尬。尷尬有何感覺呢？你的胸口、你的胃、你的手臂、你的腿感覺到什麼呢？你坐在這張長椅上，內心感到尷尬，你的身體此刻有何感覺呢？

瑪莉：我覺得我的頭開始發熱，而且肚子塞滿了一堆氣體，就像即將咕—咕—咕—咕那樣。

凱蒂：哦，哦，很好，所以，那可能是最糟的狀況。如果你在講台上談到最害怕的主題，最糟也不過是你剛描述的狀況。你的肚子裡冒著一些火花，而且你的頭會發熱，你能承受得了嗎？

瑪莉：但是，如果我的父母在這裡的話，該怎麼辦呢？

凱蒂：嗯……。你會覺得頭有點發熱，而且還有少許的蠕動在你的……

瑪莉：我認為我可能會兩眼發黑而昏倒。

凱蒂：好，很好。你可能兩眼發黑而昏倒，然後會怎樣呢？

瑪莉：我可能醒來，然後我……萬一我仍在這裡呢？

凱蒂：最糟會發生什麼呢？你仍是在這裡，請注意，你現在仍在這裡。你已經經歷了最糟的情況，而你還是活下來了。

瑪莉：然後繼續過日子，一切依然故我，我仍是那副德性。

凱蒂：那是什麼樣子呢？

瑪莉：不自由，被困在我的問題裡。

凱蒂：甜心，自由像什麼呢？

瑪莉：（指著凱蒂）那就像……

凱蒂：嗯……。（觀眾大笑）我待會兒再來說那個。請你先寫下「凱蒂是自由的」——我能百分之百肯定那是真的嗎？當我相信那個想法時，我會如何反應呢？把答案寫在紙上，然後繼續反問下去。

瑪莉：我明白了！我完全陷入我自己的個性和這具身體的故事裡，而且……

凱蒂：現在，讓我們回到反躬自問裡，以免你意識不到你早已知道的東西。唯有你早已知道的東西才能將你從恐懼中釋放出來。請回答這個問題：「如果你父母在場……」

瑪莉：喔，天啊！我明白了，我明白了！我已經四十七歲，不該還在擔心那個！

凱蒂：嗯，你當然該為它擔心，因為你的確在擔心呀，那就是事實。你這麼動人，如果你父母在場，他們會怎麼想呢？

瑪莉：嗯，他們可能對我在這裡公開談那些事感到羞恥。

凱蒂：所以，他們會感到羞恥。

瑪莉：是啊！

凱蒂：你確實知道那是真的嗎？

瑪莉：我很有把握。

凱蒂：是的，你能猜到它的真實性，但是，請針對我的問題：「你能百分之百肯定你父母會感到羞恥嗎？」

瑪莉：在我心裡……在最深處……我會想像，如果他們死了，此刻從天上看我，但在其他情況下……

凱蒂：你有興趣做「反躬自問」嗎？

瑪莉：是的，我很抱歉。

凱蒂：（笑）你的道歉是真的嗎？

瑪莉：是的，因為我離題了，掉入我的劇情了。

凱蒂：所以，請直接回答問題就好。你說抱歉，那是真的嗎？「是」或「不是」。當你說「我很抱歉」，你的道歉是真的嗎？

瑪莉：我對我的離題更感到不好意思。

凱蒂：如果你只回答是或不是，會怎樣呢？「你很抱歉」——那是真的嗎？

瑪莉：有些字會冒出來，其實我……不！我不知道！

凱蒂：甜心。

瑪莉：喔，我真的很努力，只是還沒抓到你要什麼！

凱蒂：好，讓我們回到前面說的，好嗎？只要回答一個「是」或「不是」，不必擔心你的答案是否正確，只要說出你覺得真實的話，即使你認為那個答案可能是錯的。親愛的，根本沒什麼值得操心的事，不必看得太嚴重。如果「自我發現」無法減輕負擔，誰會要它呢？

瑪莉：是的。

凱蒂：請反問自己：「你父母若在觀眾席裡，他們必會感到羞恥」——你能百分之百肯定那是真的嗎？

瑪莉：整體來說，我無法肯定。我的意思是：不。

凱蒂：很好！（觀眾拍手喝采）你幾乎給了一個直接的答案，如此，你也能親耳聽到它。我怎麼認為並不重要，你的回答是為了讓你自己聽到而已，這就是「反躬自問」。這一反問，絕不是為了我或其他人。當你認為「你父母如果在場，必會感到羞恥」，你會如何反應呢？

瑪莉：我管制許多事，管制我的生活，以免讓他們蒙羞，但我對此感到很憤怒。

凱蒂：當你相信你父母會對你的某種表現感到羞恥時，你會如何過生活呢？

瑪莉：哎呀！我一直都是遮遮掩掩地過活。

凱蒂：聽起來不是很平安，是很有壓力的。

瑪莉：確實如此。

凱蒂：聽起來好像你活在恐懼之中，必須小心翼翼地過日子，以免讓他們蒙羞。

瑪莉：沒錯。

凱蒂：當你相信「你父母如果在這裡，必會感到羞恥」，請給我一個讓你安心、不會焦慮的理由。

瑪莉：怎麼做都不安心，根本沒有安心的理由。

凱蒂：沒有安心的理由。所以，你父母若是在這裡，而你不相信那個想法時，你會是怎樣的人呢？

瑪莉：（頓然笑顏逐開）哦！對呀！哇嗚！（觀眾大笑）謝謝你！

凱蒂：你會是怎樣的人呢？自由嗎？你能喜悅、開心地做自己嗎？

瑪莉：哦，是的！多麼自由自在呀！我會很幸福快樂地跟你坐在這裡。

凱蒂：就像你現在這樣嗎？

瑪莉：（微笑地看著觀眾）跟這群美妙的人在一起。

凱蒂：你很能融入生活。我從你身上看到的是，當你有那個想法時，你很害怕；一旦丟開它，你很自由。所以，你父母根本不是問題的根源，是你對他們的想法造成的，你對他們會怎樣的那個信念，其實並未經過詳細審查。

瑪莉：哇！

凱蒂：不可思議吧！你父母不是你的問題根源，絕不可能。沒有人會成為你的問題。我很喜歡說：任何人都無法傷害我——只有我有這個本事。這是真正的福音。

瑪莉：喔，我明白了！是的，確實是福音！

凱蒂：它能使你停止譴責別人，從自身下手，尋找你的自由，而不是從父母或任何人。

瑪莉：是的。

凱蒂：它能幫你為自己的自由負責，那不是你父母的責任。

瑪莉：是的。

凱蒂：謝謝你，期待我們的友誼繼續下去。

瑪莉：我在這裡的確得到了很大的釋放。

凱蒂：是的，甜心，確實如此。

每當與事實眞相爭辯，
我準輸無疑，而且百試不爽。

8 跟小孩一起做「轉念作業」

經常有人問我：小孩子和十幾歲的青少年可以做「轉念作業」嗎？我都回答：「當然可以。」在反躬自問的整個過程裡，我們處理的不是人，而是想法和觀念。不論是八歲或八十歲，他們的觀念都不外乎「我要母親愛我」、「我需要朋友聽我說話」、「媽咪和爹地不該吵架」、「人們不該那麼凶」。無論男女老少，都對此深信不疑。經過反躬自問，才會看出它們只不過是一些迷思而已。

我發現即使是年紀很小的孩子，也能接受「轉念作業」的觀念，改變了他們的生活。在兒童的轉念工作坊裡，一位六歲的小女孩很興奮地說：「這『轉念作業』太神奇了！為什麼以前都沒有人跟我提過它呢？」另一位七歲的小男孩告訴他的母親說：「『轉念作業』是全世界最棒的東西！」她很好奇地問：「丹尼爾，為什麼你這麼喜歡『轉念作業』呢？」他說：「當我感到害怕時，我們做了『轉念作業』後，就一點兒都不怕了。」

我跟小小年紀的孩子們一起做「轉念作業」時，唯一不同之處是，我盡量用簡單的詞彙。如果我用了一個可能超過他們年紀的字眼，就直截了當問他們是否聽懂。要是我覺得他們並不了解，就改換另一種說法。但是，我從來都不用哄小孩的語氣交談，因為孩子們會知道他們被貶低了。

下面是摘錄自我與一位五歲女孩的一段對話：

貝琪：（怕到不敢看我）晚上，我床底下都會有一隻怪獸。

凱蒂：「你床底下有一隻怪獸」，甜心，那是真的嗎？

貝琪：是真的。

凱蒂：甜心，看著我。你能百分之百肯定那是真的嗎？

貝琪：是真的。

凱蒂：請給我看你的證據。你曾見過那隻怪獸嗎？

貝琪：是的。

凱蒂：那是真的嗎？

貝琪：是真的。

現在，這小女孩開始笑了，而且對那問題感到有趣，她開始信任我不會強迫她相信或不相信什麼，我們一起從她的怪獸問題玩下去。最後，怪獸有了某種人格特質。會談結束前，我請她閉上眼睛，直接跟怪獸面對面交談，並讓怪獸告訴她他在床下做什麼，而且他想要從她那裡要什麼。我要求她靜靜地聆聽怪獸說話就好，而且聽完之後要告訴我怪獸說了什麼。

我已經跟好幾十個害怕怪獸或鬼怪的小孩們這樣玩過，他們最後回應的，都是一些友善的話，例如「他說他很寂寞」，或「他只想玩」，或「他想跟我在一起」。這時候，我便趁勢問他們：「甜心，有一隻怪獸在你床底下，那是真的嗎？」他們全都用一種好玩的眼神看著我，奇怪我怎麼會相信這種荒謬的事，我們往往笑成一團，孩童的噩夢就此結束了。

至此，我們很容易進入下一個問題，例如：「當你晚上一個人睡在房間裡，而你想到有隻怪獸在床底下時，你會有什麼反應呢？你有什麼感覺嗎？」「害怕，我會覺得很害怕。」此刻，他們通常會全身扭動，坐立不安，但你仍可繼續往下問：「甜心，如果你晚上躺在床上，而完全沒想到有隻怪獸在床底下，你是怎樣的人呢？」他們通常都會回答：「我會覺得沒事。」

會談結束之後，父母常會回饋說：「孩子不再做噩夢了。」這種事屢見不鮮。父母不必再苦口婆心勸孩子繼續來看我，我們一起分享反躬自問所得到的領悟。此時，我很喜歡對孩子們說：「從你們身上，我看到：沒有那個想法時，你們就完全不害怕；一有那個想法，你們就怕得不得了。所以，你們真正怕的不是怪獸，而是想法。這是一項很棒的消息，因為每當我害怕時，我知道我怕的只不過是一個想法而已。」

我曾應一對父母的請求，跟一個四歲男孩大衛一起做「轉念作業」，他們以前曾帶他去看精神科醫師，因為他似乎有意傷害初生的小妹。他們必須經常盯著他，以免一有機會他就去攻擊她，甚至在父母面前，他會戳她、拉她、用力推倒她，他已夠大，當然知道她一定會跌倒。父母把他當成心理有病的孩子，他變得愈來愈容易發怒，他的父母完全束手無策。

在會談裡，我問大衛「批評鄰人作業單」上的一些問題，他母親的治療師在旁協助寫下他的回答。他父母在另一個房間裡做「轉念作業」。當他們返回時，我要他們在孩子面前唸出他們在「作業單」上對彼此的批評，讓他明白：誠實表達感覺，並不會受到懲罰。

母親：**我對嬰兒有一種憤怒，因為我必須整天一直幫她換尿布，因而騰不出時間跟我的大衛相處。我對爹地很生氣，因為他整天忙著工作，無法幫我為嬰兒換尿布。**

父親和母親在小男孩面前繼續批評對方和嬰兒。然後輪到大衛聆聽別人大聲唸出他的答覆：「**我很氣媽咪，因爲她把所有的時間都花在凱西身上。**」「**我很氣爹地，因爲他常不在**

家。」最後，我們聽他對小妹的說法。

大衛：**我很氣凱西，因為她不願跟我玩遊戲。我要她跟我玩球。她應該跟我玩。她不應該整天只是躺在那裡。她應該起來跟我玩。我需要她跟我玩。**

凱蒂：「她應該跟你玩」，親愛的，那是真的嗎？

大衛：是的。

凱蒂：大衛，甜心，當你有那個想法時，你有什麼感覺？

大衛：我很生氣。我要她跟我玩。

凱蒂：你怎麼知道嬰兒應該跟你玩球呢？

大衛：我媽咪和爹地說的。

我們全都聽到答案了，也終於明白究竟是怎麼一回事了。他父母解釋給我聽，從她懷孕開始，他們都一直告訴這小伙子，不久就會有一位弟弟或妹妹跟他玩了，而且將會是他的好玩伴。然而，他們卻沒有告訴他，必須等嬰兒長大後，她才有力氣跑或拿球。當他們向大衛解釋這一點並向他道歉時，他當然理解。從此以後，他不再去惹她了。後來，他們告訴我，大衛已經停止他的不當行為，他們跟大衛溝通時，也盡量把話講清楚，大衛也開始再度信任他們了。

我喜歡跟小孩一起做「轉念作業」，他們很容易接受反問，跟我們完全一樣——如果我們真想自由的話。

「我不知道」
是我最愛的處世心態

9 轉念作業：潛在信念

一般而言，我們所寫的批評底下，經常暗含其他的想法，而這些想法我們早已深信多年，有的還成為人生的基本信念，因此在大多數情況下，我們很少質疑它們，我把這些想法統稱作「潛在信念」。這些信念比我們自編的故事牽涉得更廣泛，也更常見。有些潛在信念會把個人的評論以偏概全地套在整個族群上，有些只是日常生活的瑣事，你甚至感覺不出它的價值批判意味。但是，只要你覺察到某些信念會讓你不由自主地焦慮時，很可能表示：你該好好審視一番了。

潛在信念是我們現實生活裡的「隱形信仰」，它幾乎無所不在，你能夠在最普通的日常評語底下看到它。假設你寫了一個瑣碎而細微的不安念頭，像是「喬治應該動作快一點，我們才能一起散步」，經過反躬自問後，你可能會找到一些跟「喬治應該動作快一點」有關而卻從未審查的想法：

現在不如未來。

事事如願，我才會快樂。

我們可能浪費時間。

若放慢下來，我會感受到痛苦，那實在無可忍受。

當你正在等人或嫌別人動作太慢，又抱持這些潛在信念時，你就會活得很苦。上述的信念，倘若你也有似曾相識之感，下次在等人時，我建議你逐一寫下令你不耐煩的想法，好好審查它們是否真實。（下面建議一些做法）當你領悟出自己永遠無須等待任何東西，而且感受到你其實早已擁有所要之物，豈不是無比美妙的事？

潛在信念是架構你天堂和地獄概念的基本元素。它們不過顯示出：你認定只要能隨心所欲，自己就能改善現實生活；萬一你的恐懼成真，就會過著多麼惡劣的日子。然而，只要你試著反躬自問，這一切反而會成為釋放你的福音。一旦你發現跟隨自己多年的痛苦信念竟然都不是真的，而且根本毫無必要，那時，你會親眼目睹它們全都應聲倒塌，那種解脫，何其美妙。隨之，反躬自問會順勢前進，將你帶向一種穩定、順暢的自我發現。

在此提供一些值得省思的潛在信念：

我很可能在不合適的時間出現在不合適的地方。
生活是不公平的。
我必須預知該做什麼。
我能感受到你的痛苦。
死亡是令人悲傷的。
我很可能錯過某些事。
我若不跟著受苦，就表示我不關心。
如果我不好，神會懲罰我。
死後會有來生。
孩子應該喜歡父母。
人一定要設法生存下去。
我可能會遭遇可怕的事。
父母要爲他們孩子的選擇負責。
我必須牢記每一件事。

人很可能犯下意外的錯誤。

「轉念作業」有一種正確而標準的做法。

世上充滿邪惡。

上述的任何一項，都很可能讓你活得不自在，你不妨針對它們做「轉念作業」。每當你發現自己和朋友或家人的交談中，充滿辯護的口氣，或每當你極力堅持自己是對的，這些時候，不妨先概略記下那些潛在信念，事後再拿出來做「轉念作業」。如果你真想知道真相，而且不願再受這些信念折磨，它們正是反躬自問最佳的材料。

找出潛在信念最好的方法之一，就是寫出你對第一句反問的一些「真相證據」。不妨允許自己停留在「所編的故事」裡，無需立刻強迫自己去承認一無所知，只要停留在你確信是真實的堅定看法裡，然後一一列出足以證明它何以真實的理由。從這張清單，很多難以察覺的潛在信念立刻會呼之欲出。下面的例子，將教你使用「真相證據」的練習，找出你的潛在信念。

使用「真相證據」找出潛在信念

原先的答覆：我對鮑比、羅斯和羅珊感到很生氣，因爲他們沒有眞正尊敬我。

眞相證據：

1.當我要求他們收拾東西時，他們不理不睬。
2.當我跟客戶講電話時，他們吵鬧不休。
3.他們對我在意的事冷嘲熱諷。
4.當我正在工作，甚至在浴室裡，他們一頭闖進來，要我立刻處理他們的問題。
5.我為他們準備食物，他們既不吃，也不感激我。
6.他們進屋之前，沒有脫下濕鞋。
7.只要我糾正他們其中一個，他們趁機落井下石，打擊對方，甚至打起架來。
8.他們不要我和他們的朋友在一起。

潛在信念：

1.當我要求他們收拾東西時，他們不理不睬。
孩子們應該尊敬大人。
人們應該尊敬我。

人們應該聽從我的指示。

我的指示對別人是最好的。

如果有人不理睬我，那表示他們不尊敬我。

2. 當我跟客户講電話時，他們吵鬧不休。

每件事都有它該發生的時間與地點。

電話鈴響時，孩子們要懂得自制，保持安靜。

客戶比孩子還重要。

我很重視別人對我孩子的看法。

透過控制，才可能受人尊敬。

3. 他們對我在意的事冷嘲熱諷。

人們不該針對我來嘻戲取樂。

孩子們應該在乎父母所在乎的事。

4. 當我正在工作，甚至在浴室裡，他們一頭闖進來，要我立刻處理他們的問題。

提出你的需求，必須挑對時機。

孩子們應該有耐心等待大人的協助。

浴室是神聖的地方。

別人要為我的快樂負責。

5. 我爲他們準備食物，他們既不吃，也不感激我。

孩子們不該自行決定要吃什麼。

我需要他們的感激。

人們應該按照我的看法改變他們的喜好。

6. 他們進屋之前，沒有脫下濕鞋。

我做得很累，卻沒人感激我。

孩子們應該關心這個家。

7. 只要我糾正他們其中一個，他們趁機落井下石，打擊對方，甚至打起架來。

我有力量挑起戰爭。

戰爭是我的錯。

父母要為孩子們的行為負責。

8. 他們不要我和他們的朋友在一起。

孩子們應該把父母當成朋友般對待。

孩子們都是忘恩負義的。

只要一發現潛在信念，立刻用四句問話質問它，然後做反向思考。如果正在進行「自我批判」，最具威力的反向思考經常是一百八十度截然相反的那一句。每當你化解一個潛在信念，其他相關的信念也會一起浮出檯面，你便可藉機一一質問它們。

現在，我們來練習一個司空見慣的潛在信念。不必急，慢慢來，當你反問自己那些問題時，要仔細聆聽內心的聲音。

我的人生應該要有目的

「我的人生應該要有目的」，乍看之下，這句話似乎是很古怪的反躬自問題材。也許你認為這個潛在信念不可能造成任何痛苦或問題，應該是「我的人生沒有目的」那種痛苦，才值得探問；其實不然，因為積極信念和消極信念同樣會帶來痛苦，而且積極信念轉成消極形式的反向思考後，常帶給人意想不到的解脫和自由。

潛在信念：我的人生應該要有目的。

那是真的嗎？是的。

我能百分之百肯定那是真的嗎？不能！

當我抱持那個想法時，會如何反應呢？我感到害怕，因為我不知我活著是為了什麼，我認為我應該知道才對。我的胸口和頭部都覺得沈重。我可能找我先生和孩子出氣，最後走向冰箱亂吃一通，再讓自己麻醉在電視前，而且經常延續好幾小時或好幾天。我覺得我簡直在浪費生命。我認為自己在做的都是不重要的事，我應該做些大事，才對得起自己。這讓我感到緊張與混亂。當我堅信這想法時，我急著想在死前完成人生目的，但又不知何時會死，只是感到必須趕快完成它，一件我一無所知的事。我覺得自己很笨，而且一事無成，因此愈活愈洩氣。

我能找到放下這個故事的理由嗎？可以，因為那樣活，讓我非常痛苦。而且，當我相信這個故事時，我開始羨慕別人，他們不但找到自己的目的，並且胸有成竹。我會模仿這些人，甚至把他們的目的當成我的目的來活。跟他們交往時，不能不裝腔作勢，同時又刻意跟他們保持距離。

我能否找到理由讓我毫無焦慮地繼續編這個故事？不！

若沒有「我的人生應該要有目的」的信念時，我會是怎樣的人呢？我不知道，只知道沒有它時，內心會更平安，較少抓狂，那已經夠好了！沒有這想法帶來的恐懼和焦慮，或許我會更自由些，並且打起精神，快樂地做好眼前的事。

反向思考：

我的人生「**不**」應該有目的。這表示我一向過得很充實，只是不自覺而已。或許我的人生除了目前的一切以外，並無其他目的。那種感覺很古怪，但可能更真實些。是否我正在過的人生就是它的目的了？這想法似乎讓我如釋重負。

「反躬自問」你的潛在信念

現在，請寫下讓你感到焦慮的一個潛在信念，然後反躬自問。

那是真的嗎？你能百分之百肯定那是真的嗎？

當你相信那個想法時，會如何反應呢？（你有多少生活是建立在這基礎上的？當你相信它時，你會做什麼、說什麼嗎？）

你能找到一個放下這想法的理由嗎？（但請不必試著放下它）

你能找到一個讓你毫無焦慮持有這想法的理由嗎？

沒有這想法時，你會是怎樣的人呢？

把潛在信念反向思考。

下列的對話原可以放在第四章（婚姻和家庭生活的轉念作業），以及第六章（工作和金錢的轉念作業），特意編排在本章的主要原因，它們正是如影隨形、處處影響你全面生活的「潛在信念」之最佳「轉念」範例。倘若你像查爾斯以前那樣，相信「自己的快樂取決於別人」——這種信念將會一點一滴地侵蝕、破壞你所有的人際關係，以及你跟自己的關係。如果你像第二則對話裡的露絲那樣，認為自己還沒就緒之前就必須作決定，那麼，接二連三令你為難的「責任」將會排山倒海而來。查爾斯認為問題來自於他太太，露絲則認為她的錢才是禍根。但是，正如這些專家幫我們看到的：問題永遠來自我們未經審視的想法。

她應該使我快樂

查爾斯認定他的快樂取決於他太太。這位令人佩服的男士發現，即使在他最不堪的夢魘裡——他太太的外遇——仍能在對談要結束前，找到了他真正想要，也是他要給她的東西。你將會看到，藉由審查自己的想法，大約一個小時左右，他便改變了自己的整個世界，所以，「快樂」未必如你想像中那樣。

在這則對話裡，也請特別注意：有時，我會請當事人直接做反向思考，而略過四句問話。但我不鼓勵「轉念作業」的初學者也依樣畫葫蘆，因為若不先經反躬自問，反向思考可能會讓當事人覺得羞愧和內疚。由於我發現查爾斯對他的反向思考沒有出現那類感受，而且我也期待在有限的時間裡，跟他探討更多的答覆。但不管如何，我知道，他在會談結束之後，必能痛下針砭，自行處理此刻跳過的部分。

……………………

查爾斯：**我很氣黛博拉，因為在她離家一個月的前一晚，她說我令她反感，她嫌我打鼾，而且嫌我過胖。**

凱蒂：是的。所以，你曾經嫌過別人嗎？你有過那種經驗嗎？

查爾斯：我對自己很反感。

凱蒂：還有呢？過去任何人，也許是朋友、父母，或其他人？

查爾斯：我對機場裡隨便打罵孩子那類行徑的人反感。

凱蒂：是的。所以，你那時能停止你的反感嗎？

查爾斯：不能。

凱蒂：很好，去感覺它，注意處在那情境中的你。你的反感是誰的事？

查爾斯：很明顯是我的事。

凱蒂：黛博拉反感什麼是誰的事……她是你太太嗎？

查爾斯：是的。

凱蒂：她反感什麼，是誰的事？

查爾斯：我常用語氣較重的「應該」來談心愛的靈魂伴侶對我應該有的想法和感受。

凱蒂：喔，真高明！（觀眾大笑）我喜歡看到你怎樣在迴避問題。

查爾斯：那不是我的事。

凱蒂：她的反感是誰的事？

查爾斯：她的事。

凱蒂：當你在心裡管她的事時，結果如何？分裂。當你在機場目睹小孩受到打罵時，你能停止你的反感嗎？

查爾斯：不能。

凱蒂：但是，「**她**」卻應該停止她的反感？只因你夢想她應該是你的「靈魂伴侶」？

查爾斯：對於她應該如何與我共渡一生，我始終放不掉這個「應該」。但是，此時的我卻慢慢放下那個「應該」了。

凱蒂：好，甜心。當你相信「妻子們不該嫌惡她們的先生」的想法時，你會如何對待她呢？

查爾斯：我把她打入冷宮。我會看扁她。

凱蒂：在形體層面，你會如何對待她呢？你看起來會如何？聽起來會如何？閉上眼睛，看著你自己。看看當你相信「她不該這樣嫌惡我」的想法，而她卻照樣嫌你時，你怎樣對待她呢？你會說什麼話，做什麼事呢？

查爾斯：「你為何那樣對我呢？難道你看不見真實的我嗎？你怎可能看不到呢？」

凱蒂：當你那麼做時，有何感覺？

查爾斯：像困在監獄裡。

凱蒂：你能夠找到一個放下「太太不該嫌你」這故事的理由嗎？

查爾斯：絕對可以。

凱蒂：你是否能找到一個毫無焦慮地繼續編這故事的理由呢？

查爾斯：不，一個也找不到。為了維繫這個家的完整，而且尊重我深信不疑的原則，我們……身為靈魂的……

凱蒂：喔，是靈魂伴侶那一點嗎？

查爾斯：是啊。我真的卡在那裡了。

凱蒂：是的。現在請唸關於她當你靈魂伴侶的那一部分。

查爾斯：你不是在嘲笑我吧？

凱蒂：你認為我在做什麼，我就在做什麼，因為我是你故事裡的一部分，既不多也不少。

查爾斯：這說法很有意思。

凱蒂：是的，當你坐在這沙發上，只要你真心想知道真相，那麼你的概念都會成為絞肉機裡的肉泥。（觀眾大笑）

查爾斯：（笑著）好吧！我在這裡，絞吧！（笑得更大聲）

凱蒂：我是熱愛真相的人，每當有人跟我一起坐在這沙發，我很清楚他也愛真相。我愛你，我要的正是你要的。如果你要繼續編你的故事，那就是我要的。倘若你願回答問題，並試著了解真相，那也是我要的。所以，甜心，讓我們繼續下去。請唸有關靈魂伴侶的那一段。

查爾斯：我沒有寫下那些句子。大概是：「她不接受真實的我。」

凱蒂：「她不接受真實的我」，請反向思考。

查爾斯：我不接受真實的我。那是真的，我沒有。

凱蒂：還有另一個反向思考。

查爾斯：我不接受真實的她。

凱蒂：是的。她在為自己編「你使她倒胃口」的故事，卻從未仔細審查那個故事，如此而已。

查爾斯：喔……。沒想到我多年來一直因為這緣故而氣她，當然也氣我自己。

凱蒂：你在編她的故事，而且你也很嫌你自己。

查爾斯：確實如此。

凱蒂：你也可以讓自己快樂的。你為太太編某一故事，讓自己亢奮不已；你也可以為太太編另一個故事，而讓自己厭惡不已。她為你編某個故事，而讓她感到亢奮，或為你編另一個故事，而讓她厭惡。未審查過的故事經常在家人之間製造混亂、怨懟和憎恨。除非我們審查它，否則永無出路。所以，請再唸第一個答覆。

查爾斯：好。**我很氣黛博拉，因為她說我令她反感，她嫌我打鼾，也嫌我過胖。**

凱蒂：好。請反向思考：「我很氣我自己……」

查爾斯：我很氣我自己因為……

凱蒂：「我說黛博拉……」

查爾斯：我說黛博拉……

凱蒂：「說她……」

查爾斯：說她令我反感。

凱蒂：是的，因為她的什麼？

查爾斯：因為她如此輕率地毀掉我們的關係。

凱蒂：是的，所以你們兩人半斤八兩。你打鼾，她反感。她離開，你反感。有何不同呢？

查爾斯：我對那個情況反感。（淚水在他眼眶裡打轉）喔，我的天啊！

凱蒂：她不可能不像一面鏡子一樣反映出你的想法，絕不可能的。除了你編的故事以外，外面沒有任何人。讓我們看下一個。「我很氣我自己，因為……」為了什麼呢？

查爾斯：因為我的自以為是，我認為她應該活出我要她活的模樣。

凱蒂：你跟誰住在一起，是誰的事？

查爾斯：我的事。

凱蒂：是的。你要跟她住在一起，你要跟誰住在一起是你的事。

查爾斯：對的。

凱蒂：這正是反向思考的結果，她要跟別人住在一起，你也要跟「別人」住在一起。

查爾斯：喔，我明白了。我要跟「別人」住在一起——跟一個完全不存在的人，我指望她成為的另一種女人。（查爾斯突然哭了起來）

凱蒂：很好，甜心。（遞給查爾斯一盒面紙）

查爾斯：沒錯，一點也沒錯，我長久以來一直那樣做。

凱蒂：讓我們看下一個答覆。

查爾斯：**我要黛博拉對我們的現狀心懷感激。**

凱蒂：她有沒有感激，那是誰的事？

查爾斯：她的事。

凱蒂：把它反向思考。

查爾斯：我要對我們的現狀心懷感激。

凱蒂：是的。你可知你勸誡她的事嗎？你明白你勸誡孩子的事嗎？你得自己先活出它。

查爾斯：是的。

凱蒂：你一旦想要教導我們，註定是沒指望的，因為你正在教自己還不知如何活出的東西。一個不知如何快樂的人，怎可能教導別人快樂呢？除了痛苦之外，他能教什麼。倘若我無法結束自己的痛苦，我如何結束我配偶或孩子的痛苦呢？絕無希望的！沒有你編的痛苦故事時，你會是怎樣的人呢？可能是一位沒有痛苦又不自私的聆聽者，那麼，這屋子裡便出現一位老師、一位佛陀，因為他自己已經活出來了。

查爾斯：我聽懂了。

凱蒂：這是我們所知當中真正最甜美的事。它給你一種內在的責任感，由此，世界才會開竅，才會找到自由。不是黛博拉需要開竅，而是你需要。讓我們看下一個答覆。

查爾斯：**我要她擁有她自己的力量**。這簡直是廢話！

凱蒂：安琪兒，從剛才寫下這句答覆開始，你已經有很大的進展了。你能聽到這答覆裡的傲慢自大嗎？「對不起，親愛的，你應該擁有你自己的力量。」（觀眾大笑）

查爾斯：奇怪的是，她是家中掌權的人。我已放棄自己的力量，全都聽她的了。

凱蒂：所以，請反向思考。

查爾斯：我要擁有我自己的力量。

凱蒂：不要管她的事，體驗一下其中的力量，如何？

查爾斯：嗯……。**我要她了解她發脾氣的後果**。

凱蒂：喔！天啊！我的天啊！

查爾斯：我簡直無法相信自己竟然如此自以為是。

凱蒂：親愛的，你真棒！這就是一種自覺。我們對配偶瞭若指掌，但是當它擊中這裡時，那就像：「哇！」（觀眾大笑）我們可以由此開始，這是新的開始，在此，你進入了一種新的領悟。現在，讓我們繼續看心靈寫出的下一個答覆。

查爾斯：黛博拉不應該……，喔，我的天啊！

凱蒂：台下觀眾要你：「無論如何，把它唸完！」很明顯地，他們有此需要。所以「無論如何，把它唸完」，這表示「我想從中獲得自由」。

查爾斯：黛博拉不該愛上夢中人。她此刻正和別的男人在歐洲約會。

凱蒂：喔，她正在做你想做的事。（觀眾大笑）

查爾斯：那是我所做的一切。我愛上夢中人，想盡辦法改變黛博拉，還嫌她不符合我夢中人的形象。

凱蒂：歡迎你回到人間。

查爾斯：我在這裡寫的每一件事都……太自以為是了：**黛博拉應該看到我是多麼心思細密、善體人意，而且又很有愛心**。我這一生一直用那個故事箝制自己。在此同時，我又深深自責不能表現得更好些。那種自視過高，同時又自我否定的毛病尾隨我這一生。

凱蒂：是的，甜心。

查爾斯：所以，我要自己看到我是多麼心思細密，善體人意，而且很有愛心。

凱蒂：是的。

查爾斯：而且，她是多麼心思細密、善體人意，又很有愛心。

凱蒂：是的。

查爾斯：因為她的確如此！

凱蒂：是的，而且你全心全意地愛著她。那是最重要的事，你無法改變這一事實，即使譴責亦無法將它從你心中移除。你就是愛她。

查爾斯：確實如此。

凱蒂：是的。所以讓我們繼續下去。

查爾斯：**黛博拉應該**……又是自以為是……**感激這麼多年來都是靠我一個人養活全家**。

凱蒂：所以，你給她錢是為了想從她那裡要回一些東西。

查爾斯：確實如此。

凱蒂：你在要什麼東西呢？

查爾斯：她的愛、肯定、感激，和接納真實的我，因為我無法給我自己……

凱蒂：所以，你什麼都沒給她，只給她一個價格標籤。

查爾斯：對。

凱蒂：是的，那是你感受到的。

查爾斯：而我對那個很反感。

凱蒂：是的，安琪兒，沒錯。

查爾斯：我以前真的覺得可以買到那個。

凱蒂：是的，你現在看到了，豈不是很好嗎？所以，下次你企圖向孩子、她，或任何人交易時，你已經有這美妙的經驗作為前車之鑑了，那時你便可以請教專家——你自己。下次給孩子錢，或給她錢時，你將明白，在給出的那一剎那你已收到它了。如此而已！

查爾斯：你能用另一種方式說嗎？

凱蒂：給予和接收，是你給出某物的那一瞬間同時經驗到的，所以交易當下便完成了，就是這樣，一切全在於你自己。有一天，我兩歲的孫子特拉維斯指著商店櫥窗內的超大餅乾吵著要吃。我問他：「親愛的，你確定要那個嗎？」他非常確定。我問他我們是否可以合吃一塊，他說好。我買了那個餅乾，然後牽著他可愛的小手，走向桌旁坐了下來。我從袋子裡取出餅乾並掰了一小塊，然後拿這兩塊讓他選。他伸手去拿小塊的，當我移開那塊小的，而把大塊的交到他手上時，他有點吃驚。但當他把餅乾放到嘴裡吃的時候，他的臉整個發亮，他的眼神與我的目光相會，我從那裡感受到的愛，足以把我整個心爆裂開來。就在此時，他微笑著從他的嘴裡拿出那塊餅乾，把它交給我，然後拿起小的那一塊吃了起來。如何給予，就會如何接收。

查爾斯：我懂了。

凱蒂：給予是自動自發的，只有你編的未來故事，也就是他們虧欠你的那些故事，讓你看不見自己的慷慨大方而已。別人的回饋不是你管得著的，這事到此已經結束了。所以，甜心，讓我們看下一個答覆。

查爾斯：**我要黛博拉喜愛真實的我，包括我的小毛病。我需要她喜歡我的優點和缺點，了解我需要追尋藝術家和靈修者的理想，給我足夠空間走過這重要的中年過渡期，並試著從我正在做的事裡看到更多的意義來。**說了這麼多，我是否應該只集中談一個就好呢？

凱蒂：是的，請把它簡化，然後直接反向思考。

查爾斯：**我需要黛博拉……**

凱蒂：「我需要我……」

查爾斯：我需要喜愛真實的我，包括我的小毛病。我從未以那種方式愛過自己。但是，我要開始了。

凱蒂：你說你無法愛你的缺點，那是你編出來的「小毛病故事」從中阻撓的關係。小毛病或者瑕疵，不過在等待一顆清明的心靈把它看個透澈而已。它不會造成任何傷害，它在那裡只不過像……像一片樹葉。你不會跟一片樹葉爭辯，說：「喂！讓我們來談談吧，看看你的形狀，你需要改變。」（查爾斯和觀眾大笑）你不會那樣做的。但你的心思全集中在這裡（指她的手），在一個瑕疵上，你編出它的故事，然後嫌惡自己。

瑕疵就是……神。它是事實，也是「真相」。跟它爭辯吧！

查爾斯：我一直很需要她，為了孩子的緣故，我也需要她多待在家裡。

凱蒂：「你的孩子跟她一起待在家裡會更好」，你能百分之百肯定那是真的嗎？

查爾斯：不，我不能確信。

凱蒂：那豈不令人驚訝嗎？

查爾斯：這是最令我痛心的：我們可能分手。

凱蒂：是的。

查爾斯：但是我不知道「我們分手的話，我女兒就無法順利成長」這想法的真實性。

凱蒂：是的。「你女兒因為有母親陪伴，她的人生才會更多彩多姿」——你能百分之百肯定那是真的嗎？（查爾斯開始哭泣）甜心，不必急，慢慢來吧。那句話代表什麼意思呢？

查爾斯：（突然激動起來）我不要跟我的孩子分開！我要當二十四小時無休的全職爸爸！

凱蒂：那才是真相，不是嗎？

查爾斯：但是，我熱愛我的工作，因此長時間留在工作室，可是這裡面就有衝突了。我想要跟我女兒一道醒來，你知道嗎？

凱蒂：是的，我知道。

查爾斯：我有一張全家福照片，那張照片深深烙印在我心裡。

凱蒂：是的，的確是。

查爾斯：（又哭又笑）唐娜・李德（Donna Reed）是我最愛的電視節目。（凱蒂和觀眾都笑起來）那是真的！（譯註：「唐娜・李德劇場」，是一九五八～一九六六年間，美國ABC電視公司的家庭喜劇知名節目）

凱蒂：所以，問題不在於她的離開，而是你的「迷思」結束了。

查爾斯：喔，天啊！一點都沒錯，我一直在編謊言。

凱蒂：是的，她打亂你的夢想。

查爾斯：把我打得七葷八素的！為此，我深深地感激她。

凱蒂：是的，甜心。所以，我聽到了，她真的給了你一份禮物。

查爾斯：是啊，她確實如此。

凱蒂：很好，讓我們看下一個答覆。

查爾斯：好。**我需要黛博拉把我們的關係和家庭視為神聖不可侵犯，她就不會愛上別的男人或跟他同居了。**

凱蒂：那是你要的嗎？真的嗎？

查爾斯：那是我的「迷思」而已。我不需要她做任何她不想做的事，而且我非常愛她，我要她對自己真實。

凱蒂：當你相信這個故事——你剛唸的內容時，你會如何對待她，如何跟她說話，而且如何跟你女兒在一起呢？

查爾斯：很自私、索求無度，而且一直要她給我、給我、給我。

凱蒂：給你一個只存在於你迷思裡的虛假的她。你要她為你圓謊。所以，安琪兒，請閉上眼睛，看著她。看看當你相信那個故事時，你是怎樣對待她的。

查爾斯：喔……

凱蒂：好，現在看著她，告訴我，你若不相信自己編的故事，你在她面前會是怎樣的人呢？

查爾斯：一位強壯、有才華、性感，而且很有權威的男人。

凱蒂：哇！（笑聲、口哨聲和掌聲紛紛響起）喔，天哪！

查爾斯：那是我的秘密。那是我一直……

凱蒂：是的，親愛的，歡迎來到自主者的權威裡。無人侵犯得了它，連你也不行。這是你的角色，只是你一直假裝沒看到你內的這些特質，但我要說，那是沒有用的。

查爾斯：四十五年了。

凱蒂：是的，甜心。你是否感受到從反感變為性感和力量這一轉折呢？（面對觀眾）有多少人感受到這一轉折呢？（響起掌聲）除了自己的覺察之外，什麼也沒改變。

查爾斯：我閉上眼睛就看到了。

凱蒂：你活出來，也教人這樣活。

查爾斯：我願如此。

凱蒂：是的，透過你的音樂，把它傳給別人，與你的女兒一起活出它來。如果她用你以前傳給她的心態談起她母親時，你可以讓她知道那是你過去的感覺。

查爾斯：你是指負面的評論嗎？

凱蒂：是的。

查爾斯：我不會那樣教我女兒。

凱蒂：不是用言語。

查爾斯：喔……

凱蒂：與這個有權威的性感男人、這作曲家恰恰相反的是，你一直在用相反的生活態度教導她如何反應，如何想，而且要成為怎樣的人。

查爾斯：我真是個懦夫。

凱蒂：你一直教她倘若有人遺棄她，她該如何反應。你不妨跟她分享你過去的經驗，你可以重新活出你現在知道的。看著她如何學習你現在活出的心態，許多家庭都是這樣轉變的。我們根本不必給他們「轉念作業」，除非他們開口要求。我們只須把它活出來，那是真正力量之所在。你活出了反向思考。把「她的離開是錯誤的」反轉成「我的離開是錯誤的」，尤其在這一刻，我在心裡已經離開了我的生活，跟她到歐洲去了，所以，我要回到自己當前的生活裡。

查爾斯：很好。

凱蒂：我常喜歡分享這個故事。我的女兒羅珊有一天打電話給我，邀我參加外孫的生日派對。我告訴她，那天我已答應到別的城市帶活動了。她感到傷心、生氣，便掛了我的電話。大約十分鐘後，她再打電話給我，說：「媽媽，我太興奮了，因為我剛針對你做了『轉念作業』，我清楚地看到：不管你做什麼事，都阻止不了我對你的愛。」

查爾斯：哇！

凱蒂：好，讓我們看看下一個答覆。

查爾斯：**我再也不要受她的羞辱了。**

凱蒂：是的。所以，「我願意……」因為你心裡很可能再度出現那個畫面，也許羞辱來自他人。

查爾斯：如何做反向思考呢？

凱蒂：「我願意……」，接下去照你寫的唸就可以了。

查爾斯：我願意被羞辱。噢，因為的確會發生。好吧！

凱蒂：突然，再也沒有預料不到的事情會發生在你身上。

查爾斯：我願意受到她的羞辱。

凱蒂：「我期待……」

查爾斯：我期待她……噢……我期待她的羞辱。哇！那確實是一句反向思考，尤其對我這自以為是的傢伙而言，簡直正中要害。

凱蒂：是的。

查爾斯：**我不想再聽到她說她愛上一個十四年後才現身的人。**好了，所以……

凱蒂：「我願意……」

查爾斯：我願意聽到她說她愛上一個十四年後才現身的人。

凱蒂：「我期待……」

查爾斯：我期待聽到。哇！

凱蒂：如果仍然有點兒心痛……

查爾斯：然後我就會有更多的「轉念作業」要做。

凱蒂：是的，那不是很好嗎？

查爾斯：因為我還在跟事實真相爭辯。

凱蒂：是的。

查爾斯：所以，凱蒂，我有個疑問。我一直想要留在舊家，不願離開，有可能是因為我把唐娜・李德的迷思當真了。

凱蒂：我要你拿掉「**可能**」這字眼。

查爾斯：好，一定。所以，我有預感她會回來，想要破鏡重圓。我此刻的想法是：如果我留在此地，願意繼續面對一個我無法信任的人，那我就不是一個有魄力、有權威、性感，又誠實正直的男人。

凱蒂：甜心，那麼，你就做「轉念作業」吧。此外，沒有其他辦法了。如果她回來，就做「轉念作業」。如果她不回來，也做「轉念作業」。這一切全跟你有關。

查爾斯：但我再也不要逆來順受了。

凱蒂：哦，真的嗎？去做「轉念作業」吧。把它當早餐吃。若不吃下「轉念作業」，你的想法就會吃掉你。

查爾斯：但是，如果我離開一個戀戀不捨的地方，是因為我選擇離開，因為我不要再那樣做，我不要……

凱蒂：甜心，不論你做什麼都制止不了你的來去。你只是在編織一個你仍有掌控能力的故事而已。

查爾斯：你的意思是說，那是我的習性？你是那個意思嗎？

凱蒂：如果一個故事浮現上來，而你對它深信不疑時，可能你會認為必須作決定。這時候，好好審查一下，就能從中解脫了。

查爾斯：所以，即使我拼命跟自己說：「最誠實的做法是在最後選擇離開，跟別人過新的生活。」結果發現自己還待在原地不動，那也是可以接受的。

凱蒂：親愛的，當你反躬自問時，所有的決定會自動出現。

查爾斯：所以，我可以作決定，或是不作決定。

凱蒂：是的。

查爾斯：而且我應該全然信任它就好。

凱蒂：不管你信不信任它，它照常發生，你沒注意到嗎？只要你了解它，人生其實是非常美好的。生活中每件事的發生都不會有錯的。除非我們死抓著未審查的故事不放，人間其實是天堂。

查爾斯：那是真正活在當下。

凱蒂：真相就是真相。這場戲不是我導的。我不屬於我自己，你也不屬於你自己，我們全都不屬於我們自己。我們就是「一切的本然」。但我們編了一個故事：「喔，我必須離開我太太。」其實那不是真的。除非你已經真的離開她了，否則你無需離開她。你是這個「一切的本然」，跟著它流動，成為它。你無法阻止她進入這真相，也無法阻止自己離開她。根據我的經驗，這不是我們導的戲。

查爾斯：哇！

凱蒂：她一出現，你就開始編那個故事，結果，你成了烈士。或是，她一出現，你編了另一個充滿感激而又快樂的故事。你是你故事裡的「果」，如此而已。而且，除非你反躬自問，否則很難聽到這內幕故事，所以我才說：「把『轉念作業』當早餐吃。」去看清什麼對你才是真實的。對我真實不真實，一點都不重要。我說的話對你毫無價值，你才是你自己一直在等待的人。跟你自己結婚吧。你是你這輩子一直在等待的人。

我必須作「決定」

當你成為「真相的情人」時，就無需再刻意去作各種決定了。我目前的生活只是等待和觀看而已。我知道「決定」會在該出現時出現，故能自在地放下「何時，何地，如何」等等的期待。我常喜歡說自己是沒有未來的女人。當無需作決定時，就沒有計劃中的未來。我所有的決定都會自行出現，正如它們出現在你身上一樣。當你在心裡編出「我必須插一腳」的故事時，你不過正執著一個潛在信念卻渾然不覺。

四十三年來，我經常聽信自己對未來的故事，聽信我神志不清的心態。自從在中途之家對事實真相有了新的領悟而返家後，我經常得長途旅行，每次回到家，都會看到屋內到處是髒衣服，書桌上堆滿郵件，狗碗結了厚厚的硬垢，浴室一片凌亂，水槽內的髒碗盤高高疊起。第一次看到這情景時，我聽到一個聲音說：「去洗碗！」像是由天而降的神諭：「去洗碗！」聽起來一點都不靈性，但我仍乖乖地聽從指令，站在水槽前，清洗一個又一個的碗盤，或是埋在成堆的帳單裡，從最上面的帳單開始付款。一次只做一件事，其他一概不管。在一天結束時，每件事都完成了，我無須知道是誰或是什麼力量做完它們的。

當「去洗碗」這類念頭出現時，你若不跟著照做，內心的戰爭就爆發了，它會浮現這類的聲音：「我待會兒才做。我應該現在把它們做完。我的室友應該做才對，不是我的責任，真是不公平。如果不做，人們會看扁我。」你感受到的壓力和疲倦，全來自心裡的衝突。

我把「洗碗」稱作「愛你眼前事物」的練習。你的內在聲音整天都在引導你做些簡單的事，譬如刷牙、開車上班、打電話給朋友，或去洗碗。即使它也是一個故事，卻是一個極短的故事，你若聽從聲音的指令，那個故事就結束了。當生活變得如此簡單，只是開放、等待、信任，和開開心心地做眼前的事時，我們便充滿活力。

需要我們做的事自然會展現在面前，它經常是：洗碗、付帳單、撿孩子們的襪子、刷牙。我們永遠不會碰上我們應付不來的事，而且每次只要做一件事就行。無論擁有十元或是一千萬元，就是這麼單純，它不會故意為難我們的。

露絲：**目前股市不穩定，我在作投資的決定時很害怕，怕到幾近癱瘓的程度，因為我的未來全靠它了，我不知該繼續投資股市，或是趕緊抽身而退？**

凱蒂：「你的未來全靠你的錢」，你能肯定那是真的嗎？

露絲：不，但我經常為此抓狂。

凱蒂：是的，你必會經常抓狂，因為你相信那是真的，卻從未反問過自己。當你相信「你的未來全靠你投資的錢」的想法時，無論它是否真實，你會如何反應，如何度日呢？

露絲：陷入極度驚慌、極度焦慮的狀態。當股市賺得愈多，我的內心愈平靜，一旦它稍有波動，我立刻陷入可怕的狀態。

凱蒂：若沒有「我的未來全靠投資在股市的錢」的念頭時，你會是怎樣的人呢？

露絲：放鬆多了，身體也不會如此緊繃。

凱蒂：請給我一個理由讓你能毫不焦慮、毫不驚慌地繼續持有這個想法。

露絲：找不到能夠毫不焦慮的理由，但是「不去想錢」會帶來另一種壓力……好像我是個不負責任的人。所以，不管哪種方式，我都輸了。

凱蒂：你怎可能不想？是它在想你，想法都是自己浮現的。「不想」怎會是不負責任呢？你不是想它，就是不想它。想法只會出現或是不出現。然而，令人驚訝的是，那麼多年了，你仍認為你能掌控自己的念頭。你也能掌控風嗎？

露絲：不，我無法掌控它。

凱蒂：海洋呢？

露絲：不。

凱蒂：「讓我們阻止海浪」，不可能的。唯有當你睡著時，它們才會停下來。

露絲：想法嗎？

凱蒂：海浪。沒有念頭，沒有海洋，沒有股市。晚上你竟然跑去睡覺了，多不負責啊！（觀眾大笑）

露絲：我睡得很不安穩！經常五點就起床了。

凱蒂：是啊，那是不負責任的。「思考和擔心能解決我所有的問題」——那是你的經驗嗎？

露絲：不是。

凱蒂：所以，讓我們醒過來吧！這樣才能想得更多。（露絲和觀眾大笑）

露絲：我無法控制自己的想法，我努力很多年了。

凱蒂：這是非常有趣的發現。用了解的心態來面對你的想法，沒有比這更好的方法了，你能從中學到很多幽默，又能睡得安穩。

露絲：我需要一些幽默，對這件事，我確實需要一些幽默。

凱蒂：所以，「沒有這個令你焦慮的念頭，你就無法作出正確決定」，你確實知道那是真的嗎？

露絲：好像完全相反才是真的。

凱蒂：讓我們來感受一下截然不同的反向思考。「我的未來全靠投資在股市裡的錢」，你怎樣反轉呢？

露絲：我的未來不靠投資在股市裡的錢。

凱蒂：去感覺一下，那可能也一樣真實。當你賺到很多錢，在股市裡的投資都很成功，所擁有的錢比花掉的還多，你得到什麼呢？快樂嗎？那不正是你要錢的原因嗎？讓我們來走一條終身都受用的捷徑吧。請回答這個問題：不再編「我的未來全靠股市裡的錢」的故事時，你會是怎樣的人呢？

露絲：我會更快樂，更輕鬆，別人會更喜歡跟我相處。

凱蒂：是的。不管有或沒有從股市賺大錢，你都一樣擁有你原先想從金錢得到的一切。

露絲：那……沒錯！

凱蒂：請給我一個理由讓你能毫不焦慮地持有「我的未來要靠投資在股市的錢」的想法。

露絲：一個也沒有。

凱蒂：你真正期待的未來是平安和快樂。當我們安心地活在自己的快樂裡，誰在乎貧或富呢？擁有一顆不再自欺的心靈，才是真正的自由。

露絲：平安和快樂，正是我童年經常祈求的。

凱蒂：所以，你所追逐的東西反而讓你意識不到自己早已擁有的一切。

露絲：是的，我一直設法活在未來裡，設法改善它，要它又安全又穩當。

凱蒂：是的，像一個無辜的孩子。我們若不想執著於夢魘，只有去審查它，別無其他選擇了。念頭隨時浮現，你如何面對它們？這是我們此刻談的重點。

露絲：我們若不想陷於問題，只有反躬自問嗎？

凱蒂：是的，只有如此，你才能找回真正的平安和快樂。我很開心股市沒跟你合作，那正是一切事件發生的目的，它留給你自行解決。當你賺到所有的錢，活得快樂，非常地快樂時，接下來你會做什麼事呢？也不外乎坐著、站著或躺著，你還能怎樣？如果你不慎重其事地審查，你會繼續聽到此刻所編的內心故事，因為你沒有像慈母一般諒解地看待這一問題。

露絲：我慢慢懂了，這是我唯一能做的。

凱蒂：是的，坐著、站著，或躺著，人生不過如此。可是，當你在做那些簡單的事時，不妨看一看你所編的故事。因為就算你賺到所有的錢，也擁有你所要的一切時，你還是此刻坐在這張椅子上的你。這是你編的故事，那裡沒有任何的快樂。好了，親愛的，讓我們看下一個答覆。

露絲：**我不想要決定投資哪個股票，我也不信任別人，把它交給別人去做。**

凱蒂：「你必須決定投資哪個股票」，你能百分之百肯定那是真的嗎？

露絲：不，我可以投資之後，就不再動它了，任它發展。我裡面有很強的聲音告訴我，不要調來調去才是最好的策略。

凱蒂：「你必須為生活作決定」，你確實知道那是真的嗎？

露絲：感覺上，好像是必須的，但經你這麼一說，我就不確定了。

凱蒂：你必會有那種感覺，因為你深信那個想法，所以你放不掉。

露絲：是的。

凱蒂：恐怖主義就是這樣形成的。你不曾反問自己信以為真的那一套。那些想法，全都來自一個誤解。

露絲：不必作決定的那個想法聽起來很棒。

凱蒂：那是我的經驗。我不作決定，也不庸人自擾，因為我知道決定會在恰當時刻自動形成，我的責任只是快樂地等待。決定是很容易的，只有你為決定所編的故事才顯得困難重重。當你跳機時，你扯開降落傘的繩索，但它卻沒有打開來，你會害怕，因為千鈞一髮之間必須趕緊拉另一條繩索。當你不假思索地拉了那條繩索，降落傘仍沒打開，那已是最後一條繩索了。這一刻，你無計可施了。當沒有任何決定可作時，就不再恐懼了，只得好好享受這趟旅程。那正是我的心境——我是熱愛真相的人，而真相是：「沒有救生索可拉，該來的已經來了」。隨風而降吧！我完全撒手了。

露絲：談到這裡，才算真正明白了。我沒必要想：「我該，我不該，我該如何如何。」而是想：「嗯，是的，既然有空，就做吧！」

凱蒂：所以，那個決定如何作出來的呢？或許是它自己作出來的。一秒鐘前，你那樣搖搖頭，那是你的決定嗎？

露絲：不是。

凱蒂：你剛剛擺動了你的手，那是你作的決定嗎？

露絲：不是。

凱蒂：不是。所以，「你必須作決定」，那是真的嗎？或許事情只是順勢而為罷了，根本無需我們插手。

露絲：需要事事操控，顯示自己十足瘋狂而已。

凱蒂：是的。當你主導那場戲時，哪需要上帝呢？（露絲笑了起來）

露絲：我不想要那樣做，只是我不知該如何才能不那樣。

凱蒂：用這種方式想，必會過這樣的生活。跟真相恰好對峙，就有致命的後果。那種感覺很焦慮，因為每個人畢竟都是熱愛真相的人，不管他們相信什麼恐怖故事。我說，讓我們在這混亂的處境下活出平安吧！所以，甜心，當你相信「我必須作決定」的想法，卻作不出決定時，你會如何反應呢？

露絲：很可怕，可怕極了。

凱蒂：在那種心態下作決定，不是匪夷所思嗎？那種心態之下，我們甚至無法決定要停止或前進，你看出問題了嗎？當你確信你應該作決定時，你的證據在哪？請給我一個讓你能毫不焦慮地繼續相信「我必須作決定」的理由。我不是要求你放下這個想法。「轉念作業」具有等待花朵慢慢綻放的溫柔，請溫柔地對待你這個美麗的自我。「轉念作業」是為了結束你的痛苦，我們只不過在這裡看一下各種可能性而已。

露絲：試著不決定任何事一段時間看看，這樣的實驗行得通嗎？會不會太瘋狂了？還是……

凱蒂：嗯，你剛作了一個決定，它可能自行改變。然後，你會說：「我」改變了心意。

露絲：我仍然卡在同一個死胡同裡。

凱蒂：我不知道。但很值得你去看一看。如果我說我不作決定，其實，我已經作出一個決定了。仔細看看，那正是反躬自問的目的，破除令你焦慮的迷思。這四句問話會帶我們進入一個難以言喻的美麗世界，那是唯一真實的世界，我們大多數人卻從未探索過，而我們是這樣後知後覺的。

露絲：我總算瞥見「不作決定」的意思了，此刻的我，好像在抵制幕後的「操控慾」，有一點躍躍欲試、想去實驗一下的感覺。

凱蒂：請給我一個理由讓你能毫無焦慮地繼續「我必須為我的股票投資作決定」的想法。

露絲：我找不到任何理由。我就是找不到任何理由。

凱蒂：沒有「我必須作決定」的想法時，你會是誰或是怎樣的人呢？

露絲：我不會像我母親那樣焦慮，也不希望變得愈來愈神志不清。而且，我不想孤立自己，因為我真的怕惹人嫌的。

凱蒂：喔，甜心。真高興看到你已經找到反躬自問了。

露絲：我一直在撞同一面「此路不通」的牆。

凱蒂：「我必須作決定」，請反向思考。

露絲：我不須作決定。

凱蒂：是的，請相信我，它們會自行出現的，有了這份安心，每件事都變得清清明明。人生會提供你深入自己的所有助緣。決定將會出現。如果你採取行動，最糟的結果頂多是一個故事而已；如果你不採取行動，最糟的結果也是一個故事而已。決定會自己出來：何時吃，何時睡，何時行動。它一向我行我素，平平靜靜，無往不利。

露絲：嗯。

凱蒂：感覺一下你的手放的位置，和你的腳。都是很好的嘛，不必編任何故事時，無論你坐在何處，永遠都安好無恙。讓我們看下一個答覆。

露絲：**我不要股市裡的投資如此不可理喻。**沒指望！沒指望的！

凱蒂：「股市的投資不可理喻」，請反向思考。「我的想法……」

露絲：我的想法不可理喻。

凱蒂：是的。當你那樣看待投資時，你的想法既無理又可怕。「投資是不可理喻的，股市是不可理喻的」，你能確信那是真的嗎？

露絲：不。

凱蒂：當你持有那個想法時，你會如何反應呢？

露絲：充滿恐懼，甚至怕到想一死了之。

凱蒂：你能找到放下那想法的理由嗎？我不是要求你放下。對在場的初學者而言，想法是無法放下的。你或許自認為放得下，然而它們會再度出現，激發同樣的恐懼，也許更為恐懼也說不定，因為你陷得更深了。所以我只是很單純地問：「你能找到一個理由讓自己放下股市是不可理喻的想法嗎？」

露絲：我能找到放下它的理由，但那不意味著我必須放下它。

凱蒂：正是。我們要的是「覺知」，而非「改變任何事」。你認定世界該如何，世界就成了那模樣。對我而言，「清明」與「美麗」其實是同義詞，它是我的真相。當我清明時，我只看得見美，其他的都看不見了。我是覺知自己念頭的那個心靈，一切都從那裡展現出來，有如一個新的太陽系，歡欣地展現自己。如果我不清明，就會把我的瘋狂全都投射到世界上，並認為世界就是這副德性。然後，我會看到一個瘋狂的世界，並認為它就是問題的所在。數千年來，我們一直在解決螢幕上的影像，而不是投影機，所以生活才會搞得這麼混亂。混亂告訴混亂要過怎樣不同的生活，卻從未注意它一直過那樣的日子，我們一直活得因果顛倒，絕對是因果顛倒。所以，你不會放下你投射到外在世界的混亂和痛苦想法。你無法放下它們的，因為你原本就不曾造出它們來。但是，當你開始以「了解」來面對自己的想法，世界就改變了。而且，它必會改變，因為你才是整個世界的投影機。而且，你就是它！讓我們看下一個答覆。

露絲：作決定不該如此困難或可怕。

凱蒂：當時機未到，你就想作決定時，如你所說，那是毫無希望的。未到決定的時刻，你是無法妄自主張的。決定會在它該出現的時機出現，一分一秒都快不得的。這真美妙，不是嗎？

露絲：聽起來很棒。

凱蒂：是的，你可以坐在那裡，覺得「哦，我必須為我的股票做些事」，然後你反躬自問：「那是真的嗎？我真的不知道吔。」然後把自己交託給它。你只要沈浸在你熱中的嗜好裡，然後閱讀、上網找資訊，讓它教導你。時機一到，決定就會從那裡出現，那是一件很美的事。那個決定會讓你賠錢或賺錢，自有天命。你若認為自己應該為此有番作為，而且認為自己是掌控的主人，那完全是錯覺。你只需跟隨你的熱情，做你愛做的事。一邊做，一邊反躬自問，你會有個快樂的人生。

露絲：我有時無法閱讀。我喪失部分的記憶，想不起任何事情，而且……

凱蒂：哦，親愛的，你被「放過一馬」了！（露絲和觀眾都大笑）你是否聽我提過？每當我錯失某個人或某件事時，表示我又被放了一馬，真的是這樣。讓我們看你最後的答覆。

露絲：**我不要再為我的股市投資而惶恐不安。**

凱蒂：「我願意……」

露絲：我願意為我的股市投資而惶恐不安。

凱蒂：「我期待……」因為，它可能發生的。

露絲：（笑）我期待為我的股市投資而惶恐不安。

凱蒂：是的，因為那將把你送回「轉念作業」。

露絲：那是我願意去的地方。

凱蒂：那是焦慮的目的。它是一位朋友，一個內在警鐘，提醒你：是做「轉念作業」的時機了。你只不過忘卻了你原是自由的。所以，審視一下，就會重返你的真相。那永遠真實之境，正等著你認出它來。

我無法放下觀念，
但若透過「了解」來面對它們，
它們便放下了我。

10 轉念作業：任何想法或境遇

任何想法或境遇，你都可以拿來練習「反躬自問」。每個想法、每個人、每個問題的出現，都是為了釋放你而存在的。當你碰到任何對立或難以接受的事時，「反躬自問」能帶你回到未曾湧現那想法之前的平安心境。

倘若你感到活得不自在，去做「轉念作業」吧！任何的不自在之感，都有它的目的，那也是痛苦的目的、金錢的目的、世上一切事物的目的，它們都是為了讓你認識自己，就好像一面鏡子，如實反映出你的想法而已。要是你真的想得到解脫，那麼，批評它、審查它，作反向思考，如此便能釋放自己。所以，生氣、恐懼，或悲傷等感受，其實都是好事。請坐下來，認同你的故事，寫下「轉念作業」。除非你能把世上一切的人事物都當成朋友，否則表示你尚未完成你的「轉念作業」。

反轉成「我的想法」

一旦你覺得自己在針對他人的「轉念作業」已經得心應手了，便可開始質問爭議性的問題，例如：世界飢荒、基督教基本教義派、官僚體制、政府、性、恐怖主義，或任何令你不舒服的議題。當你質問它們，並反轉你的評論後，必會看到自己原先一口咬定的「外境」問題，其實都不過是自己想法的一個妄見而已。

在作業單寫下對爭論點的評斷後，請照常用四句問話質問，然後做反向思考時，在合適之處用「我的想法」來取代爭論點。例如「我不喜歡戰爭，因為它令我害怕」，反轉成「我不喜歡我的想法，因為它令我害怕」，或是「我不喜歡我的想法，尤其是關於戰爭的想法，因為它令我害怕」。想想看，對你而言，它是否同樣真實或更真實呢？

下面是一些反轉成「我的想法」的實例：

原先答覆：我很氣官僚體制，因為它把我的生活搞得很複雜。

反向思考：我很氣我的想法，因為它把我的生活搞得很複雜。

原先答覆：我不喜歡我的殘障，因為人們會藉故避開我。
反向思考：我不喜歡我的想法，因為我會藉故避開人群。
我不喜歡我的想法，因為我會藉故自我逃避。

原先答覆：我想要溫柔而且充滿愛的性關係。
反向思考：我想要溫柔而且充滿愛的想法。

很難找出自己編的故事時

當你苦惱時，有時會難以辨認出這不舒服感受背後的念頭。如果你一直找不出真正困擾你的那些想法，不妨試試下面的練習：

請準備六張空白紙，找個地方把它們全都攤開來。

在第一頁註明「頁1」，並在最頂端寫下：**悲傷**、**失望**、**羞愧**、**尷尬**、**害怕**、**憤怒**、**生氣**。在下一行則寫：**因爲**＿＿＿＿＿＿＿＿＿＿＿＿＿。
下半頁寫著：**那表示**＿＿＿＿＿＿＿＿＿＿＿＿＿。

在第二頁註明「頁2」，並在最頂端寫下「**我要**」的字眼。

在第三頁註明「頁3」，並在最頂端寫下「**應該**」的字眼。

在第四頁註明「頁4」，並在最頂端寫下「**需要**」的字眼。

在第五頁註明「頁5」，並在最頂端寫下「**批評**」的字眼。

在最後一頁註明「頁6」，並在最頂端寫下「**再也不要**」的字眼。

攤開這六頁，任由自己心底的怨氣傾洩而出，設法用各種「想法」來搧風點火，看看哪一個最讓你生氣。如果行不通，就改用新的或誇大的想法。盡可能簡短地寫下想法，愈坦白愈好，而且不須按照順序。下面是運用這項練習的指導原則：

第一頁是要讓你寫下發生的「事實」，例如：「我們約好共進午餐，她沒出現，也沒打電話來，我一直在餐廳裡苦等。」把這個「事實」寫在「**因爲**」二字後面的空白處，然後，選出它引發的情緒，如悲傷、憤怒等。接下來，在「**那表示**」三個字後面寫下你對「事實」的詮釋。設法列出你想像中最糟的情況，例如：「她不再愛我了」或「她看上別人了」。

如果你發現自己浮現「我要＿＿＿＿」的念頭時，請將它記在第二頁。或者用那一頁來激發自己去思索：我將如何具體改變這個人或這個境遇，如何讓它變得完美呢？請用「我要＿＿＿＿」的形式來寫。不妨以救世主自居，放膽創造出自己想要的圓滿情境，例如：「**我**要她永遠準時出現」、「**我**要隨時知道她在做什麼」等等。（當你快寫完這一頁時，反問一下自己，是否已經淋漓盡致地寫出「**眞正想要的**」。倘若還沒，請繼續寫在最下方）

把「某某人應該或不該＿＿＿＿」的這類想法寫在第三頁。如果你覺察不出任何的「應該」，不妨想想：怎樣才會讓自己感到公平合理。寫下能使事情變得「對」的一切「應該」。

第四頁則寫「我需要」，這能讓你再度對此事感到自在而安全。寫下你對快樂人生要求的條件，或寫下如何調整才能使事情變成自己期待的樣子，例如：「我需要她愛我」或「我需要功成名就」。在你寫出一些答覆後，不妨反問自己：一旦所有的需求獲得了滿足，你會擁有什麼？把那個答案寫在這一頁最下方。

在第五頁，毫不留情地寫下你對某人或某個情境的評價。透過這個苦惱，你在對方身上，可以看到什麼樣的人格特質，請逐一列出。

在第六頁，寫下你發誓或希望再也不要經歷的情境。

現在，把激起你最強烈情緒的句子全劃上底線，然後針對它們一一做「轉念作業」。做完之後，再回頭針對其他答覆繼續進行「轉念作業」。

完成上述作業後，如果你發現自己仍無法面對第六頁所寫的事件，或仍找不出困擾自己的故事時，不妨做另一種練習。請準備幾張空白紙、一只手錶或計時器。集中心思在生氣的感受裡，然後憑直覺分秒不停地任意寫五分鐘。倘若寫不下去，就不斷重覆寫最後一句，一遍又一遍，直到能夠再度寫下去為止。寫完後，看看自己所寫的，在最痛苦或最困窘的句子底下劃線，接著把已劃線的句子一一挪到六頁當中最符合它們的那一頁。接下來，請暫時離開片刻，甚或是一整晚，之後再重讀它們，儘量勾出激起最強烈情緒的句子。現在，你知道要從哪裡開始做「轉念作業」了。

任何外在之物，
永遠無法滿足你的追求。

11 轉念作業：身體和上癮

身體本身不會思考、掛心，或跟自己有任何過節。它們從不打擊自己，或自慚形穢，只是努力地維持自身的平衡和治癒自己而已。它們全都很有效率、聰明、仁慈，而且資源豐富。只要沒有思想，它們就沒有問題。把我們搞糊塗的是我們那些尚未審查就信以為真的故事。我的痛苦絕非身體的緣故，是我自己編出「身體的故事」，未經反躬自問，便相信我的身體是問題的來源，好像只要身體能這樣或那樣改變，我才會快樂。

身體一向都不是我們的問題，我們的問題永遠來自天真無知的信念。「轉念作業」處理的是我們的想法，而不是處理我們自以為執著的對象。世間萬物，絕對沒有「某物可以讓你上癮」這一回事，你只是執著於隨時浮現的某個未經審查的念頭而已。

舉例來說，我不在乎吸不吸煙，對我而言，那不是對錯的問題。我曾經抽得很凶，甚至一根接一根地連續吸了好幾年。然後，在一九八六年中途之家的那次特殊經歷之後，煙癮問題也過了。一九九七年到土耳其時，我已有十一年未曾吸過半口煙。那次，我搭乘一部計程車，車裡的收音機正播放著狂野的土耳其音樂，司機把音量調得很大聲，而且還不時猛按喇叭（按喇叭是他們的最愛，那是上帝的聲音。六排車擠在兩線道上，每位駕駛相互按喇叭，一切相得益彰）。他轉過頭來，咧嘴一笑，並遞給我一根香煙，我想都沒想就接過來，他還好意地幫我點了火。音樂震天價響，喇叭大聲地此起彼落，我坐在後座吸著煙，享受這一刻。我發覺，我可以吸煙，也可以不吸煙。而且，我也留意到，自從那次令人驚嘆的計程車之旅後，我就再也沒吸煙了。

在這當中，我覺察出一個「癮頭」的問題：如果內心浮現一個觀念告訴我應該或不該吸煙，我聽信了它，而且離開了當前的事實真相的話，這就是一種上癮。如果未經反躬自問，我們就輕易相信不真實的想法，這些想法才是促成我們吸煙或喝酒的主因。倘若沒有你的「應該」或「不應該」時，你會是怎樣的人呢？

如果你認為喝酒害你生病、混亂，或憤怒，然後，你喝下它，這就等於在喝自己的病一樣。你跟酒在那裡相晤，而它只會做出你知道它會做的事。所以，我們審查自己的想法，不是為了戒酒，僅僅是為了終止自己對酒精作用所持的錯誤信念而已。倘若你認為自己真的想要繼續喝酒，那麼只須留意它對你的作用即可，無需懷有任何自憐或受害的感受，到最後，除了宿醉以外，你會覺得它毫無樂趣可言。

如果我的身體生病了，我就去看醫生。我的身體是他的事，我的想法則是我的事。在那平安當中，我非常清楚自已該做什麼、該去哪裡。這樣一來，身體變得有趣多了，因為你已不把精力耗在它的死活上面。它是被投射的一個影像，是你想法的一個隱喻，像鏡子般反照給你看。

一九八六年的某天，我在接受按摩時，突然全身癱瘓，所有的韌帶、肌腱和肌肉緊繃到極點，我完全動彈不得，好似僵死一般。但在這經歷中，我相當平靜而喜悅，因為我不曾編過身體看起來應該怎樣或應該活動自如那類故事。念頭雖然不斷浮現：「啊，天啊，我沒辦法動，將發生可怕的事了。」但是，活在我內的反躬自問卻不允許我對這些想法有任何的沾黏。如果把這整個過程緩和下來，讓它開口說話，聽起來會像這樣：「你將再也無法走路了。」——甜心，你能肯定那是真的嗎？這四句問話，來得相當快，念頭一起，它們便尾隨而至。大約一小時後，我的身體逐漸放鬆下來，回復到人們所稱的「正常狀態」。

一顆生病的心？

當你相信「你的身體應該跟現狀不一樣」的想法時，你會如何過生活？那種感覺如何呢？「等我恢復健康後，我才會快樂」、「我應該更瘦，更健康，更美麗，更年輕」，不折不扣的，這是一個非常古老的信念。然而，如果我認為自己的身體應該跟現在有所不同，那一刻，我便逾越了自己的本分，心靈也出軌了。

我並不是要求你放下身體，好像那是做得到的事。其實，我的要求很簡單：請接納你的身體，好好照料它，仔細看看你加在它上頭的信念，然後把那些信念寫在紙上，反躬自問，並做反向思考。

………………………

哈麗雅特：我對我的心臟感到很生氣，因為它有病而且脆弱。它限制了我的一切活動，我隨時都可能死去。

凱蒂：你的心臟有病而且脆弱，那是真的嗎？

哈麗雅特：嗯，是真的，那是遺傳。我父母和三個祖父母都是死於心臟病。

凱蒂：你父母都有心臟病，聽起來好像你繼承了一個可怕的信念體系。醫生們也都說「你有心臟病」，但今天請你反問自己：「你敢確定那是真的嗎？」

哈麗雅特：嗯……不。我真的不知道，因為它可能在最後四分鐘突然發作。

凱蒂：那就對了，我們真的無法知道。我怎麼知道我的心臟應該像這樣呢？它現在就是這樣啊，事實真相一直這樣告訴我。當你相信你的心臟有病而且脆弱時，你會作何反應？

哈麗雅特：我開始害怕，而且限制自己的活動。我只敢待在屋內，整個人變得慵懶無力。而且，我很沮喪，因為我無法做我想做的事。我會想像心臟病發作的痛苦和恐懼，感到很無望。

凱蒂：結果你讓自己陷在絕望裡動彈不得，卻從不去看你那些想法。恐懼就是由那兒來的，來自那些未經審查的想法。只要你一直把自己的心臟看成問題，還拼命從心靈之外尋求解決之道，如此一來，除了害怕以外，你什麼也學不到。倘若你從未想到自己的心臟有病而且脆弱，你會是怎樣的人呢？

哈麗雅特：我會活得很平安，而且會自由自在地做我想做的事。

凱蒂：請反向思考，用「我的想法」這個詞取代「心臟」。

哈麗雅特：我對我的想法感到很生氣，因為它有病而且脆弱。

凱蒂：當你認定心臟有問題時，你的心靈不但生病而且脆弱。那一剎那，你其實已神志失常了。一旦你認定自己的心臟不該像它現在這樣，表示你的心靈生病了。你怎知道呢？

當你的信念跟事實對抗時，你內心會失去協調，心臟開始加速跳動。身體是心靈最忠實的倒影。在你了解那一點之前，你需要這個心臟做你的老師，繼續告訴你仁慈的對待方式。請唸下一句答覆。

哈麗雅特：我要徹底治好我的心臟。

凱蒂：那是真的嗎？確實是真的嗎？

哈麗雅特：問的好！（停頓）嗯……。

凱蒂：很有趣，不是嗎？你能百分之百肯定你的心臟需被徹底治好嗎？

哈麗雅特：當然好像是那樣。（停頓）不，我無法絕對肯定。

凱蒂：當你相信你的心臟不正常而且需要徹底治療時，你如何反應呢？

哈麗雅特：我一天到晚都會想到它，也想到死亡，把自己嚇個半死。我四處尋找醫學療法和自然療法，卻愈來愈困惑。我拼命想了解它，卻辦不到。

凱蒂：若沒有「我要我的心臟徹底治好」的故事時，你會是怎樣的人呢？

哈麗雅特：我會單純地過日子，不會如此害怕。當醫生跟我說話時，我更能專心聆聽。而且，無論自己在動態或靜態中，我都能享受自己正在做的事，而不會老想到未來和死亡。

凱蒂：很有道理。請做反向思考。

哈麗雅特：我要徹底治好我的想法。

凱蒂：那是一樣真實，或更真實些呢？數千年來，我們一直試圖治療身體，但它們仍是生病、老化和死亡。身體一出生，就是為了死亡，而非久留人世，沒有一具身體能夠徹底治癒的。不論你生病或健康，如果你真正要的是平安，那麼，唯有心靈需要治療。請唸下一句。

哈麗雅特：**我的心臟是脆弱、多病、不可靠、受限制，而且經常疼痛的。**

凱蒂：那是真的嗎？

哈麗雅特：不，不是真的。應該說成：當我把心臟看成那樣時，我的心靈是脆弱、多病、不可靠、受限制，和經常疼痛的。

凱蒂：當你相信你的心臟不夠好時，那種感覺如何？每個人的心臟本來就該像目前這般完美，這般健康，即使有人心臟正在停止跳動。

哈麗雅特：如果我認為自己的心臟是完美的，當我開始疼痛時，我能採取行動嗎？

凱蒂：絕對可以。我稱它是「去洗碗，並開心地做」。反躬自問幫你更加了解自己的想法，你會神志清明地撥打一一九，既不恐懼，也不驚慌。而且，你能清楚地向對方描述你的狀況並回答問題。你其實知道該做什麼，那個並未改變。讓我們看下一個答覆。

哈麗雅特：**我絕不放棄我的心臟或讓它停止作用或妨礙我過正常、積極的生活。**

凱蒂：是的，甜心，你可以辦到的。如果你的心跳停止，大不了一死而已。死亡，如同任何東西，都不是你能選擇的，雖然看起來好像可以。你能否找到最後一道答覆的反向思考呢？

哈麗雅特：我願意放棄我的心臟。

凱蒂：做得好！放棄你的心臟，把它交給醫生吧！你只需在你的想法上下功夫，那才有用，你的心臟將會為此而愛你。請繼續反向思考。

哈麗雅特：我願意讓它停止作用，我願意讓我的心臟妨礙我的正常生活。

凱蒂：現在，請再唸最後的答覆，把每一句反轉成「我期待」。

哈麗雅特：我期待放棄我的心臟，我期待讓我的心臟停止作用，我期待它妨礙我的正常生活。

凱蒂：聽起來就像是「自由宣言」。遵照醫生的忠告，從清明而關愛的角度去看發生的一切。最後，你將明白：身體不是你的事，而是醫生的事。你唯一要做的是，治癒此刻出現的錯誤信念。謝謝你，甜心。

我女兒上癮了

我曾經跟數百位酗酒者做過「轉念作業」，我發現他們被酒精麻醉以前，已經被他們的想法麻醉了。他們很多人告訴我，「轉念作業」包含了「戒酒無名會」的十二個步驟。例如，它為第四和第五步驟提供了明確的方法：「無懼地自我檢討，承認自己過錯的本質。」上千人想要這樣做，卻不知從何下手。

我告訴他們：「不必為『戒酒』而做轉念作業，回到你需要喝酒這想法之前的那個想法，針對那個想法裡的人及情境去做練習，才是根本之計，因為你企圖用酒來抵制的，正是那個想法。真正的問題在於那些未經審視的想法，而不是酒。酒是誠實而真實的：它保證你喝醉，而它做到了；它答應讓問題惡化，它也做到了。它真的信守諾言，簡直稱得上誠實正直的大師。它並沒有說：『喝下我。』它只是在那兒，誠實地等待機會，善盡它的本分而已。」

「用『轉念作業』審查你的想法，同時也去參加無名會的聚會，把自己的經驗和得到的力量跟大家分享，讓自己能親耳聽到。你要處理的人永遠是你自己，只有你的真相（不是我們的）才能幫你獲得解脫。」

我女兒羅珊十六歲時，經常喝得醉醺醺，而且她還嗑藥。這發生在我一九八六年覺醒之前，當時我有嚴重的憂鬱症，完全沒意識到她的狀況。直到反躬自問在我內心成形之後，我才開始留意到她的行為，以及覺察自己對它們的看法。

她每晚開著全新的紅色Camaro跑車出門，如果我問她要去哪裡，她就投給我一個憤怒的眼神，轉身甩門而去。我非常熟悉那個眼神，我曾教她用那種方式看我，因為那眼神在我臉上已經掛了很多年了。

透過反躬自問，我學會安靜地待在她身邊、待在每個人身邊，也學會如何聆聽。我時常熬夜等她返家，純是為了能見她一面的「殊榮」，就只為了那個殊榮而已。我知道她去喝酒了，而且也知道我對此愛莫能助，但心裡不時湧現諸如此類的想法：「她可能酒醉駕車，可能死於車禍，我再也見不到她。我是她的母親，是我買車送她的，我該為此負責。我應該收回車子。（但是我沒權利，因為我已送給她，那是她的了）她會醉著開車，她會撞死別人，或是跟別的車子相撞，或撞上路燈的柱子，因而害死她自己以及車裡的人。」這些想法一浮現，我就默默地反躬自問。反躬自問會瞬間帶我回到眼前的真相：一個正坐在椅子上等她心愛女兒的女人。

在某個週末三天假的最後一晚，羅珊帶著極度痛苦的表情進入屋內，就我看來，她好像快崩潰了。她看到我坐在那裡，即刻投入我懷裡，說：「媽媽，我不能再這樣下去了，請幫助我。不論你給那群來我們家裡的人什麼東西，也給我吧！」於是，我們一起做「轉念作業」。那是她最後一次酗酒嗑藥。之後，儘管遇到任何問題，她都不需仰賴酒精或藥物的麻醉，而且也不再需要我了。她只是寫下問題，反問四句話，並做反向思考。

內心找得到平安之際，外在也會隨之平安。沒有比找到超越痛苦幻相的方法更大的人生禮物了，我很高興我所有的孩子們都能由此獲益。

…………………………

夏綠蒂：**我很怕我女兒的毒癮正在殘害她。**

凱蒂：你能百分之百肯定那是真的嗎？我不是說那不是真的，它只是一個提問而已。「她的毒癮正在殘害她」——你能百分之百肯定那是真的嗎？

夏綠蒂：不。

凱蒂：當你想到她的毒癮正在殘害她時，你會有何反應？

夏綠蒂：我非常生氣。

凱蒂：你會對她說什麼話，做什麼事呢？

夏綠蒂：我批評她，甚至把她推開。我很怕她，不想要她待在我身邊。

凱蒂：倘若沒有「她的毒癮正在殘害她」的想法，你在女兒面前，會是怎樣的人呢？

夏綠蒂：會比較輕鬆，活出我自己，不會對她那麼兇，也不會亂發脾氣。

凱蒂：當轉念作業在我內萌生之際，我的女兒，套用她的話，是一個酒鬼兼毒蟲。我不斷自問：「她的癮正在殘害她」——我能百分之百肯定那是真的嗎？不！我若不編這個故事時，會是怎樣的人呢？我會一直待在她身邊，全心全意地愛她，直到她死為止。或許她會嗑藥過量而死，至少她會死在我懷裡。當你想到「她的毒癮正在殘害她」，那時，你會怎樣對待她呢？

夏綠蒂：我看都不看她一眼，而且不想要她待在我身邊。

凱蒂：那是恐懼，只要我們執著於夢魘，就會感到恐懼。「毒癮正在殘害她」——請反向思考，當你反轉嗑藥這類問題時，用「我的想法」這字眼來取代那個問題。「我的想法……」

夏綠蒂：我的想法正在殘害她。

凱蒂：還有另一個反向思考。「我的想法……」

夏綠蒂：正在殘害我。

凱蒂：是的。

夏綠蒂：它殘害了我們的關係。

凱蒂：她可能死於藥物過量，而你則死於想法過量。她有可能活得比你更久。

夏綠蒂：是的，那是真的。我整個人焦慮得快崩潰了。

凱蒂：她嗑得不醒人事，你也不醒人事。我曾走過這一關。

夏綠蒂：是啊，當她正在嗑藥的情景一浮現時，我就暈了。

凱蒂：「她正在」——把它反轉。

夏綠蒂：我正在？

凱蒂：是的，你正借用她來讓你自己不醒人事。她嗑藥，你嗑她——有何不同呢？

夏綠蒂：嗯……。

凱蒂：讓我們看下一句答覆。

夏綠蒂：**我對琳達的毒癮感到生氣和悲傷，因為我覺得它會危害我孫女黛比的生命。**

凱蒂：所以，你認為可能會出事，你的孫女會死。

夏綠蒂：或遭到性侵，或……

凱蒂：因為你女兒的毒癮，你孫女可能會遭到不幸。

夏綠蒂：是的。

凱蒂：那是真的嗎？我並不是說那不是真的，這純是一句提問，沒有任何動機，它只想終止你的痛苦。你能百分之百肯定那是真的嗎？

夏綠蒂：不，我不知道。

凱蒂：當你持有那個想法時，你會如何反應呢？

夏綠蒂：嗯，我已經哭了整整兩天，四十八小時不曾闔過眼，我感到驚惶失措。

凱蒂：請給我一個能讓你毫不焦慮地相信這想法的理由。

夏綠蒂：一個也沒有。

凱蒂：「我女兒的毒癮危害了我孫女的生命」，請反向思考。「我想法的毒癮……」

夏綠蒂：我想法的毒癮危害了我的生命。是的，我承認，那是千真萬確的。

凱蒂：現在，請接著說：「我的毒癮……」

夏綠蒂：我的毒癮危害了我的生命？

凱蒂：是的，你的毒癮就是她。

夏綠蒂：喔，沒錯，我承認。我的毒癮是她，我整個人陷入她的問題了。

凱蒂：的確如此。她對藥物上癮，而你對管制她的生活上癮。她是你的迷幻藥。

夏綠蒂：懂了。

凱蒂：滿腦子想控制孩子們的事，實在是神志不清。

夏綠蒂：即使包括嬰兒嗎？

凱蒂：「她應該照顧嬰兒」，請反向思考。

夏綠蒂：我應該照顧嬰兒？

凱蒂：是的，由你來照顧。

夏綠蒂：喔，天啊！我應該做那事嗎？

凱蒂：你認為如何呢？根據你說的，她沒時間照顧。

夏綠蒂：嗯，我已在撫養另一個女兒的三個孩子，從出生就開始了，所以……

凱蒂：是的，養四個、五個、一千個孩子。全世界到處都是挨餓受凍的孩子！你還坐在這裡做什麼呢？

夏綠蒂：我想，我的疑問是：如果我幫她撫養小孩，就等於縱容她嗑藥。我可能成為害死她的凶手。

凱蒂：那麼，照顧嬰兒對你有問題嗎？對她也是一樣的。這會教我們謙卑。你是否已經盡力了？

夏綠蒂：是的。

凱蒂：我相信你。當你想到：「我女兒應該怎樣又怎樣做」時，請把它反轉成「我應該怎樣又怎樣做」。如果你做不到，就跟你女兒沒兩樣。當她說「我做不到」，你便能諒解了。然而，你卻對她大發雷霆，只因為你未曾審查自己的想法，你們兩個人都不醒人事，而你還在教你的女兒發瘋。

夏綠蒂：噢。

凱蒂：「毒癮危害了黛比的生命」，請反向思考。

夏綠蒂：我對於琳達毒癮的想法危害了我的生命。

凱蒂：是的。

夏綠蒂：那肯定是真的。

凱蒂：她的毒癮是誰的事？

夏綠蒂：她的。

凱蒂：你的毒癮是誰的事？

夏綠蒂：我的。

凱蒂：照顧一下自己吧。讓我們看下一個答覆。

夏綠蒂：**我女兒的毒癮正在摧毀她的生命。**

凱蒂：從長遠來看，你能百分之百肯定你女兒的毒癮正在摧毀她的生命嗎？

夏綠蒂：不。

凱蒂：事情開始變得更清楚了。我喜歡你對那個問題的回答。我在一九八六年做有關我女兒的「轉念作業」時，必須進入內心最深處，才能找到相同的東西。出乎意料的是，正因為那個癮，她如今的生活才過得這麼豐盛。總而言之，我不可能知道所有的事物，我只是觀看事物的實際狀態，這讓我得以神志清明，充滿愛心，生命始終圓滿美好。

倘若她當年不幸死了，我仍能看到那個美好。但是，我必須面對真相，不能自欺。如果這是你邁向神的唯一道路，你會選擇它嗎？

夏綠蒂：會的。

凱蒂：嗯，那好像是實情，錯不了的。我們一輩子都在忙著讓兒女覺悟，現在讓我們自己覺悟吧！請再唸一次答覆。

夏綠蒂：**我女兒的毒癮正在摧毀她的生命。**

凱蒂：當你抱持那個想法時，你會如何反應呢？

夏綠蒂：我感到很絕望。

凱蒂：當你絕望時，會如何過生活呢？

夏綠蒂：我完全活不下去。

凱蒂：你能看到放下這個想法的理由嗎？

夏綠蒂：是的。

凱蒂：當你在過生活而沒有這個想法時，你會是怎樣的人呢？

夏綠蒂：嗯，我肯定是一位更好的母親。

凱蒂：很好，你是專家，從你身上，我學到了：一有這想法，你痛苦；沒這想法，就不苦，而且還會是更好的母親。所以，你女兒跟你的問題有何關係？完全無關！如果你認為女兒造成你的問題，歡迎回來做「轉念作業」。你的女兒對你來講，是最完美的，因為她不斷把你未審查的概念一個一個勾出來，直到你明白事實真相為止，那是她的職責。每件事物都有它應盡的職責，這蠟燭的職責是燃燒，玫瑰的職責是開花，而你女兒的職責就是嗑藥，我現在的職責是喝我的茶。（喝了一口茶）當你自己明白後，她也會隨之了解的。那是必然的法則，因為她是你的投射。你把真相看偏了，她也會如此。這裡是地獄，那裡也會是地獄；這裡有平安，那裡也會有平安。讓我們看下一個答覆。

夏綠蒂：現在，讀起來顯得很荒謬，我還要繼續唸下去嗎？

凱蒂：你最好還是唸，因為想法出現了。

夏綠蒂：**我對我女兒琳達的毒癮感到生氣、困惑、悲傷和害怕，這些全都有，因為它帶給我極度的痛苦。**

凱蒂：請反向思考。

夏綠蒂：很明顯地，我對她的那些想法帶給我極度的痛苦。沒錯。

凱蒂：是的，你的女兒跟你的痛苦扯不上關係。

夏綠蒂：嗯……。那絕對是真的。我看得到那個，也感受到了。

凱蒂：我真高興人們能了解這一點，因為當他們看到孩子、父母和配偶的純潔無罪，就會看到自己的純潔無罪。這「轉念作業」談的是百分之百的寬恕，因為那是你要的，同時也是你的真相。讓我們看下一個答覆。

夏綠蒂：**我害怕琳達的毒癮，因為它改變了她的個性。**

凱蒂：請反向思考。「我害怕我的想法……」

夏綠蒂：我害怕我的想法，因為它改變了琳達的個性？

凱蒂：有趣吧！現在試一下「它改變我……」

夏綠蒂：它改變了我的個性。是的，沒錯。

凱蒂：所以也改變了琳達的個性。

夏綠蒂：也改變了琳達的個性。

凱蒂：我們的眼光最後才會落在自己身上，豈不有趣嗎？我們總想改變投射出來的影像，卻不肯好好清理放映機。直到現在，我們才找到了方法。

夏綠蒂：是的。

凱蒂：所以，只要照著唸就好。

夏綠蒂：我害怕我的想法，因為它改變了我的個性。

凱蒂：去感覺一下。

夏綠蒂：哇！我當時根本看不見她。這正是問題之所在！我害怕我的想法，因為它改變了我的個性，然後我就看不見自己或她了。對！

凱蒂：你曾否一邊氣她，一邊在想：「我怎能對她說那種話呢？我為何要傷害她呢？她是我全部的生命，我愛她，但我待她就像……」

夏綠蒂：像狗屎。我好像變成了另一個人，尤其是她在嗑藥時，我對她很兇。

凱蒂：因為你在吸毒，而她是你的毒藥。若非如此，你怎能成為烈士？曾有父母打電話告訴我：「我的小孩吸毒，她有麻煩了。」他們看不出真正有麻煩的是他們。他們的小孩其實活得好好的，或至少不比父母差。當你頭腦清明時，你女兒也會清明。你是道路。讓我們看下一句。

夏綠蒂：我很氣琳達的毒癮，因為她嗑藥時，我很怕她。

凱蒂：請反向思考。

夏綠蒂：我很氣我的毒癮，因為那種時候我很怕我自己。當她出現在眼前而且正在嗑藥時，情況的確如此，我很怕我對她做的一切。

凱蒂：「你害怕她」，那是真的嗎？

夏綠蒂：不是。

凱蒂：當你持有那想法時，你會如何反應，如何對待她呢？

夏綠蒂：我生氣、情緒反覆無常、藉故挑釁，甚至把她逐出門外。

凱蒂：好像有個毒蟲跑進你家了。

夏綠蒂：是的，我真的如此。

凱蒂：但她是你的心肝寶貝呀。

夏綠蒂：是啊。

凱蒂：但你待她就像想爬進來的臭蟲。

夏綠蒂：說得一點都沒錯。

凱蒂：她是你最心愛的孩子，你卻把她當成敵人對待，那是未審查過的想法所產生的威力，也是噩夢的威力。它必須活出它自己。你一想到：「我害怕她。」你就必定會活出害怕。但是，如果你審查那個想法（「我害怕她」──那是真的嗎），噩夢就消失不見了。當她走進屋子，而你浮現「我害怕她」的想法時，就用微笑來取代恐懼。只要你雙手環抱著她，就會聽到她多麼怕她自己，她會坐下來對你傾訴。你現在的家沒有一位傾聽者，只有充滿恐懼的老師而已，那是可以理解的，因為直到現在，你都未曾反問過自己的想法是否真實。讓我們看下一個答覆。

夏綠蒂：當琳達嗑藥時，我要她離我遠一點。

凱蒂：那是真的嗎？我並不是說那不是真的。

夏綠蒂：我覺得好像是真的。

凱蒂：當她嗑藥時，她會去找你嗎？

夏綠蒂：不會，再也不會。

凱蒂：所以，那是你需要的，因為那正是你的實際情形，錯不了的。如果我女兒不來找我，我知道那表示我不需要她。如果她來了，我就明白那表示我需要她。

夏綠蒂：而且，當她來時，我竟用這種可怕的方式對待她。

凱蒂：所以，請反向思考。

夏綠蒂：當我嗑藥時，我要離自己遠一點。那完全是真的。

凱蒂：當你嗑藥——琳達這顆藥，你遠離自己的方法就是批評你女兒，把它寫下來，反問四句話，並反向思考。遠離你認為的你——這既害怕又憤怒的女人，而重返你美麗的自我，那正是你要她做到的，所以我知道你也能做到。這是一生的功課，你只要處理好自己，就會有源源不絕的活力。

夏綠蒂：是的，然後我會讓她待在我身邊，無論她是否嗑藥。

凱蒂：我不知道。

夏綠蒂：至少她嗑藥時，我可以留在她身邊，而不會把她趕出門。

凱蒂：那將大大減少你們雙方的痛苦。

夏綠蒂：是的。

凱蒂：你能覺察那一點，好極了！甜心，你做了很棒的「轉念作業」。

任何事情，都是「爲了我」而發生，
而不是「衝著我」來的。

12 與「最糟境遇」為友

跟我一起操練過「轉念作業」的人，不乏經歷過強暴、越戰、波士尼亞戰爭、酷刑、納粹集中營、子女死亡，或飽受如癌症等重大疾病的折磨。很多人認為要平心接受這類慘烈的經驗，實在不合乎人道，更別提以「無條件的愛」去面對它們了。然而，我們不僅做得到，而且它還是我們的真實本性。

任何可怕的事只存在於我們的想法裡，事實真相永遠是美好的，即使噩夢般的境遇亦然。我們編的故事才是生活裡唯一的夢魇。當我說「最糟境遇」是一種信念時，絕非誇大之詞。發生在你身上最糟的，其實是你未經審查的信念體系。

恐懼死亡

在「轉念作業學校」裡，我喜歡用反躬自問協助人們穿越他們最恐懼、最惡劣的境遇。對很多人而言，最恐懼的莫過於死亡。他們相信：不僅在死亡過程中，甚至命終之後，他們都得承受極大的痛苦。我帶他們進入內心深處，深入這如影隨形的噩夢裡，從中蘇醒過來，一舉消除恐懼、痛苦和苦難的幻相。

我曾在很多臨終者床前，跟他們一起做「轉念作業」。做完之後，他們經常告訴我，感覺好多了。記得有一位垂危的癌症婦女，她非常害怕地請求我探望她。我依約前往，坐在她床邊。我對她說：「我沒看到任何問題。」她說：「沒看到？好吧，我給你看問題在哪。」她掀開被單，其中一隻腳已腫了兩倍大。我看了又看，可是仍沒發現任何問題。她說：「你必是瞎了眼！請注意這隻腳，然後再看另一隻腳。」我說：「哦，現在我看到問題了。你的痛苦來自於你認為那隻腳應該看起來像這隻腳一樣的那個信念。沒有那個想法時，你會是怎樣的人呢？」她頓時明白了，忍不住大笑起來，恐懼透過她的笑聲傾洩而去。她說她這一生從來不曾這麼快樂過。

有一次，我到安養院探望一位臨終的婦女。當我走進去時，她正在午睡，我安靜地坐在床邊，直到她醒來。然後，我握住她的手，交談了幾分鐘，她說：「我非常害怕，我不知道會怎麼死。」我問她：「親愛的，那是真的嗎？」她回答：「是真的，我的確不知該怎麼辦。」我告訴她：「我走進來時，你正在午睡，你知道怎麼午睡嗎？」她說：「當然知道。」我接著說：「每晚，你閉上眼睛，然後睡著了。人們期待著夜晚入睡的那一刻，死亡就是這麼一回事，最糟也不過如此，除非你的信念體系在擔心其他事情。」她告訴我她相信死後的世界，並說：「當我去那裡時，我不知道該做什麼事。」我問她：「你真的知道那裡會有事要做嗎？」她回答：「我猜沒有。」我說：「你根本無需知道任何事，一切都沒事。你所需的一切，早已為你備妥在那裡，所以根本無需為此操心。你必須做的，只是需要休息時就午休片刻，醒來之後，你就知道該做什麼事了。」當然，我向她描述的是人生，而不是死亡。接下來，我們進入第二句反問：「你能百分之百肯定你不知道怎麼死嗎？」她開始大笑起來，說她寧願跟我在一起，而不願跟她自己編的故事在一起。多麼有趣啊！除了自己目前所在之處以外，我們哪裡都去不了的。

當心靈念念不忘死亡之際，它面對的是「空無一物」，卻將之視為「某物」，以免經驗到它（心靈）自身的真相。在你明白死亡等同於生命之前，你總想操控自己的人生經驗，結果常常令人心痛。然而，若非你編了一個抵制事實真相的故事，悲傷根本無立足之地。

「恐懼死亡」是「恐懼愛」的最後一道障眼法。我們以為我們害怕身體的死亡，其實我們真正害怕的是自己身分的消失。如今，透過反躬自問，我們才明白死亡只不過是一個概念，我們的身分也是一個概念，唯有領悟自己的真相，才可能終結長期以來的恐懼。

「失落」是另一個概念。我的孫子羅斯出生時，我在產房陪產。第一眼看見他，我便忍不住愛上他了。同時，我也注意到他沒有呼吸。醫生帶著困惑的表情看著他的臉，立即採取急救措施。護士們卻發現這些措施都沒有用，整個產房瀰漫著緊張不安和驚慌失措的氣氛。然而，無論他們怎麼努力都一樣，嬰兒仍沒有呼吸。就在此時，羅珊轉頭盯著我看，我報以一個微笑。事後，她告訴我：「媽，你知道你經常掛在臉上的微笑嗎？當我看到你那樣看我時，一股平安的能量感染了我，即使嬰兒沒有呼吸，我仍覺得沒關係。」不久，一股氣息進入我孫子體內，我聽到了他宏亮的哭聲。

我很開心，我的孫子不必因為一定要為我呼吸，我才去愛他。他的呼吸是誰的事？不是我的事。不管他呼吸與否，我不願錯失他存在的每一刻。我知道即使沒有任何呼吸，他已經活了自己完整的一生。我熱愛真相，而且以它當下的樣貌來愛它，絲毫不受任何幻相擺佈。

亨利：**我很氣死亡，因為它毀了我。我害怕死亡，也無法接受死亡。死後，我應該會投胎轉世。死亡是痛苦，也是結束。我不想再經歷到死亡的恐懼。**

凱蒂：讓我們從頭開始。請你再唸第一句答覆。

亨利：**我很氣死亡，因為它毀了我。**

凱蒂：如果你想要活在恐怖裡，就儘管寄託到未來吧！甜心，你為自己設計了一個可怕的未來。讓我們聽下一句答覆。

亨利：**我害怕死亡。**

凱蒂：當你死時，最糟的結果是什麼呢？讓我們來探險一下。

亨利：我的身體死了。

凱蒂：接下來呢？

亨利：我不知道。

凱蒂：嗯，你認為最糟的結果是什麼呢？你認為會發生可怕的事，那是什麼？

亨利：死亡是結束，我若無法重生，就沒有靈魂了。

凱蒂：然後呢？你無法重生，也沒有靈魂。照目前看來，你什麼也沒有。因此，發生在你身上最糟的結果就是你什麼也沒有。然後呢？

亨利：是的，但那很痛苦。

凱蒂：所以，「什麼也沒有」是痛苦的。

亨利：是的。

凱蒂：你能肯定那是真的嗎？什麼也沒有怎會痛苦呢？什麼也沒有就是空無一物啊！它怎會變成其他東西呢？

亨利：我把這個空無想像成一個黑洞，讓人很不舒服。

凱蒂：所以，空無是一個黑洞，你能百分之百肯定那是真的嗎？我不是說它不是真的，我知道你很愛自己編的故事，它是一個古老的「黑洞」故事。

亨利：我認為那是最可怕的經驗。

凱蒂：好。所以，當你死時，你將永遠待在一個又大又黑的洞裡。

亨利：或在地獄裡，我稱這黑洞是地獄。

凱蒂：一個永遠又大又黑的地獄洞裡。

亨利：而且，它是地獄之火。

凱蒂：一個永遠又大又黑的地獄洞之火。

亨利：是的，與真神天人永隔。

凱蒂：與真神天人永隔，而火和黑暗永遠都在這個又大又黑的地獄洞裡。我要問你，你能百分之百肯定那是真的嗎？

亨利：不，我無法知道。

凱蒂：當你相信那個想法時，會有何感覺呢？

亨利：（哭著）很痛苦，也很恐怖。

凱蒂：甜心，看著我。你現在能否繼續浸在你的感覺裡？請你看看自己，「這」就是地獄的黑洞，你已經掉進去了，這個經驗不是以後才會遇到的；你此時此刻正活在你未來的死亡故事裡，它最糟的結果就是讓你經歷到這種恐怖。你能否找到理由放下這個故事？我不是要求你現在就放下。

亨利：可以。

凱蒂：請給我一個理由，讓你能繼續保有這故事，而又不會覺得好像待在地獄的黑暗之火裡。

亨利：我找不到。

凱蒂：倘若沒有這故事，你會是誰或是怎樣的人呢？你已經活在最糟的處境了。未經審查的想像故事讓人迷失在地獄裡，找不到出路。

亨利：而且被神遺棄。

凱蒂：是的，安琪兒，被你心目中的神遺棄，但你無法把自己推離真神的，那是絕不可能的。你只能把自己推離你心目中的真神一陣子而已。只要你還崇拜這古老的偶像、古老的黑洞故事，你心裡就沒有體驗真神的餘地。你像天真無邪的小孩一直崇拜著這個故事。讓我們來看下一個答覆。

亨利：**我害怕死亡。**

凱蒂：我能了解。但是，沒有人害怕死亡，他們只是害怕自己編造出來的死亡故事而已。讓我們來看看你對死亡的想法。你剛才描述的都是生命問題，而非死亡問題，所以這是你的生命故事。

亨利：嗯……沒錯。

凱蒂：讓我們看下一個答覆。

亨利：**我無法接受死亡。**

凱蒂：那是真的嗎？

亨利：嗯，是真的。我很難接受。

凱蒂：你能百分之百肯定你無法接受死亡嗎？

亨利：我真的很難相信那會發生在我頭上。

凱蒂：當你沒想到死亡的種種時，你就能完全接受它，而不起任何煩惱心。請想想你的腳。

亨利：好。

凱蒂：在你想到腳之前，你有腳嗎？它在哪裡？沒想到腳時，腳便不存在。沒有想到死亡時，死亡便不存在。

亨利：真的嗎？我不相信那麼簡單。

凱蒂：當你相信「我無法接受死亡」的想法時，你會如何反應？感覺如何呢？

亨利：無助、害怕。

凱蒂：要是沒有「我無法接受死亡」的故事，你的生活會變得怎樣呢？

亨利：沒有那想法時，我的生活會變成怎樣？一定很美妙吧！

凱蒂：「我無法接受死亡」，請反向思考。

亨利：我可以接受死亡。

凱蒂：任何人都能做到，也都做到了，死亡不是我們能決定的，知道那是無指望的人反而自由了。這決定不是我們能掌控的，一向都是如此，但有些人必須等到死於肉身的一刻，才明白這一真相，無怪乎他們臨終時面帶微笑。死亡原是他們此生中尋找的一切，他們能夠為生命作主的錯覺結束了。一旦沒得選擇，就不會恐懼，平安便來臨了，到最後，終於了悟出自己一直安居家中，從未離開過它。

亨利：這種失去掌控的恐懼是非常強烈的。對愛的恐懼也一樣，它們全是同一回事。

凱蒂：失去掌控的想法真的可怕，其實打從一開始你就從未掌控過。所以，那是幻相的死亡，真相的誕生。讓我們看下一個答覆。

亨利：**死後我應該會投胎轉世。**

凱蒂：「你應該會投胎轉世」，你能肯定那是真的嗎？歡迎加入人類編造的未來故事裡。

亨利：不，我不知道是不是真的。

凱蒂：你根本不喜歡這一世，為何還想再來一次呢？（亨利大笑）「天哪！這真是一個大黑洞。嗯，但我想我會再回來。」（觀眾大笑）「你想回來投胎」，那是真的嗎？

亨利：（笑著）不，那不是真的。我不想再投胎轉世，那是一個錯誤。

凱蒂：「我們會投胎轉世」，你能百分之百肯定那是真的嗎？

亨利：不，我只是聽說，書裡也都這麼說。

凱蒂：當你持有那個想法時，會如何反應呢？

亨利：我會擔心自己現在的一切作為，因為我認為以後必得付出代價，甚至遭到懲罰，或受累生累世的報應，因為我在這一生中傷害了不少人。我擔心自己造了很多孽，而且說不定這一生已經被我搞砸了，我可能會在三惡道中不斷地輪迴。

凱蒂：如果沒有投胎轉世的想法，你會是怎樣的人呢？

亨利：比較不害怕，也更自由自在些。

凱蒂：投胎轉世對某些人或許是很有用的概念，但根據我的經驗，投胎轉世的，只是你的想法而已，比如：「我。我是。我是女人。我是有孩子的女人。」如此無限地延伸下去。你想要結束業力嗎？那很簡單，只要逐一去探問：「我」，「我是」——那是真的嗎？倘若沒有這個故事，我會是誰呢？如此一來，什麼業力都沒有了。但我若期盼下一世，它馬上就來臨了，那就是「現在」。讓我們看下一個答覆。

亨利：**死亡是痛苦的。**

凱蒂：你能肯定那是真的嗎？

亨利：我無法肯定。

凱蒂：當你相信「死亡很痛苦」的想法時，感覺如何呢？

亨利：現在覺得很愚蠢。

凱蒂：「死亡很痛苦」，請反向思考成：「我的想法……」

亨利：我的想法是痛苦的。

凱蒂：那是否更真實呢？

亨利：是的，是的。

凱蒂：死亡絕非那麼不仁慈，它只是想法的結束而已。有時候，未經審查的幻境才會令人痛苦。讓我們看下一個。

亨利：**死亡是結束。**

凱蒂：（笑著）說得好！你能肯定那是真的嗎？

亨利：我不知道。

凱蒂：那不是你最喜歡的一句話嗎？（觀眾大笑）當你持有那想法時，會有何反應呢？

亨利：到現在為止，我一直活在恐懼中。

凱蒂：「死亡是結束」，請反向思考。

亨利：我的想法是結束。

凱蒂：是開始，是途中，是結束。（亨利和觀眾大笑）所有的一切都如此。你已經很懂得怎麼死了。你是否有過夜晚就寢的經驗？

亨利：有。

凱蒂：就是這樣，一覺無夢。你做得真的很好。你晚上去睡覺，然後睜開雙眼，周遭仍是空無一物，沒有任何人醒來，也沒有任何人活著，直到人類編出了「我」的故事，人生就是這樣開始的。在那之前，沒有你，沒有世界。你每天的生活都是由「我」的認知開始，從「我」醒來，「我」是亨利、「我」需要刷牙、「我」上班遲到了、「我」今天有很多事要做。在那之前，根本沒有任何人，沒有任何事物，也沒有黑洞，只有平安，甚至連平安的意識都沒有。甜心，你死得非常好，也重生得非常好。若是遇到難題，你可以「反躬自問」。讓我們看你最後一個答覆。

亨利：**我再也不要經歷死亡的恐懼。**

凱蒂：「我願意……」

亨利：我願意再經歷死亡的恐懼。

凱蒂：現在你知道怎麼做了。所以，請試一試「我期待……」

亨利：（笑）我期待再經歷死亡的恐懼。我會努力去做的。

凱蒂：很好。沒有任何地方、任何黑洞，是「反躬自問」無法進入的。「反躬自問」的智慧就在你內，只要你肯培育它，它便會活出自己的生命。然後，它會自動反過身來照顧你。上天不會給你承受不了的苦，你永遠不必承受扛不起的重擔，我敢為此保證。死亡經驗只不過是頭腦的經驗，而且人們死後，從不回來告訴你，也根本懶得回來跟你囉唆，因為死亡是這麼地美妙。（笑聲）那就是為何要審查的原因了。所以，甜心，期待死亡的恐懼吧！你若是肯作真相的情人，你就自由了。

下面的個案是跟一位六十七歲荷蘭老人的對談，從中你能看到一個未經審查的故事所帶來的威力，它幾乎掌控了我們一生的所有想法和行動。

跟他同期參加「歐洲轉念作業學校」的一位德國學員，也有過炸彈落在身上的經歷。一九四五年，蘇聯軍隊佔領柏林時，他年僅六歲。士兵們帶走了他，以及在大轟炸下倖存的一些老弱婦孺，把他們安置在收容所裡。他記得他們正在玩一顆未爆的手榴彈，那是士兵們給他們的玩具。他親眼看到一個小男孩拔開保險栓，手榴彈立即爆炸，這個男孩的手臂當場炸斷。附近的孩童也遭到波及而嚴重傷殘，他還記得他們哀號的尖叫聲、受傷的臉，以及被炸得四處飛散的血肉和斷臂殘肢。他也記得睡在他旁邊年僅六歲的小女孩慘遭一位士兵強暴。他告訴我，即使事隔多年，營房裡夜夜被強暴婦女的尖叫聲仍不時在耳邊響起。他說，六歲時的慘痛經驗籠罩著他一生，為此他來參加轉念作業學校，希望能深入他的內在和噩夢裡，從中找到回家之路。

有一位猶太婦女參加了同一所學校，她的父母是德國達郝（Dachau）集中營的倖存者。她童年的夜晚也一樣充滿慘叫聲。她父親經常在半夜嚎叫醒來，終夜來回踱步、哭泣和呻吟。她母親也經常跟著醒來，與父親一起呻吟。父母的夢魘變成了她的噩夢。父母教她千萬別信任手臂上沒有號碼刺青的人。她所受到的創傷就跟那位德國人沒兩樣。

開學幾天後，我聽到了他們的故事，便安排這兩人一起做練習。他們寫的「轉念作業單」

各由相對的角度批評二次世界大戰的敵軍。他們輪流向對方唸出自己的質問，我很高興看到這兩位「想法之下的重生者」最後成了朋友。

在下列對話裡，威廉審查他童年時期的恐怖事件，那個經歷如影隨形地糾纏了他五十年。雖然他內心還沒做好準備，無法坦然期待最糟境遇的再度來臨，但至少他已經從中獲得了重大的體悟。我們誠實地做完「反躬自問」後，根本無法預期能得到多少收穫，或它對我們有何功效，甚至我們很可能永遠不知道它的功效，但那不是我們的事。

威廉：**我不喜歡戰爭，因為它帶給我太多的害怕和恐怖。它向我顯示我的生存旦夕不保。**我常處在挨餓狀態。當我需要父親時，他不在身邊。很多夜晚我都得待在防空壕裡。

凱蒂：很好，你當時幾歲呢？

威廉：戰爭開始時，我才六歲。它結束時，我十二歲了。

凱蒂：讓我們來看看「戰爭帶給我太多的害怕和恐怖」。請回到你最糟的情況裡，回到你又餓又怕，父親又不在身邊的最糟時刻，你當時幾歲呢？

威廉：十二歲。

凱蒂：我要跟十二歲的你說話，你在哪裡呢？

威廉：我正從學校回家，聽到了爆炸聲，立即跑進一棟房子，然後房子倒塌下來，屋頂正好擊中我頭部。

凱蒂：後來呢？

威廉：起先，我以為我死了，後來發現還活著，便奮力爬出廢墟，趕緊逃出去。

凱蒂：所以你逃出去了，然後呢？

威廉：我沿著街道一直跑，跑進一家麵包店，後來離開麵包店，再衝入一座教堂，躲進教堂的地下室，心想：「或許這裡比較安全。」後來，我跟其他受傷的人一起被送上卡車。

凱蒂：你那時身體沒事吧？

威廉：還好，只是有點腦震盪。

凱蒂：好。我想要問十二歲的小男孩，哪個時刻是最糟的呢？是你聽到爆炸時，還是房屋倒塌壓到你時？

威廉：房屋倒下來時。

凱蒂：是的，當房屋倒塌時，暫時不理會你的想法，那小男孩還好嗎？若不理會你的想法，那小孩事實上還好嗎？

威廉：現在，從我成人的眼光來看，他還好，因為我知道我還活著。但我那時還是個孩子，他不覺得OK。

凱蒂：我了解。我正在問十二歲的小男孩。現在，我要你看著房子正塌下來，它塌下來了，你還OK嗎？

威廉：是的。我還活著。

凱蒂：然後，屋頂打在你頭上，就事實而言，你還好嗎？

威廉：我仍活著。

凱蒂：現在你正爬出房子。小男孩，告訴我實情，你還好嗎？

威廉：（停頓很久後）我活著。

凱蒂：讓我再問一次，我要問小男孩，是否有任何事不OK？

威廉：我不知道我繼母或兄弟們是否安然無恙。

凱蒂：很好。現在除了那個想法以外，你還好嗎？

威廉：（停頓一下後）在那情況下，我還活著，所以一切都還好。

凱蒂：要是你沒想到你母親和家人那個故事時，你還好嗎？我不只指活著而已。請看著十二歲的你。

威廉：雖然我當時很驚慌，但大致還好。我不只活著，而且很慶幸自己逃離了房子。

凱蒂：所以，請閉上眼睛。現在走到小男孩身邊，只是看著這十二歲的小男孩就好。看著屋子倒塌在他身上，現在看著他爬出來。看著他，心裡沒有你編的故事，沒有炸彈和父母的故事。只是看著他，不編故事，你待會兒還可以編你的故事，但現在，請專心看著他，放下你的故事，就只是跟他在一起。你能在內心某處感到一切OK嗎？

威廉：嗯……。

凱蒂：是的，甜心。你編了一個炸彈怎樣徹底摧毀你和你家庭的故事，然後用那個故事來嚇自己。小男孩並不了解心念通常如何運作，也不知道那只是一個嚇自己的故事而已。

威廉：我當時並不知道。

凱蒂：所以，房子倒塌下來，屋頂擊中你頭部，你有一點腦震盪，然後你爬出來，跑進一家麵包店，再衝入一間教堂。事實真相遠比我們編的這些故事「我需要我父親。炸彈是否擊中了我家？我父母還活著嗎？我能再看到他們嗎？沒有他們，我怎麼活呢？」仁慈多了。

威廉：嗯……。

凱蒂：我很想回到過去，再跟那個小男孩在一起，因為他今天仍坐在這裡。「房子會倒塌，並害死我全家」的故事遠比房子確實倒下來更讓你覺得恐怖和痛苦。你當時確實感覺到它壓在你身上嗎？

威廉：可能沒有，因為我當時太害怕了。

凱蒂：所以，甜心，你在心裡重活了這個故事多少次？多少年？

威廉：常常。

凱蒂：你那時聽過幾次炸彈落下來？

威廉：轟炸了兩個多星期。

凱蒂：所以，你的實際經驗只有兩個多星期，然而，那經驗在你心裡活了多少年？

威廉：五十五年。

凱蒂：所以，炸彈落在你心裡長達五十五年，事實上，它只是你童年的一小段經驗。

威廉：是的。

凱蒂：那麼，誰比較仁慈呢？是戰爭，還是你呢？

威廉：嗯……。

凱蒂：誰不斷地製造戰爭呢？當你相信這個故事時，你有何反應呢？

威廉：充滿恐懼。

凱蒂：當你相信這故事時，請看看你是如何過日子的：這五十五年來，沒有轟炸，也沒有房子倒塌，你卻一直深陷恐懼之中，無法自拔。你是否能找到理由放下這個小男孩的故事呢？

威廉：喔，可以。

凱蒂：沒有它時，你是怎樣的人呢？

威廉：我會覺得自由，可能是沒有恐懼的自由，尤其是沒有恐懼了。

凱蒂：是的，那也是我的經驗。我要再跟十二歲的小男孩說話。你需要父親在場，那是真的嗎？那確實是真的嗎？

威廉：我知道我很想念他。

凱蒂：我完全了解。但是，你需要父親在身邊，那是真的嗎？我在問你事實真相。

威廉：我在沒有父親的情況下長大。

凱蒂：所以，「你需要父親」，那是真的嗎？除非你能跟母親相會，要不然「你需要母親」是真的嗎？事實上呢？

威廉：不。

凱蒂：當你飢餓時，你需要食物，那是真的嗎？

威廉：不，我沒受飢餓之苦。

凱蒂：你能否找到一個理由讓你毫不焦慮地持有「你需要母親、需要父親、需要房子、需要食物」的故事呢？

威廉：這樣我才能活得像個受害者。

凱蒂：那是很沈重的生活方式。這個古老卻不真實的故事，只會帶給你沈重無比的心理壓力。「我需要母親」，那不是真的。「我需要父親」，也不是真的。你聽得進去嗎？如果你不是個受害者，你將如何過活呢？

威廉：我會活得自由自在。

凱蒂：活在收容所的十二歲小男孩啊，你是否能找到理由放下「我需要母親、需要父親、需要房子、需要食物」的故事呢？

威廉：是的。

凱蒂：只因我們的故事從中作梗，才使我們無法知道我們其實一直擁有所需的一切。你能反轉你的答覆嗎？請再唸一次你的答覆。

威廉：**我不喜歡戰爭，因為它帶給我太多的害怕和恐怖。**

凱蒂：「我不喜歡我的想法……」

威廉：我不喜歡自己有關戰爭的想法，因為它帶給我太多的害怕和恐怖。

凱蒂：是的。事實上你遇到的最糟狀況只是腦震盪。所以，讓我們慢慢移到下一個答覆。

威廉：**人們應該只用討論的方式，而不該發動戰爭。**

凱蒂：你能肯定那是真的嗎？你已經在頭腦裡討論了五十五年！（威廉大笑）但卻沒處理掉你內心的戰爭。

威廉：嗯……。

凱蒂：當你持有「不該打仗」的想法時，你會作何反應呢？這五十五年來，你懷著那個想法，卻天天在報紙讀到有關戰爭的報導，你如何過日子呢？

威廉：我很沮喪、失望和憤怒，有時也很絕望。我拼命設法用和平方式解決衝突，但從未成功過。

凱蒂：所以，事實上，戰爭仍持續在你內心和全世界爆發。你內心一直在跟這個與現實不符的「不該打仗」的故事作戰。沒有那個故事時，你是怎樣的人呢？

威廉：若沒有那個想法，我大概能更自由地處理衝突。

凱蒂：是的，你會經驗到「跟現實的戰爭」已經結束了，你將是一位值得我們傾聽的人，一位和平使者，一位可信任的人——正向我們述說如何結束戰爭的真理。讓我們看下一個答覆。

威廉：**國際衝突應該用和平方式解決。**我應該反向思考嗎？

凱蒂：是的。

威廉：我內在的衝突應該用和平方式解決。

凱蒂：是的，透過「反躬自問」，你學會在自己內心和平解決問題，現在，我們擁有一位老師了。恐懼只會教導恐懼，唯有平安才能教導平安。讓我們看下一個答覆。

威廉：**戰爭摧毀人類的寶貴生命，而且浪費大量物質資源。它帶給家庭巨大的悲傷和痛苦。它是無情、殘酷，而且可怕的。**

凱蒂：當你說這些話時，是否聽到或感受到了它的反向思考？讓我們來聽聽它的說法，請做反向思考，並把你自己放進所有的反向思考裡。

威廉：把我放……？

凱蒂：「我的想法摧毀……」

威廉：我的想法摧毀了我寶貴的生命，而且浪費我大量的物質資源。

凱蒂：是的。每當你在心裡述說戰爭的故事時，它就消耗了你最愛的資源：平安和幸福。下一句呢？請反向思考。

威廉：我帶給我的家庭巨大的悲傷和痛苦。

凱蒂：是的。當你懷著這個故事回家，你帶給家人多大的悲傷呢？

威廉：真難接受。

凱蒂：我沒看到任何炸彈落下來。這五十五年來，除了在你心裡以外，沒有炸彈落下來。接受它雖難，但比這更難的只有一件事：就是「不接受它」。事實真相統治著一切，無論我們是否意識到。你的故事，使你無法經驗到自己當下擁有的平安。「你當時需要母親」——那是真的嗎？

威廉：沒有她，我還是活下來了。

凱蒂：請只回答「是」或「不是」，並且感受一下。「你需要母親」，就事實來說，那是真的嗎？

威廉：不是。

凱蒂：「你需要父親」——那是真的嗎？

威廉：不是。

凱蒂：感覺一下。請閉上眼睛。看著這小傢伙正在照顧他自己。只是看著他，不要讓你的故事介入。（停頓很久。最後，威廉開始微笑）我也是如此。我曾忘了我的故事，忘了我那充滿痛楚的人生，在恐怖和內在戰爭的另一邊發現一個很美妙的生命。我製造出一個對抗家人和我自己的戰爭，它跟任何可能落下來的炸彈一樣殘忍。到了某一刻，我停止轟炸自己，開始做這「轉念作業」，只用簡單的「是」或「不是」來回答問題。然後，浸泡在那些答案裡，等它們慢慢自行沈澱，從中找回我的自由。讓我們看下一個答覆。

威廉：**我再也不要經歷炸彈落在頭上，或成為人質，或感到飢餓的恐怖故事。**

凱蒂：你很可能會再度經歷到這個故事。而且，當你聽到自己又在訴說那可憐的小男孩需要父母的故事，因而失去了平安或無法一笑置之時，表示該再做「轉念作業」的時刻到了。這故事是你的禮物。除非你能一無所懼地面對它，你的「轉念作業」才算做完了。你內心的炸彈只會落在一個人身上——你，而且天底下只有一個人能結束你心裡的戰爭，那個人也是你。所以，讓我們作反向思考。「我願意……」

威廉：我願意炸彈再落在我頭上。

凱蒂：它只會發生在你的想法裡。炸彈不會來自身外，它們只由你內而來。所以「我期待……」

威廉：很難説出口。

凱蒂：我期待最糟的境遇，只因它顯示了我還未徹底了悟。我深知唯有真理才會帶來真正的力量。

威廉：我期待炸彈再度落下來，並感受到飢餓。飢餓並非如此糟。（停頓一下）我還未感受到它，或許以後會吧。

凱蒂：你不必現在就感受到它，沒有關係。你還無法期待炸彈落下來，也是可以的。你的坦白承認，已經帶給你一些自由了。下次故事再度浮現時，你可能會經驗到一些令你開心的事。你今天的經歷會持續影響到數天或數週以後的生活，你可能覺得受到一記棒喝，但也可能感覺不到什麼。不論如何，期待它的出現吧！然後坐下來，寫下心裡的想法。要對五十五歲的魅影動手術，確實很不容易。甜心，謝謝你的勇氣。

媽媽未阻止亂倫

我曾跟數百位遭到強暴或亂倫的人（大部分是婦女）做過「轉念作業」，他們常不由自主地陷入慘遭強暴或亂倫的痛苦想法裡，絕大多數的人仍無時無刻不受過去記憶的煎熬。我再三看見反躬自問幫助他們克服了障礙，不再無知地抵制治療的機會。透過四句反問和反向思考，他們終於明白，除了他們以外，沒有人能替他們認清「當前的痛苦全是咎由自取」這一真相。而且，在領悟這真相的過程中，他們也慢慢釋放了自己。

在下列對話裡，請務必注意：每句答覆看似在談過去的事件，事實上，無論是什麼痛苦，我們對「過去事件」所感受到的一切，都是「現在」造出來的。反躬自問處理的就是這當前的痛苦。雖然我引導黛安娜回到過去的情景，她回答問題時也好像回到那可怕的一刻，但她從未失去此刻的平安。

當你們閱讀下面的對話時，特別是當你也在尋找答案化解自身的痛苦時，我希望你也能懷著相同的心態，溫柔地對待自己。倘若你讀到某一處，發現很難繼續下去，那時，不妨暫時放開片刻，你會知道何時該回來的。

請了解，當我問這些問題時，絕非在放任暴行或心存不仁。加害者不是我們要處理的問題。我唯一的焦點全擺在跟我坐在一起的那個人身上，我關心的是她心裡的解脫。

如果你覺得自己也是類似事件的受害者，我希望你多花些時間，把反躬自問分成兩部分。首先，你問自己第三句問話後，明白痛苦來自你的想法，不妨加上我加問黛安娜的話：「它發生過幾次？它在你心裡重演過幾次呢？」第二，當你發現你在事件裡頭的責任，無論多小——可能是為了愛，也可能為了逃避更大的傷害，你無辜地順從了對方——不妨讓自己感受一下坦然承認那部分責任後所帶來的力量，並且感受一下否認它所帶給你的痛苦。然後慢慢地寬恕你加諸自己身上的痛苦。很快地，你就不再覺得自己是受害者了。

⋯⋯⋯⋯⋯⋯⋯⋯⋯⋯⋯

黛安娜：**我很氣我母親，因為她默許繼父凌虐我，雖然她知道這件事，卻從未設法阻止。**

凱蒂：所以，「你母親知道這事件」，那是真的嗎？

黛安娜：是的。

凱蒂：確實是真的嗎？你問過母親嗎？請只回答「有」或「沒有」。

黛安娜：沒有。

凱蒂：你母親曾經親眼目睹嗎？

黛安娜：沒有。

凱蒂：你繼父告訴過母親嗎？

黛安娜：沒有，但是其他三個女孩告訴過我母親，她們也曾被凌虐過。

凱蒂：她們告訴過母親，你繼父凌虐你嗎？

黛安娜：沒有，只說繼父凌虐她們。

凱蒂：所以，「你母親知道繼父凌虐你」，那是真的嗎？你能百分之百肯定那是真的嗎？我不是在岔開問題，我要說的是：是的，她可能會猜到，其他女孩也告訴過她了，你母親可能知道繼父幹得出這種事。我要你知道我並未遺漏這部分。但是，「你母親知道繼父凌虐你」，你能百分之百肯定那是真的嗎？

黛安娜：不能。

凱蒂：我不是問她是否能輕易猜到。有時候你認為發生了某件事，但並無十足把握，所以不願往那裡想，以免自己受不了——那往往是因為你並非真的想找出答案。你有過那種經驗嗎？

黛安娜：是的，我有。

凱蒂：我也有。所以，我們都能了解這類心態。我能體會別人那樣活的感受，因為我也曾那樣活過。當你持有「她知道發生了什麼，卻沒有插手」的想法時，你會有何反應呢？

黛安娜：我很生氣。

凱蒂：當你持有那個想法時，你如何對待她呢？

黛安娜：我不跟她說話，而且把她視為共犯，我認為她利用我做她的事。我恨她，不想跟她有任何瓜葛。

凱蒂：你那樣看待她的感覺如何？好像失去母親的孤兒？

黛安娜：非常悲哀，而且很孤單。

凱蒂：若沒有「她知道發生了什麼，卻沒有插手」的想法時，你會是怎樣的人呢？

黛安娜：很平安。

凱蒂：「她知道發生了什麼，卻沒有插手」，請反向思考。「我……」

黛安娜：我知道發生了什麼，卻沒有插手。

凱蒂：那是否一樣真實或更真實呢？你曾告訴過她嗎？你曾告訴過任何人嗎？

黛安娜：沒有。

凱蒂：那一定是有原因的。你想要告訴她，卻說不出口，你當時在想什麼呢？

黛安娜：我老是看見我姐姐挨打。

凱蒂：被你繼父打嗎？

黛安娜：是的。她挺身而出，說「她被虐待了」，但我母親只是坐在那裡不動。

凱蒂：當你姐姐挨打時。

黛安娜：（啜泣著）我不知如何忘了它，我不知如何……

凱蒂：親愛的，那不正是你今天坐在這裡的原因嗎——學習如何反躬自問，讓痛苦放你走？讓我們繼續這項手術吧！當你看到姐姐因說出來而挨打時，你幾歲呢？

黛安娜：八歲。

凱蒂：好，我要跟八歲的你說話，所以請從那兒回答。八歲的小女孩啊，「如果告訴了母親，你會照樣挨打」，你能肯定那是真的嗎？我不是說它不是真的，這只是一個提問而已。

黛安娜：是真的。

凱蒂：小女孩，看起來是如此，你有充分的證據支持自己，但我要求你走入內心更深處。你能百分之百肯定「倘若說出實情，必會挨打」嗎？如果你需要的話，可以回答「是」，那是你此刻的答案，我們應予尊重，你好像有不少證據使你相信那是真的。但是，小女孩，你能肯定那也會發生在你身上嗎？（停頓很久）親愛的，兩個答案都是一樣的。

黛安娜：我覺得只有一種下場：若不是挨打，就是被送走。

凱蒂：所以答案是「不」。我從你那裡聽到似乎還有另一種可能。讓我們來看看它，好嗎？所以，小女孩，「倘若說出實情，將被送走」——你能肯定那是真的嗎？

黛安娜：我不知道哪一種的後果更糟——是留下來，或是離開。

凱蒂：是挨打，或是離開。當你持有「若說出實情，不是挨打，就是被送走」的那個想法，你會如何反應？

黛安娜：很害怕，而且不敢告訴任何人。

凱蒂：接下去會發生什麼事呢？

黛安娜：我封閉了自己，無法決定自己要做什麼，而且絕口不談任何事。

凱蒂：是的，你閉口不談任何事，結果呢？

黛安娜：他闖入我房裡，而我仍不說。

凱蒂：接下來呢？

黛安娜：他繼續凌虐我。

凱蒂：是的，甜心，它會繼續發生。這無關對或錯，我們只是去看它一下而已。他繼續凌虐，甜心，接下來發生什麼事呢？

黛安娜：那是性侵害。

凱蒂：有被插入嗎？

黛安娜：是。

凱蒂：所以，小女孩，你是否能找到理由放下「說出實情，就會挨打，或被送走」的想法？我不是要求你放下這想法，你當年決定不說，可能保住了一命。我們只是審查這個想法而已。

黛安娜：我找不到理由。我不知道如何作決定，他只是繼續闖入我房裡，不放過我。

凱蒂：好，安琪兒，我明白了。所以，他繼續闖入你房裡。讓我們再回到當時。他闖入你房裡多少次呢？

黛安娜：每當我母親不在時。

凱蒂：所以，每月一次嗎？還是每週一次？我了解你無法說得很精確，你覺得大概多少次呢？

黛安娜：有時是每天晚上，我母親當時都在學校。有時候可能持續好幾週。

凱蒂：是的，甜心。那正是放下「萬一我說出去，不是挨打，就是被送走」這一想法的理由。因為性侵害一而再、再而三地發生了。

黛安娜：喔。

凱蒂：這跟作出正確或錯誤的決定無關。性侵害持續發生。當你相信你會挨打或被送走的想法時，你如何反應呢？一夜又一夜，他趁你母親在學校，闖入你房裡。請給我一個能讓你毫不焦慮地持有這故事的理由。

黛安娜：一個也沒有。每個想法都是……

凱蒂：像刑求室？你有多少次看到姐姐因說出來而挨打呢？

黛安娜：只有那一次。

凱蒂：你繼父闖入你房裡幾次呢？很多次，是嗎？哪一個比較不好受呢，是性侵或是挨打？

黛安娜：挨打還好受一點。

凱蒂：小女孩或大女孩們，都不明白這一點。我們今天只是看一下內在的恐懼就好。最糟的結果會怎樣？甜心，你能進入被性侵的情景嗎，進入你當時的感受嗎？請回到那最痛苦、最可怕的一刻，那時你幾歲？

黛安娜：九歲。

凱蒂：好。所以，小女孩，請告訴我發生了什麼事？

黛安娜：（哭泣）我們跟祖父在冰淇淋店裡會面，因為當天是我生日。我們離開時，我母親要我坐繼父的車。當他開車時，他命令我坐在他大腿上，並抓著我的手臂，強拉我坐過去。

凱蒂：是的。所以，最痛苦的部分是什麼？

黛安娜：那天是我的生日，我只想要被愛而已。

凱蒂：是的，甜心。為了愛我們會做什麼……愛是我們的本質。當你混亂不清時，它就走偏了，不是嗎？所以，請告訴我那件事，請告訴我怎麼尋求愛。當時發生什麼事呢？你在想什麼呢？他強拉你坐過去，你做了什麼呢？

黛安娜：我只是順著他。

凱蒂：是的。你心中有一部分假裝那是可以的……為了得到愛？你當時做了什麼呢？（面對觀眾）你們當中，如果有人有類似的經驗，請進入自己的內在，可以的話，不妨反問自己：「你當時做了什麼？現在做了什麼？」我們不是在找這是誰的錯。請對自己溫柔一點，這是你解脫的關鍵。（面對黛安娜）你那時做了什麼呢？你只是順著他，而且……

黛安娜：（哭著）我愛他。

凱蒂：是的。這才道出了真相。是的，親愛的。所以，那時最心痛的是什麼呢？

黛安娜：不是性，而是他的離開。他把我留在車內，自己開了車門，轉身就走掉了。

凱蒂：他離開了。所以坐在他大腿上並不是最糟的部分，你當時沒得到你最想要的東西，那才是最糟的。你被留在那裡，犧牲卻沒得到回報。我們永遠無法從別人身上找到我們想要的回報。你可曾聽過我那句祈禱文？我也有與你一樣的經歷，嚐過它的滋味。但是，如果我有一句祈禱文，那將會是：「神啊！請赦免我對愛、肯定或讚賞的渴望，阿們。」

黛安娜：所以，那使我變得跟他一樣有罪嗎？

凱蒂：不，甜心，那只是無知而已。你怎知還有別的方式呢？倘若你知道的話，怎會不努力一試呢？

黛安娜：沒錯。

凱蒂：是的。那有何罪可言呢？我們哪一個人不是在迷失和混亂中尋找愛？直到有一天突然醒悟，原來我們自己就是愛。我們都在尋找自己早已擁有的東西，不管八歲、九歲、四十歲、五十歲，或八十歲，全都如此。我們懷著罪疚在尋找愛，永遠在找我們早已擁有的東西。這是一趟相當心痛的追尋。你已經盡力了，不是嗎？

黛安娜：是的。

凱蒂：是的。或許他也盡了最大的能力。「他凌虐我」，將它反轉成「我……」

黛安娜：我凌虐我？

凱蒂：是的，你明白了嗎？再說一次，這跟對或錯完全無關。

黛安娜：是的，我能明白，我懂了。

凱蒂：安琪兒，這是一個了不起的「領悟」。現在，跟那小女孩多待一會兒。請閉上眼，想像你正擁抱著她，或許你想對她做些溫柔的彌補，讓她知道如果她需要有人陪伴，你永遠待在她身邊。她還不知道你今天學到的東西，只是如此而已。她活著純是為了教育現在的你，對你而言，沒有比她更偉大的老師了。她已經歷過你現在需要學習的一切，她值得你信賴。她為你活過那一段人生了。她是你智慧之所在。我們剛才體驗了片刻，這美麗的小女孩為了你今日的解脫，不惜為你經歷那一段人生。甜心，雖然你已把「他凌虐我」反轉成「我凌虐我」，但還有另一個反向思考：「我……」

黛安娜：我……

凱蒂：「……凌虐……」

黛安娜：……凌虐……（停頓很久）我凌虐……他？這實在難以接受。

凱蒂：我知道！甜心，他做了這麼多（用力張開她的雙臂），而你做得這麼少（幾乎合攏雙手）。你只須知道這麼一點點，就足以釋放自己了。這是屬於你的一部分，雖只是一丁點，然而造成的傷害可能比他做那麼多事的傷害還大。所以，請把「他凌虐你」，反轉成「我……」

黛安娜：我凌虐他。

凱蒂：是的，甜心。多告訴我一點。讓我們繼續往下開刀吧！

黛安娜：那件事發生之後……基本上我要什麼，他都會給我。

凱蒂：是的，親愛的。是的，為了愛、肯定或讚賞，我們什麼都肯做，不是嗎？這就是自我認識。還有其他事嗎？

黛安娜：我有時候想，如果我早點說出來，結果可能很不同。

凱蒂：親愛的，我們無法知道，對嗎？我只知道我尊重你的人生道路，因為我尊重自己的人生道路。不論你需要經歷什麼才能找到自由，那就成了你的人生，配合得恰恰好，不多也不少，那是小女孩為你活出的人生，整個人生。今日她手中握有你重獲自由的鑰匙。所以，甜心，針對這兩個不同立場而言，你認為哪一個人所扮演的角色更痛苦呢，是他，或是你呢？是性侵年僅八、九歲小孩的那個人，或是這個八、九歲的小女孩呢？如果你必需從中選擇其一，對你而言，誰活得比較痛苦呢？

黛安娜：我認為會是他。

凱蒂：是嗎？所以你的答案告訴我，以你的眼光來看，你知道他活得很痛苦，傷害人的人會活得痛不欲生。甜心，讓我們看看下一個答覆。你做得非常好。你非常慈愛地穿越了自己，你在此經歷了一個相當大的手術。我知道你不願繼續受苦下去了。

黛安娜：是的。我不願它感染到我兒子身上。

凱蒂：是的，你兒子無需承受這種苦。但是，只要你還緊抓痛苦不放，他就非得承受不可，那是沒得選擇的。你怎樣看待世界，他就是那個世界，他會將你緊抓不放的世界像鏡子般反映給你看。你也是為了他而接受這項手術的。他將緊隨你之後，別無任何選擇；就像你的手一擺動，鏡子裡的手也會隨之擺動。

黛安娜：我母親為了此事譴責我，並要求我向法官撒謊，如此她才不會失去她的贍養費和小孩的撫育費。

凱蒂：你撒謊了嗎？

黛安娜：沒有。

凱蒂：接下來發生什麼事？

黛安娜：沒人肯相信我。

凱蒂：接下來發生什麼事？

黛安娜：我被送走。

凱蒂：是的，你當時幾歲？

黛安娜：十四歲。

凱蒂：從那時之後，你曾跟她聯絡過嗎？

黛安娜：幾年來斷斷續續的。但最近沒有，大概有兩年沒聯絡了。

凱蒂：你愛她，不是嗎？

黛安娜：是的。

凱蒂：你不能不愛她。

黛安娜：我知道我擺脱不了愛。

凱蒂：所以，為了你自己的緣故，今天不妨打電話給她，告訴她你在此所發現的自己，而不是談論她、你姐姐、你繼父，或任何令她心痛的事。當你真的明白你是為了談自己的解脱，完全與她無關時，你才打電話給她。我聽你説過你愛她，那不是她或你能改變的。你告訴她，只是因為你喜歡親耳聽到自己的歌。甜心，這純粹是為了你的快樂。再唸一次你寫的答覆。

黛安娜：**我很氣我母親，因為她默許繼父凌虐我，雖然她知道這件事，卻從未設法阻止。**

凱蒂：請反向思考。

黛安娜：我很氣我自己，因為我默許自己被繼父凌虐，從未設法阻止。

凱蒂：是的。你知道「在所有錯誤的地方尋找愛」那首歌嗎？甜心，我們都是小孩，都是嬰兒，正在學習如何活出自己的愛。我們想盡辦法在一切人事物上找出愛來，那是因為我們從未注意到我們早已擁有它，而且我們就是愛。讓我們看下一個答覆。

黛安娜：**她從未像愛她的親生兒子那般地愛我。**

凱蒂：你能肯定那是真的嗎？那是很嚴重的指控，不是麼？

黛安娜：我聽到自己這樣説，但我知道那不是真的。

凱蒂：你真了不起。很好。當你相信那想法時，你怎樣對待她呢？成長中的你，在家裡是怎樣對待她的？

黛安娜：我讓她難堪，生不如死。

凱蒂：是的。給你深愛的母親難堪，生不如死，那種感覺如何？

黛安娜：我因此恨我自己。

凱蒂：是的，安琪兒。你能找到一個理由放下「她愛她的親生兒子更甚於我」的想法嗎？

黛安娜：可以。

凱蒂：是的，生不如死是一個很好的理由。（凱蒂和黛安娜都笑了）請給我一個毫不焦慮地持有這想法的理由。

黛安娜：我還沒找到，而且我想我可能找不到。

凱蒂：沒有這個故事時，你會是怎樣的人呢？

黛安娜：我對自己會更好，對我兒子更好，不會老是生氣。

凱蒂：是的，你要如何反轉那句話呢？

黛安娜：我從未像愛她的親生兒子那般地愛我自己。

凱蒂：這說法對你是否蠻有道理的？

黛安娜：我確實很愛他，而且以我想要被疼愛的方式來對待他。

凱蒂：喔，親愛的……為何那沒有讓我感到意外！

黛安娜：他很可愛的，你知道嗎？

凱蒂：我知道。我能透過你甜美的雙眸清楚地看到他。練習「反躬自問」一段時日後，如果你仍有「她不愛我」的想法，不妨立即面帶微笑，反轉成：「哦！就在此刻，我並沒有好好愛自己。」「她不關心我」則反轉成：「哦！有這念頭的一瞬間，我並沒有好好關心我自己。」去感覺一下，當你有那念頭時，你的感受像什麼呢？當你相信它時，你是怎樣不善待自己呢？那樣，你才會知道你一向如何不關心自己。甜心，只要繼續如此無微不至地疼愛自己即可。那就是轉念作業的目的——它支持我們，像父母那樣愛護著我們。當我們領悟出愛以及我們是愛的真相時，便會了悟愛的本質，以及什麼才是真實的。讓我們看下一個答覆。

黛安娜：**我要媽媽承認她的過錯並向我道歉。**

凱蒂：她若犯錯，那是誰的事？她是否道歉，是誰的事？

黛安娜：她的事。

凱蒂：所以，請反向思考。

黛安娜：我要承認我的過錯，並向自己道歉。

凱蒂：還有另一個反向思考。

黛安娜：我要向媽媽道歉，並承認我的錯。

凱蒂：只須待在你自知不對之處即可，並為你所能看到的那一小部分道歉，而且只為了你自己的緣故而道歉。再說一次，她需要負責的部分可能這麼大（用力張開雙臂），但那不是你的事。讓我們清理你的部分就好。請跟這想法同在一會兒，然後列出你的道歉清單，並為了你的自由的緣故，打電話給她。

黛安娜：我一直想要這樣做。

凱蒂：我的意思是，打電話給她時，要講得很具體，告訴她你在這事該負責的部分。我們很想道歉，卻完全不知為了什麼或如何道歉。「轉念作業」不僅能清楚地顯示真相，而且還能帶你進入所有隱藏的角落，以光明照亮你的路。那是一項徹底的大清掃，除非把它清完，要不然永無平安可言。「轉念作業」是進入你內心的鑰匙，它把一切變得如此簡單。我今天聽到你說出一個事實，就是：你愛她。

黛安娜：是的。

凱蒂：好，請再唸這一句答覆。

黛安娜：**我要媽媽承認她的過錯，並向我道歉。**

凱蒂：那是真的嗎？的確是真的嗎？

黛安娜：我認為如此。

凱蒂：如果你想到這樣做會傷害她，而且還超過她目前的能力，你仍想要她道歉嗎？

黛安娜：我不想傷害她。

凱蒂：不。人們不道歉，通常是因為那件事太痛心了，以至於他們無法面對自己所做的一切。他們還沒做好準備，你是過來人，很明白那種滋味。你會從中發現到自己的真相。

黛安娜：那是我要的。我只想要平安。

凱蒂：嗯，親愛的，對那九歲的小女孩而言，她坐在一個男人的腿上並為了得到他的愛而被性侵——這真的很難面對，有如愛上死亡一樣。所以說，我們都是在迷失和混亂中尋找自己是誰或是怎樣的人。讓我們看下一個答覆。

黛安娜：媽媽應該愛我，並知道我愛她。

凱蒂：那是真的嗎？這聽起來難道不像個獨裁者嗎？（黛安娜和觀眾大笑）你是否也注意到，想要操控別人的認知或行為，簡直是咎由自取？所以，讓我們來反向思考。她愛你，但她可能還不知道，缺乏這種覺知是很痛苦的。我很清楚全世界的人都愛我，但我不期待他們全都能意識到。（觀眾大笑）所以，讓我們做反向思考，看看有哪些覺知對你目前的生活有幫助。

黛安娜：我應該愛自己，並知道我愛自己。

凱蒂：是的，那不是她的事，也不是任何人該做的事，而是你自己的事。

黛安娜：我仍在努力當中。

凱蒂：是的，你很努力了。還有另一個反向思考，看你是否能找到。

黛安娜：我應該愛媽媽，並知道我愛她。

凱蒂：你是愛她的，只不過那些未經審查的細微想法擋在你們之間，妨礙你覺察到這個事實。你現在知道如何面對那些想法了，這是一個開始。好吧，讓我們看下一個答覆。

黛安娜：**我需要媽媽告訴全家人她錯了。**

凱蒂：那是真的嗎？

黛安娜：（笑）不是。

凱蒂：一旦了解之後，噩夢會變得很好笑。把它反向思考，看看還有什麼是你需要了解的。

黛安娜：我需要告訴全家人我錯了。

凱蒂：多美的事啊！

黛安娜：我小時候如果敢說出來，就不會發生這種事。我當時做錯了，但現在我做對了……

凱蒂：是的。

黛安娜：（低聲啜泣）我做對了。

凱蒂：你明白這事的時刻顯然到了。你終於發現你才是自己苦苦等待的那個人，不是很奇妙嗎？你的解脫在於你自己，你用反躬自問深入內心黑暗之處，卻找到了光明。現在，你可以清楚看到，即使陷入地獄深處，其實光明一直都在那兒，永遠在那兒等著你。甜心，我們只是一直不知如何進去而已。現在我們終於知道了。多棒的旅程啊！讓我們看下一個答覆。

黛安娜：媽媽是一位愛壓抑自己的大混蛋。（笑）我最好現在就反向思考。我是一位愛壓抑自己的大混蛋。（黛安娜和每個人都笑得更大聲，有些觀眾還鼓掌叫好）

凱蒂：有時候，我喜歡這樣說我自己：「我是……，但只有四十三年而已」——因為那一年我覺醒了。所以，你可以把那句話放在你的彌補清單裡。那種壓抑的日子……你感覺像什麼呢？

黛安娜：（笑）非常緊繃。（觀眾笑得更大聲）哇！我現在明白了。那跟她毫無關係！一點關係都沒有！是我！都是我！（沈默很久，黛安娜臉上露出驚嘆的表情）

凱蒂：所以，甜心，我建議你溫柔地帶你自己到後面的房間裡，跟你美麗的自我共處片刻，回味一下這次會談所了解的一切，讓它帶領你，去做它要的改變。只需靜下心來，讓這份領悟繼續擴展開來。

我很氣山姆的死

要看透關於死亡的故事，確實需要相當大的勇氣。父母和親人最難放下他們心愛的孩子死亡的故事，箇中原因，我們都能理解。放下悲傷，甚至用反躬自問質疑它，都像在背叛死去的孩子。我們有很多人尚未準備好用別種方式看待此事，甚至認為理當悲傷。

然而，誰認為死亡是悲傷的？誰認為孩子不該死？誰認為他們知道死亡是怎麼一回事？誰以一個又一個故事，一個接一個想法去教神應該怎樣做才對？是你嗎？讓我們來仔細檢查吧！如果你已經準備好面對了，看看你是否能終止自己跟事實真相的交戰。

蓋兒：我要說的是我侄子山姆，他最近去世了。我跟他很親，他是我一手帶大的。

凱蒂：很好，甜心。請唸你寫的就好。

蓋兒：我很氣山姆的死，氣他的離去，氣他冒這麼笨的險，氣他在二十歲一眨眼就走了，氣他摔落到六十呎深的山谷裡。我要山姆回來，我要他更小心些。我要山姆讓我知道他現在過得很好。我要他跌下六十呎斷崖頭部落地的影像消失不見。山姆應該留在我們身邊才對。

凱蒂：「山姆應該留在我們身邊才對」，那是真的嗎？這是我們的信仰，是我們賴以為生的信念，卻不知如何審查它才好。（對觀眾說）你們不妨也往內反問自己，不論是跟你離婚的那個人，或是因死亡而離開你的那一位，或是長大離家的孩子：「那個人應該留在我們身邊才對」——那是真的嗎？（對蓋兒說）請再唸這句話。

蓋兒：**山姆應該留在我們身邊才對。**

凱蒂：那是真的嗎？事實是什麼呢？他留下來了嗎？

蓋兒：不，他離開了，死了。

凱蒂：當你抱持這種跟事實不合的想法或概念時，你的反應如何呢？

蓋兒：我覺得疲憊、悲哀，而且分裂。

凱蒂：跟真相爭辯，必然會有那種感受，它帶來了莫大的壓力。我是真相的熱愛者，並非因為我是靈修人士，而是每當我跟真相爭辯就會心痛。而且，每次我都準輸無疑，因為那根本是毫無指望的事。如果不審查它們，這些概念會跟著我們到死為止。概念常是我們埋葬自己的墳墓。

蓋兒：是的。當我想到那件事，經常焦慮不安。

凱蒂：所以，安琪兒，沒有那想法時，你是怎樣的人呢？

蓋兒：我會重新快樂起來。

凱蒂：那是你要他活著的原因。「要是他活著，我才會快樂」，你利用他來讓你快樂。

蓋兒：沒錯。

凱蒂：生死有命也有時，不會早一分鐘或晚一分鐘。沒有你這故事時，你會是怎樣的人呢？

蓋兒：我還是在這裡，活在「自己的」生活裡，並讓山姆做他該做的事。

凱蒂：甚至願意讓他在自己該走的時刻離開人世嗎？

蓋兒：是的，如果我有任何選擇。我願在這裡而非……

凱蒂：在墳墓裡，或是一次又一次在你心裡跟著山姆一起摔落山谷。

蓋兒：是的。

凱蒂：所以，你的故事是「山姆應該留在我們身邊才對」，請把它反向思考。

蓋兒：我應該留在我們身邊才對。

凱蒂：是的。你那「山姆不該死」的故事，其實是你在心裡不斷跌落在他所摔下的斷崖，所以應該留下來的人是你，而且不在心裡干預他的事。這是可能做到的。

蓋兒：我明白了。

凱蒂：什麼叫作「留在我們身邊」？就是：跟朋友們一起坐在椅子的這位女士，此時此刻，過她自己的生活，心思不會飄到那個斷崖，看著山姆一次又一次地摔下去。「山姆應該留在我們身邊」，還有另一個反向思考，你能找到嗎？

蓋兒：山姆不應該留在我們身邊。

凱蒂：是的，安琪兒。他以你所知的方式走了。真相統治一切，它不等待我們投票、許可，或意見，你注意到嗎？我最喜歡的現實真相是「它永遠是過去的故事」，而我最喜歡的過去是「它已經結束了」。由於我不再神志不清，所以不會跟它爭辯不休。跟它爭辯會讓我心裡覺得很不仁慈。當你只留意眼前真相時，這就是愛。我怎麼知道山姆已過完他這一生呢？因為它確實結束了。他活到生命的終點——他的終點，而不是你認為他應該活的終點。那是事實真相。跟事實真相奮戰必會心痛。張開雙臂迎接它，豈不覺得更誠實嗎？內心的衝突也就跟著結束了。

蓋兒：我明白了。

凱蒂：好。讓我們看下一個答覆。

蓋兒：**我要山姆回來。**

凱蒂：說得好。那是真的嗎？

蓋兒：不是。

凱蒂：它只是一個故事、一個謊言而已。（對觀眾說）我稱它為謊言，是因為我問她「那是真的嗎」，她回答不是。（對蓋兒說）當你相信「我要山姆回來」的故事，而他沒回來時，你會如何反應呢？

蓋兒：焦慮不安，抑鬱消沈，把自己完全封閉起來。

凱蒂：沒有「我要山姆回來」的想法時，你是怎樣的人呢？

蓋兒：我自己回來了，再度活力十足，活得很踏實。

凱蒂：是的。正如他生前那樣。

蓋兒：對！如果我放下他，就會擁有我想要的東西。自從他死後，每當想到我需要他時，我就失去了我原本想要的東西。

凱蒂：所以，「我要山姆回來」，請做反向思考。

蓋兒：我要「**我自己**」回來。

凱蒂：另一種反向思考呢？

蓋兒：我不需要山姆回來。

凱蒂：是的。你不斷地回到那個斷崖，跟山姆一再摔下去。所以，回到你自己身邊吧。你不停地想：「喔，但願他沒那樣做。」但你卻一遍又一遍不斷重覆這個經歷，不斷地掉落在那個斷崖。所以，如果你真的需要幫助，就作反向思考，看看你能怎樣自助。讓我們看下一個答覆。

蓋兒：我要知道山姆過得很好而且很平安。

凱蒂：「他過得不好」，你能百分之百肯定那是真的嗎？

蓋兒：不，我無法知道他過得好不好。

凱蒂：把那句話反向思考。

蓋兒：我需要知道**我**過得很好而且很平安，無論山姆在不在。

凱蒂：是的。那是可能的。所以，你的腳趾頭、膝蓋、大腿，和手臂現在還好嗎？此時此刻坐在這裡的你還好嗎？

蓋兒：它們全都很好，我也很好。

凱蒂：你現在比山姆生前更好或更差嗎？

蓋兒：沒有更好，也沒有更差。

凱蒂：此時此刻，你正坐在這裡，你需要山姆回來嗎？

蓋兒：不，那只是一個故事而已。

凱蒂：很好。你審查過了，所以，你以前想知道的事，現在全都知道了。

蓋兒：沒錯！。

凱蒂：讓我們看下一個答覆。

蓋兒：**我需要神，或某個人讓我知道山姆死得完美無憾。**

凱蒂：把它反向思考。

蓋兒：我需要讓我自己知道山姆死得完美無憾。

凱蒂：是的。當割草機割草時，你沒有悲傷，也沒有從草的死亡尋求完美無憾，因為你能清楚地看到它。事實上，草木生長茂盛時，你就除草。到了秋天，你也沒因為樹葉的飄落或死亡而悲傷，反而說：「好美啊！」我們也是一樣的。季節不斷地更迭，我們遲早都會凋零，一切都如此地美麗。未經審查過的概念卻使我們無法了知這一點。樹葉之美，在於它抽枝發芽、滋長茂盛，然後凋落大地，讓出空間給下一片葉子繼續展現生命，最後化為樹根所需的養分。那就是生命，它永遠在改變形態，而且永遠完完整整地給出它自己。我們都在盡自己的本分，這是錯不了的。（蓋兒開始哭泣）甜心，你在想什麼呢？

蓋兒：我真的很喜歡你所說的，把它當成一種美，當成季節更迭的一部分，讓我覺得很開心，也很感激。我能以更大的角度來看待死亡，更能欣賞生死的循環。它像是一扇窗，能讓我看出去，並以不同的眼光來重新看待，而且更懂得欣賞山姆和他死亡的方式。

凱蒂：他給了你生命，你看到了嗎？

蓋兒：是的。他像肥料，或說是土壤，使我此時此刻得以成長。

凱蒂：當你了解我們的痛苦，並樂意分享你所悟出的新生命時，便能回饋它，時時過得很感恩，全然接受它的滋養。無論發生什麼事，都是當時最需要發生的。在大自然中，不會有任何失誤的。你已看出，無法接受它的美麗及完美的人生故事，會帶來多大的痛苦。缺乏了解，一定會帶來痛苦。

蓋兒：至今，我還無法看出它真正的美。我的意思是，從山姆的死，我已經能看到降臨我身上的美，但仍無法把真正的死亡——他的死——視為美麗的事。我只能看到二十歲的他做出來的蠢事。然而，他只不過用他的方式做他的事。

凱蒂：喔，我的天……如果沒有那個故事，你是怎樣的人呢？

蓋兒：我會以你欣賞落葉的心態去欣賞他的死亡，欣賞他離世的方式，而不會認為那是錯的。

凱蒂：是的，親愛的。透過自我質問，我們會看到愛，而且也只有愛被留下來。倘若沒有那些未經審查的故事，生命只會展露出它的完美無缺。你可以永遠往內心走，從中發掘痛苦和恐懼被了解之後所顯現出來的美。讓我們看下一個答覆。

蓋兒：山姆離去了，他死了。山姆是我一手帶大最疼愛的男孩。山姆十分俊美、仁慈、善良、懂得聆聽、好奇心強、才華橫溢、無偏見、接納度高、堅強有力。山姆正步上人生的顛峰。

凱蒂：請再唸第一部分。

蓋兒：山姆離去了，他死了。

凱蒂：那是真的嗎？「山姆死了」，你能百分之百肯定那是真的嗎？

蓋兒：不能。

凱蒂：把死亡顯示給我看。拿一個顯微鏡來，把死者的細胞放到顯微鏡下，告訴我死亡是怎麼一回事。它只是一個概念！山姆活在哪裡呢？在這裡。（輕觸她的頭和心）你一早醒來，想到山姆時，他便活在那裡了。到了晚上，你躺下來睡覺，他活在你心裡。你每晚入睡時，若沒作夢，那就是死亡，當沒有任何故事時，便沒有生命存在。隔天清晨，你睜開眼睛，這個「我」才開始運作，生命就開始了，山姆的故事也跟著開始了。在你還沒編故事之前，你會想念他嗎？除了這個故事之外，沒有任何東西活著；當我們透徹了解這些故事時，我們才能真正活得無憂無懼。現在，當你抱持那個想法時，你有何反應呢？

蓋兒：我感受到內心之死，實在很可怕。

凱蒂：你是否能找到理由放下「山姆之死」的故事呢？我不是要求你放下這個故事，這個你一直捨不得放下的想法。我們深愛自己的老舊信念，即使它根本毫無用處，可是我們卻日復一日地為它付出一切，全世界都是如此。

蓋兒：是的。

凱蒂：反躬自問不必有任何動機。它無意教導人生哲理，只是細加審查而已。所以，沒有

「山姆之死」的故事時，你是怎樣的人呢？縱使他一直活在你心裡。

蓋兒：他可能比當年活著時，更活在我心裡。

凱蒂：所以，沒有故事時，你是怎樣的人呢？

蓋兒：我會感激這滋養我的肥料，並且喜歡我當前的處境，而不是一直活在過去。

凱蒂：請反向思考。

蓋兒：當我進入山姆之死的故事時，我就離去了、死了。

凱蒂：是的。

蓋兒：我現在真的懂了。我們做完了嗎？

凱蒂：是的，甜心。而且這一刻永遠是新的開始。

紐約的恐怖攻擊

二〇〇一年的九一一事件之後，媒體和政治領袖都異口同聲說：美國必需全面展開反恐戰爭，一切都改變了。然而，當人們來跟我一起做「轉念作業」時，我發現一切根本沒變。很多人像艾蜜莉一樣，被他們未審查過的想法嚇個半死，直到他們從自己心裡找出恐怖份子後，才能重回家中，平安地過正常的生活。

教導恐懼的老師無法帶給世界和平，但數千年來，我們一直那麼做。唯有有能力扭轉內在暴力的人、有能力由內在找到平安並活出平安的人，才是真正教導和平的人。我們正在等候這樣的老師，這個人就是你。

艾蜜莉：自從上周二恐怖份子攻擊世貿中心後，我一直害怕我會在地鐵或辦公大樓死於非命，因為我的辦公大樓正好位於中央車站（Grand Central）和華道夫酒店（Waldorf）附近。我不斷在想，倘若我兒子失去我，那將是多大的打擊。他們只有一歲和四歲。

凱蒂：是的，甜心。所以，「恐怖份子可能在地鐵攻擊你」。

艾蜜莉：嗯，是的。

凱蒂：你能百分之百肯定那是真的嗎？

艾蜜莉：你是指它可能發生，還是它即將發生呢？

凱蒂：即將發生。

艾蜜莉：我不知道它是否即將發生，但我知道它可能發生。

凱蒂：當你持有那想法時，你有何反應呢？

艾蜜莉：我覺得很恐怖。為了我自己、先生和孩子們，我早已對我生命的朝不保夕而感到悲傷了。

凱蒂：當你持有那想法時，會怎樣對待地鐵裡的人呢？

艾蜜莉：我會自閉，自閉得很厲害。

凱蒂：當你在地鐵那樣想時，會怎樣對你自己呢？

艾蜜莉：嗯，我會設法壓抑這念頭，把心思集中在看書和手邊正在做的事。我全身繃得很緊。

凱蒂：當你在地鐵裡看書，全身很緊繃地想著那個念頭時，你的心思會跑到哪兒去？

艾蜜莉：我一直看見孩子們的臉。

凱蒂：所以，你的心思跑到孩子們身上。你在擁擠的地鐵看書，但心裡看到的全是你孩子們的臉以及自己的死亡。

艾蜜莉：沒錯。

凱蒂：這想法給你的生活帶來壓力，還是平安呢？

艾蜜莉：絕對是壓力。

凱蒂：沒有那個想法時，在地鐵的你是怎樣的人呢？如果你根本沒想到「恐怖份子可能在地鐵殺死我」，你會是怎樣的人呢？

艾蜜莉：如果我根本沒想到……你的意思是，如果我心裡完全沒有想到這回事嗎？（停頓片刻）嗯，我應該會像上週一恐怖攻擊發生之前那樣。

凱蒂：所以，你在地鐵會比現在舒服多了。

艾蜜莉：確實舒服多了。我從小到大都搭乘地鐵，簡直是在地鐵裡長大的。所以，如果沒有那個想法，我在地鐵裡真的挺自在的。

凱蒂：「恐怖份子會在地鐵殺死我」，你會作怎樣的反向思考呢？

艾蜜莉：我會在地鐵殺死我自己嗎？

凱蒂：是的。屠殺已經發生在你心裡了。在那一刻，地鐵裡唯一的恐怖份子就是你，你止用自己的想法嚇唬自己。你還寫了別的嗎？

艾蜜莉：**我很氣我的家人**——我先生、我父母，我們全都住在紐約市——**因為他們不肯幫我訂定一套應變計劃來預防愈來愈猖狂的恐怖行動，也不肯在郊區找個全家能避難的地方，或是申請新護照、從銀行提領一些錢以備萬一。我很氣他們如此消極被動，害我為了設法應變，整個人快抓狂了。**

凱蒂：所以，「我很氣我的家人」，讓我們先反轉這一句。「我很氣……」

艾蜜莉：我很氣我不肯幫自己訂定一套應變計劃？

凱蒂：你能看到那個嗎？無需這麼消極。訂定一套應變計劃，不僅為了你、你的孩子和先生，或為了你紐約的全部家族，最好還要為了紐約市每個居民。

艾蜜莉：我正在努力，但他們讓我覺得好像我那麼做是瘋了，我為此很生氣。

凱蒂：嗯，顯然他們不需要一套應變計劃，而且也不想要。只有你需要這套計劃，所以，請擬定一套撤離全紐約市的應變計劃吧。

艾蜜莉：（笑）那聽起來很好笑。

凱蒂：我知道。我發現，打從我覺醒之後，很多事情經常讓我們覺得好笑。

艾蜜莉：但是，我仍然很生氣，因為他們讓我覺得好像我是個蠢蛋。

凱蒂：你能否在自己內找出像個蠢蛋的你？

艾蜜莉：嗯，在千禧年危機時，我曾做過類似的事，他們大概有前車之鑑。我確實有點偏執。

凱蒂：所以，根據他們看到的世界，他們是對的。他們有自己的想法，但你可以心平氣和地規劃自己的應變之計，而無需期待他們照你的計劃去做。

艾蜜莉：我要我的孩子們跟我走。

凱蒂：因為他們還小，你可以把他們兩個挾在腋下逃命。只要幫他們扣上安全帶，就能開車把他們載走。

艾蜜莉：我想我最好趕快學開車，我還沒有駕照。

凱蒂：（笑）你氣你的家人，因為他們沒有一套應變計劃，而你連駕照都沒有？

艾蜜莉：（笑）現在看起來，實在很荒謬，我看到了。我一直在批評他們，發生狀況時，我連車都不會開。我怎麼沒看到這點呢？

凱蒂：現在，讓我們假設你有駕照，但所有的隧道和橋樑都封閉了，所以你必須另外訂一套計劃，至少你必須擁有五份以上的工作來買一架私人直昇機。

艾蜜莉：（笑）好啦，我懂了。

凱蒂：但是，他們不會允許飛機飛行。

艾蜜莉：不會，絕對不會。

凱蒂：所以，你仍留在原地。或許那就是為何你家人不願為應變之計操心的緣故。他們已經注意到隧道會封閉，而且上週不准任何飛機起飛，根本無路可逃。或許他們已了解實況，而你是最後一個知道的。

艾蜜莉：真的可能如此。

凱蒂：所以，我們只能從現實處境中尋得平安。根據我看到的事實，你想擬定一套應變計劃的話，非得通靈才行，這樣才能未卜先知，事先知道何時該撤離，該往哪裡走才安全。

艾蜜莉：我裡面有個聲音說，我現在就該遷出市區。不過，問題是哪裡才算安全之地呢？談到通靈的本事……

凱蒂：那麼，你應先學習通靈才行。但依我所見，連通靈都無法幫人贏得樂透。

艾蜜莉：那倒是真的。

凱蒂：所以，「你需要一套應變計劃」，那是真的嗎？你能百分之百肯定那是真的嗎？

艾蜜莉：我現在不敢確定那是真的了，那是一種自我安慰罷了。

凱蒂：喔，親愛的，去感受它吧！或許你家人早就知道了。

艾蜜莉：我想，我根本不是一個善於計劃的人，所以不必作計劃了。

凱蒂：當然不必。你無法用計劃征服事實。你當下所在之處或許是世上最安全的地方，天曉得！

艾蜜莉：我壓根兒沒想到那個。

凱蒂：倘若沒有「我需要一套應變計劃」的想法，你是怎樣的人呢？

艾蜜莉：比較不擔心，也不必隨時戒備，會活得輕鬆一點。（停頓一下）但也會更生氣，（哭泣）更悲傷，非常非常地悲傷。死了那麼多人，讓我的城市面目全非，我卻愛莫能助。

凱蒂：很好，那是事實真相，你確實愛莫能助，那才是真正的謙卑。對我而言，那是一件好事。

艾蜜莉：我只是一向習慣未雨綢繆，掌控先機，至少要保護得了我的親人。

凱蒂：而且需要一切都在掌控之中，但那只能保住一陣子，現實最終仍不會放過我們的。我們若能把所有令人驚嘆的能力，那種未雨綢繆的能力，跟謙卑調和在一起，那就會發生大用了。那樣，我們腦子才想得清楚，也才能做出有益的事情。好！「我需要一套應變計劃」，請反向思考。

艾蜜莉：我不需要一套應變計劃。

凱蒂：感受一下。它是否可能同樣真實，或更真實些呢？怎樣更真實呢？

艾蜜莉：的確有這可能。我看到它很可能更真實些。

凱蒂：喔，甜心，我也是吔。那正是我能隨遇而安的原因。當你驚惶亂竄，就會到處碰壁。回頭看看你先前所在之處，便會看到其實它是更安全的。一旦發生事情，而你並沒有任何應變計劃時，你會臨機應變，會在你所在之處找到你需要知道的一切。事實上，你早已在過那種生活了。當你需要一枝筆，隨手一伸就拿到筆了。倘若那裡沒有筆，你會去買一枝。在突發的緊急狀況也是如此。如果沒有恐懼作祟，你該做什麼，就像伸手拿筆那麼清楚明確。恐懼並不會讓你更有效率，它只會讓你既瞎且聾。讓我們再聽一下你寫的其他答覆。

艾蜜莉：好。**我認為恐怖份子因著他們對仇恨和強勢的需求，變得非常愚昧無知。他們不擇手段去傷害我們，什麼事都做得出來……很可能下毒或汽車炸彈。他們邪惡、愚昧無知，而且，他們成功了，還很強勢。他們能毀滅我的國家。他們像蝗蟲一樣，東藏西躲，伺機傷害、毀滅，殺死我們。**

凱蒂：所以，「這些恐怖份子是邪惡的」。

艾蜜莉：是的。

凱蒂：你敢肯定那是真的嗎？

艾蜜莉：我敢說他們是愚昧無知的。他們不知道暴行對我們造成的後果。

凱蒂：你能百分之百肯定那是真的嗎？他們真的對此一無所知嗎？甜心，這句話很有意思。你能肯定他們對於痛苦、死亡和苦難一無所知嗎？

艾蜜莉：不，不是對那個無知，因為他們大概早已吃夠苦頭了。我無法肯定那是真的，我認為他們或許經歷過痛苦，才會作這種反彈。但是，暴行永遠無法達到目的，他們對於這點仍是愚昧無知的。

凱蒂：或者說他們並非無知。他們相信的想法正好與你相反：暴力才能達到目的。他們認為整個世界教他們要這樣，他們被那想法控制住了。

艾蜜莉：但是，那是沒用的，真的。刻意傷害別人時，你若不是愚昧無知、神志不清，便是精神變態。

凱蒂：你可能是對的，很多人都會同意你，但我們在此不是談論誰對誰錯。所以，讓我們回到你剛才唸的，並把它反向思考。

艾蜜莉：**我認為恐怖份子因著他們對仇恨和強勢的需求，變得非常愚昧無知。**

凱蒂：請反向思考。

艾蜜莉：我對仇恨和強勢的需求，變得非常愚昧無知。那是真的。我需要一個應變計劃來使我感到有力量。

凱蒂：是的，仇恨的感受呢？

艾蜜莉：嗯，它確實賦予我一些力量。我的意思是，它使我不再那麼無助。

凱蒂：當你憎恨時，接下來發生什麼事呢？

艾蜜莉：我被困住了。我無法跨越它，它讓我身心俱疲。

凱蒂：你需要為你的立場辯護，並且努力證明你的仇恨是對的，不但理由正當，而且還很值得。過那種生活，你感覺如何呢？當你持有「他們是邪惡且愚昧無知」的想法時，會如何反應呢？

艾蜜莉：這樣說起來，我確實感到很虛偽，事實上，我不確定會再有那種感受了。

凱蒂：從他們的處境來看，他們的仇恨絕對是理由正當，因而寧可為它犧牲性命，替天行義。他們深信不疑，才會用自己的生命撞向世貿大樓。

艾蜜莉：是的。

凱蒂：他們的仇恨對他們不是障礙。當我們執著概念時就會如此，而那個概念是：「你們是邪惡的，即便一死，也要跟你們同歸於盡。這是為了全世界的利益著想。」

艾蜜莉：我能懂。

凱蒂：所以，請繼續作反向思考。

艾蜜莉：在我的愚昧無知裡，我是邪惡的……

凱蒂：……我對這些人的背景一無所知。他們必定明白當一個自殺客，帶給他們家人的痛苦。

艾蜜莉：好吧。

凱蒂：他們在這一層面並非無知，不過在另一層面他們仍是無知的，因為他們的想法只會帶來更多的痛苦。所以請繼續反轉邪惡和無知後面所寫的話。

艾蜜莉：他們是邪惡、愚昧無知，而且，他們成功了，還很強勢。

凱蒂：我……

艾蜜莉：我是邪惡、愚昧無知、成功而且還很強勢嗎？

凱蒂：是的，當你自以為正義的時候。

艾蜜莉：喔，沒錯。我認為擬定應變計劃是對的，其他人都懞懂無知。

凱蒂：所以，讓我們繼續下去。「他們像蝗蟲一樣」，把它反向思考。

艾蜜莉：我像蝗蟲一樣，東藏西躲，伺機傷害我、毀滅我、殺死我？

凱蒂：是的。

艾蜜莉：我的想法像蝗蟲一樣。

凱蒂：正是。你那些未審查過的想法像蝗蟲一樣。

艾蜜莉：對啊。

凱蒂：此刻，我沒看到任何恐怖份子，只有一直跟你同住的那個恐怖份子：你自己。

艾蜜莉：是，我明白了。

凱蒂：我活得很心安，而且每個人也該活得心安。我們全都該結束自己的恐怖主義了。

艾蜜莉：我明白自己的所作所為是多麼傲慢啊。

凱蒂：就在這裡，我看到了改變的可能性。要不然，我們全都像蝗蟲，原始生物一樣——甘願為一個主張而死。

艾蜜莉：我們如何為一個主張而死呢？

凱蒂：嗯，甜心，如果有人在追你小孩，那時……你看著吧！

艾蜜莉：好。是的。

凱蒂：我的意思是，你父母沒做應變計劃，你不惜對他們發火。感覺一下你跟自己家人敵對的那種感受。

艾蜜莉：是的。

凱蒂：他們怎麼那麼不上道？你把他們推出門，他們抗議：「別管我們的閒事！」你還是強拉他們出去，去哪裡呢？就你所知的，你會把他們拉到受攻擊的社區裡。

艾蜜莉：那倒是真的。那也是傲慢自大，甚至是瘋狂。

凱蒂：你還寫了什麼？

艾蜜莉：**我不想再看到全身佈滿灰土的人，就像那天我在回家路上看到的。我不想再看到戴著呼吸面罩或受驚的神情**……問題是，媒體不斷重播雙星大樓倒塌的畫面，感覺起來，那慘案好像持續發生了一整個星期。

凱蒂：「問題是媒體不斷重播」，請作反向思考。

艾蜜莉：我不斷重播。

凱蒂：是的。「我要媒體停止……」——反向思考。

艾蜜莉：我要我停止。

凱蒂：所以，在自己身上下點功夫，你的心就是媒體。

艾蜜莉：我不確定該怎麼做。

凱蒂：你可以讓心裡那些畫面接受反躬自問的質詢。因為事實上，此刻你眼前沒有人佈滿灰土。除了在你心裡以外，這裡根本沒有任何事發生。（停頓很久）好，讓我們回到現場探查究竟。請描述你心裡那個全身覆蓋灰土的人，最好描述一下最震撼你的那一位，你實際看到的那個人。

艾蜜莉：嗯，最讓我震撼的那個人，就是世貿中心雙星大樓倒塌後，我在辦公大樓外面等我先生，過了大約兩小時後遇到的那位男士。我在市中心工作，所以那個人應該已走了至少六十個街口。我們回家途中，看過很多灰頭土臉的人，但是這個人最特別，他身穿一套剪裁合身的昂貴西裝，手提公事包，臉上戴著電視上看得到的那種呼吸面罩。他整個人非常灰暗——整個頭、西裝、鞋子、公事包，全都佈滿灰土，而灰土仍像剛剛落下的樣子。他好像一具僵屍，一逕往前走，不東張西望。他必定還在受驚之中，而且很明顯地，他是從世貿中心一路走到這裡的。在市中心裡，一切依舊明亮，看起來很正常，卻迎面走來這個遊魂。那天對我衝擊最大的，莫過於這個人了，我當場一潰不起。我想：「現在，它已走入我的世界，而且迫在眼前了。」

凱蒂：甜心，很好。現在我要跟你一起來看看它。「他很像一具僵屍」，那是真的嗎？

艾蜜莉：他確實看起來很像。

凱蒂：當然看起來很像：看看是誰在說這故事啊！這男士隨身帶著公事包，他會想到拿公事包，或許只是想回家而已，當時已無地鐵可搭，而他可能想儘早趕回家人身邊，讓他們知道他沒事。

艾蜜莉：是的。

凱蒂：他腦子清楚得很，因為他還記得戴上呼吸面罩，而你沒有。

艾蜜莉：嗯……。

凱蒂：根據你的描述，他的狀況比你好多了。

艾蜜莉：（停頓一下後）可能是吧。我離災區很遠，只能坐在那裡感受那種極度的疲累和害怕。

凱蒂：「那男士很像一具僵屍」，當你持有那個想法時，會作何反應呢？

艾蜜莉：我覺得很恐怖，好像世界末日到了。

凱蒂：當你看著那個人，倘若沒想到「他很像一具僵屍」，你會如何呢？

艾蜜莉：我只會想：「那個人全身佈滿了灰土，我希望他快到家了。」

凱蒂：他是一個聰明人，而不是一具僵屍。他匆忙逃離大廈，甚至還記得拿他的公事包，他當機立斷作了那件事，我不認為他有應變計劃：「如果遭到飛機擊中，而我能僥倖逃離的話，我想我該拿我的公事包作為應變措施，然後走路回家。」

艾蜜莉：他已走過六十多個街口了。我想，那一瞬間的他，在我心中成了整個事件的象徵。

凱蒂：是的，可能是他提醒了你如何有效率面對災難。他帶著公事包，而且走了六十個街口。但是，你看到他時，你的心情如何呢？

艾蜜莉：我好像整個人嚇呆了。

凱蒂：是的。他當時做得很好，而你像一具僵屍，卻把這形象投射到他身上。如果你在危急當中需要找人協助時，你看到自己站在那裡，而他也站在那裡，你會向誰求助呢？

艾蜜莉：（笑）我會向他求助，真不可思議啊！我一定會向他求助。

凱蒂：甜心，很好。所以，請溫柔地把那一句反轉成「我願意……」

艾蜜莉：我願意看到另一個全身佈滿灰土的人。

凱蒂：是的，即使只在你心裡看到——因為自從那次之後，除了在你心裡之外，再也沒看到任何一個那樣的人。所以，「事實」和「故事」從不相符，而且事實永遠更為仁慈。看著這一切如何在你的生活裡演出，尤其是跟你的孩子，那會是很有趣的事。他們會從你身上學會無需防衛和計劃，而且也學會他們永遠知道要做什麼。他們會看到他們當下所在之處沒有問題，他們所去的任何地方也沒有問題。沒有「我需要一套應變計劃」的可怕故事時，你便會想起一些不錯的點子，例如：萬一電話斷訊時，事先約好在何處會面。當你的孩子超過蹣跚學步的階段，學開車或許對你很有用，車內隨時放幾張地圖和一些應急物品。誰知道一顆冷靜的心會想出什麼好點子呢？

艾蜜莉：謝謝你，凱蒂，我明白了。

凱蒂：喔！親愛的，不必客氣。我喜歡看到你能面對赤裸裸的真相，而不屈就於謊言。

當你相信自己痛苦得合情合理時，
你就完全悖離了事實眞相。

13 解惑篇

人們發問時，我總是盡可能清楚地回答。我很高興那些答案對他們有所幫助，但是我知道，真正能幫上大忙的答案，都是他們自行體會出來的。

問：我的一大堆批判常常排山倒海而來，怎麼可能有時間審查所有的信念呢？

答：無需為了要化解所有的信念而操心，只需審查此刻讓你焦慮的信念即可，因為起因就只有一個，只要化解那個就好。

如果你真的想知道真相，那麼，所有的想法都有待你重新了解。我們若不審查自己的概念，便會產生執著。但是，我如何知道要審查哪一個概念較有效呢？「此時此刻」出現的那個便是。

根據我對內在想法的了解，那些念頭是上天信託我去照料的，它們必須透過我才能浮現，也藉由我得到諒解與愛，有的則會藉由我的孩子們傾吐他們的感受而出現。它們透過各種溝通的形式呈現，但對我來說，不至於應接不暇，因為我已知道如何處理它們了。我把從我孩子口中或是我心裡感受到的，全寫在紙上，然後反問它們。我把它們當成一度遭我誤解的朋友或鄰居來探望我，他們仁慈地敲叩我的心門。我歡迎每個人的到來。

批評你的鄰人，把它寫下來，用四句話反躬自問，然後做反向思考——每次只寫一件事。

……………………

問：做完「轉念作業」後，是否能立即得到解脫呢？

答：它會用它自己的方式，你可能認不出來，而且也無需刻意留心你所寫的事件會如何轉變。例如，你可能在作業單上寫你的母親，隔天卻發現你討厭的鄰居——多年來一直令你抓狂不已的——竟然不再困擾你，你先前對她的煩躁完全煙消雲散了。也許一週之後，你注意到有生以來自己第一次愛上了烹飪。但通常而言，那些「轉變」並非在一次的會談裡便能發生。我有位朋友寫她對先生的嫉妒，因為他們的小男孩喜歡他更勝於她。做完「轉念作業」後，她感到些許的釋放，然而隔天早上沐浴時，她突然覺得一切全都倒塌了，忍不住傷心哭泣，但到後來，那情境之下的一切痛苦都消失不見了。

問：**如果我需要針對同一事件再三反覆做「轉念作業」，那代表什麼意思呢？**

答：你要針對同一事件做多少次「轉念作業」都無關緊要。你只有兩種選擇：如果不審查它的真確性，你就會始終困在噩夢裡。同一議題可能得反覆做幾十或幾百遍的練習，那正是一個大好機會，讓你看到殘留未清的執著，並讓你更加深入自己的內心。

問：**我對同一個批判做了多次的「轉念作業」，但我不認為它有用。**

答：「你已經做了多次的『轉念作業』」，那是真的嗎？是否有可能：你並未找到自己想要的答案，因而堵塞了其他答案的出現？你是否害怕你自認為知道的那個「答案底下」的東西？在你內心，是否可能存在著另一個同樣真實或更真實的答案呢？

例如，當你自問「那是真的嗎」，你很可能並不真想知道答案。有可能你寧可固守在原地，而不願探入未知的世界裡。我說「堵塞」，意味著你企圖催促整個過程，而且在心靈溫柔地回應之前，你就急著用意識來回答了。如果你寧可抱殘守缺，逗留在原先的已知世界，問題便被堵住了，無法在你內心活絡起來。

不妨注意一下，你是否在自己全面體驗到那答案和感受之前，便落入了「故事的窠臼」裡？請特別留意諸如「很好，是的，而且……」，或是「很好，是的，但是……」之類的反應，那些念頭，通常表示你的心思離開了反躬自問，掉入你編的故事裡。然而，你真想知道真相嗎？

你在反躬自問時，是否別有企圖呢？你提出的問題是否只是為了證明你原先認定的答案是合情合理的，即便它讓你活得苦不堪言？你是否但願自己是對的，或只想證明一些事，而寧可犧牲真相呢？唯有真理才能釋放我，不論在貧富或順逆的處境都一樣。所以，接納、平安、放手，以及較少執著於痛苦世界，並非「轉念作業」的目的，而是它的成效。練習「轉念作業」，是因為喜歡自由、熱愛真相。你的反躬自問，如果別有企圖，比如治療身體，或解決問題，你可能會從過去屢試屢敗的經驗中，得到一個了無新意的答案，同時，你也失去反躬自問所帶來的驚喜和恩典。

你的反向思考是否做得太倉促呢？如果真想知道真相，你得靜靜等候新的答案自動浮現。給自己充裕的時間，讓反向思考找上你，花些時間去感受一下它們的結果。你若願意，不妨列出一個適合自己的反向思考清單。反向思考會為你打好基礎，領你回到現實人生，幫你看到那些故事背後真實的你。它會為你完成這一切的。

你是否「活出了」反躬自問帶給你的了解及經驗呢——向對方告白你該負責的那一部分（以便自己能再次親耳聽到它），並為了你的自由之故作些彌補，這必會加速整個過程，使你目前的人生狀態更加自由。

最後，你敢肯定反躬自問真的沒有用嗎？當你害怕的事情發生時，你注意到自己的焦慮或恐懼已然減輕，甚而消失不見，這時，你就明白它已經生效了。

問：**當我自己做「轉念作業」，察覺到自己在抵制反躬自問的過程，我該怎麼辦？**

答：能夠的話，請繼續練習下去。我知道，只要你允許一個誠實的答案或反向思考浮現，就足以帶你進入一個全新的世界。但如果你寧願自己是對的，同時也未必想知道真相，那又何苦做下去呢？比起你當下就能獲得的解脫而言，原來你更珍惜那些執著不放的故事；只要你明白這點就夠了，過些時日再重拾反躬自問吧。可能你還沒吃夠苦頭，或即使你認為自己很在乎，但其實並非如此。善待自己吧！人生自會提供你所需的一切。

問：倘若我的痛苦過於強烈，該怎麼辦呢？是否還繼續做「轉念作業」？

答：痛苦是因為執著於一個根深柢固的信念所引起的，它是你自以為真的種種執著形成的盲目狀態。在這狀態下，你很難為了熱愛真相而做「轉念作業」，因為你已完全投入自己編造的故事裡了。你編的故事成了你的身分，而且你將會竭盡所能證明它是真的。此刻，倘若你極度痛苦，不妨在紙上寫下你的證據，並仔細審查那些證據。「轉念作業」好似下棋時「將自己一軍」。唯有反躬自問才有力量戳破這類看似天經地義的古老概念。

連肉體的痛苦都是不真實的，那是一個屬於過去的故事，它愈走愈遠，而非愈走愈近，但人們並不知道。我孫子瑞斯三歲時，有一次不慎跌倒，擦傷膝蓋，流了一些血，他開始大哭。當他看著我時，我說：「甜心，你是否記得你何時跌倒受傷的？」他立刻停止哭泣。是啊，那就是了。他必定在那一剎那意識到痛苦發生在過去，痛苦的那一刻不斷地過去，只留下我們視之為真的記憶，且把它早已不復存在的畫面投射在外面。（我並非說你的痛苦對你而言是不真實的。我了解痛苦，它真的很痛！「轉念作業」就

是為了結束痛苦）

假設一輛汽車輾過你的腿，你痛苦地倒臥街上，心裡浮現一個又一個的故事，如果你是「轉念作業」的新手，你絕不會想：「我很痛——那是真的嗎？我能肯定那是真的嗎？」你只會大叫：「快點給我嗎啡！」等到痛苦緩解之後，你才可能坐下來拿起筆紙做「轉念作業」。先給你自己藥物治療，然後才做另類治療，到最後，即使你失去另一條腿，也不會覺得有何大礙。要是你感到有問題，那麼你的「轉念作業」還沒做完。

……………………………………

問：**我覺得我不該有卑鄙、反常，甚至暴力的念頭。「轉念作業」能幫我消除那些想法嗎？**

答：當你認為不該有某些念頭，卻偏偏揮之不去，這時，你會有何反應呢？感到羞愧嗎？沮喪嗎？現在把它反轉成——你應該想它們！如此一來，豈不讓你更輕鬆、更誠實呢？心靈要的是自由，而不是束縛。當念頭出現，沒有遇上反對它的大敵，就好像小孩走向她父親，期盼他能傾聽，而不是對她大吼：「不許那樣說！不准那樣做！你是錯的，你很壞！」甚至，女兒靠近時便懲罰她。那是怎樣的父親呢？這種內在暴力使你永遠無法了解自己。

如果我視你如仇敵，必會感到跟你、跟自己是分裂的。所以，我怎能把自己的念頭視為敵人而不覺得分裂呢？唯有我學會將那些念頭看作朋友，才有可能視每個人為朋友。你怎能說出任何我心裡沒有的念頭呢？我跟自己以及自己的念頭不再交戰時，就是跟你之間戰爭的結束，就是這麼簡單。

…………

問：**反躬自問是一種思想的過程嗎？若不是，那又是什麼呢？**

答：反躬自問看起來是一連串的想法，事實上它是「**化解想法**」的一種方式。想法都是自行浮現的，只要我們體會到根本不是我們在想，那時，想法立即喪失操控我們的力量。試想一下，如果沒有「思想者」，將會如何呢？是誰在呼吸，你嗎？

心靈唯有藉由思想，才能看到自己的本質，此外，還會有什麼？此外，它還能透過什麼途徑找到自己？它必須為自己留下線索，意識到那是它自己的蛛絲馬跡。它不斷透露自己，只是尚未體會到而已。反躬自問就是循著這些蛛絲馬跡來尋回自己。萬物歸於萬物，虛無歸於虛無。

…………

問：**好像每次我進入內心自問「我敢肯定那是真的嗎」，答案永遠都是「不」。人間究竟有什**

麼我們能肯定的事呢？

答：不，經驗只不過是知見而已。它永遠在改變，連「現在」也只是過去的一個故事。當我們想到或談起它時，它早已過去了。

從我們執著某一想法的那一刻開始，它就成了我們的信仰，我們不斷設法證明它是真的。我們愈努力證明那不可知之事是真的，就會愈感到沮喪和挫敗。

藉由第一句反問，我們已看出謊言，而且坦然承認。「那是真的嗎」——當我們一句接一句審查作業單上面的答覆，經常會發現我們寫的沒有一句是真實的，這就是「用了解面對每一想法」的意思。我們往往天真地相信自己的想法，卻一直無法看出它毫不真實。

就在你問自己第一句反問時，你的心開始敞開了，即使只是「那想法可能不真實」的一念，都足以讓小小的光明進入你心裡。倘若你答：「是的，那是真的。」不妨繼續第二句反問：「你能絕對肯定那是真的嗎？」當人們說「不，我無法肯定」之時，有些人會開始坐立不安，甚至生氣，那時我會提醒他們溫柔地善待自己，而且靜靜感受一下自己的答覆。如果他們能沈浸於這一答覆，心地會柔軟起來，迎向無限的可能性和自由，有如走出一個空氣污濁的斗室，進入了開放的空間。

…………………………………………

問：如果周遭都沒有人接觸過「轉念作業」，我該怎麼辦呢？他們會不會認為我冷漠而不近人情？家人又如何適應我的新思維呢？

答：我剛開始時，周遭沒有半個人聽過「轉念作業」，只有我一個人在做。你說得對，你家人可能把你看成冷漠而不近人情。當你看到對你而言不真實之物時，而且當你經驗到第三句反問時（**當我相信那個想法，我會如何反應，如何說，如何做呢？**）你內心會產生很大的轉折，不再認同家人的一些基本認知。「查理應該刷牙」，那是真的嗎？不，除非他這麼做了。你有十年證據足以證明他始終未曾規律刷牙，你的反應如何呢？十年來，你一直在生氣，恐嚇他，給他「臉色看」，漸漸地，你愈來愈感到挫折，把所有罪過加在他身上。現在，所有家人都在規勸查理要刷牙（因為你一直這樣教導他們），你反而不再加入那個陣容了。你開始背叛整個家庭的信仰。一旦他們尋求你的認同，你卻做不到，那時，正如你以前教導他們的那樣，他們開始不怪罪他而怪罪於你。你的家人就是你過去信念的迴響。

如果你找到的真相是仁慈的，它會既深入又快速地流入你家庭，將你的「背叛」化凶為吉。你繼續用反躬自問尋找自己的出路時，你的家人遲早會以你的方式去看待事物，此外別無他途。家人是你的想法投射出來的影像，是你所編故事的產物，除此之外，沒有其他的可能。除非你能無條件地愛你的家人，即使他們仍以查理為羞恥，否則置身其間，你是無法做到自愛的，而那也表示你的「轉念作業」尚未做完。

你的家人會以他們慣常的方式來看你，那會讓你終日忙著他們的問題。你如何看你自己，那才是重要的問題。你如何看他們呢？如果我認為他們需要「轉念作業」，那表示我需要「轉念作業」。平安不需要靠兩個人，只需一個人即可，那個人必定是你，因為你是問題的肇始者與終結者。

如果你想要讓你的朋友和家人對你敬而遠之，不妨在他們還沒開口請求你幫助時，就經常隨口問：「那是真的嗎？」，或是「請反向思考」。可能在一段時日裡，你會忍不住那樣做，因為你自己需要聽到。然而，你自認為懂得比別人多，而且把自己當成老師，這種情況會令人很不悅。其結果，他們的不悅，若非加深你做反躬自問，就是加深你的痛苦。

問：你說「不必自命清高，只需誠實」，是什麼意思呢？

答：我的意思是，裝出自己已經抵達某種境界，就是活在謊言裡；而活在任何謊言裡，都是非常痛苦的事。你之所以喜歡扮演老師，通常是因為你害怕當學生。我不必裝得一無所懼。我若不是怕，便是不怕，這不是秘密。

問：如何學會寬恕傷害我很深的人呢？

答：批評你的敵人，把它寫下來，反問四句話，然後作反向思考，便會看到：寬恕意味著「你以為發生的那一切，其實不曾發生過」。除非你能看到「沒有需要寬恕之處」，否則你並未真正寬恕。沒有人傷害過任何人，也沒有人做過任何可怕的事。再也沒有比你對那事件的想法——未經審查的想法，更可怕的事了。所以，你一感到受苦，便反躬自問，觀看那些蠢動的念頭，然後釋放自己。回歸童心，從一片空白的心靈開始起步，藉用你的「無知」邁向自由之路。

問：你說過：「當內心全然清明之際，眼前的真相才是我們真正要的。」假設我省吃儉用好幾個月，只為了上館子去吃一頓絕佳美味的烤魚，結果侍者端來燉牛舌。眼前的真相並不是我真正要的，這難道是我混亂不清嗎？「與事實真相爭辯」究竟是什麼意思？

答：是的，你非常混亂不清。如果你足夠清明，你真正要面對的是燉牛舌，因為侍者已經端到你面前了。這不表示你必須吃下它。倘若你認為他不該端給你燉牛舌，這時，你如何反應呢？這本來不會構成問題的，除非你已投射出你必須吃下它、來不及重新點菜、你必須付這道菜的錢、這真不公道等等的想法。一旦你認定他不該端上燉牛舌，你可能對他生氣，或開始焦躁。當你面對侍者而沒有任何編造的故事時，你是怎樣的人呢？如果你沒有「來不及重新點菜」或「侍者犯錯」那類想法，你是怎樣的人呢？你可能會愛上那一刻，愛上那明顯的錯誤，你也可能鎮靜地用清楚而風趣的口吻重點你原先那道菜，你可能說：「我很感激你，但我點的是烤魚，我的時間有限，要是你無法給我烤魚並讓我在八點之前離開這裡，我就必須到別地方去用餐，但我比較喜歡待在你們這裡，你有何建議呢？」

「與事實真相爭辯」就是「與一個過去的故事爭辯」。它早已發生，也早已過去了，世上任何想法都改變不了它。侍者已經端給你燉牛舌，就在你面前的盤子裡。倘若你認為它不該出現在那裡，那是你迷糊了，因為它就在你面前。重點是，在面對事實的一剎那，你如何發揮最高效率？接受事實真相，並不意味你必須逆來順受。你能活得美好又神志清明時，怎會是被動消極呢？你不必勉強吃下燉牛舌，大可提醒侍者你點的是烤魚。「接受事實真相」，意味著：你能以最仁慈、最適當和最有效率的方式行動。

問：你說：「身體沒有問題——只有頭腦會出問題」，那是什麼意思呢？倘若我失去了右臂，而我又是右撇子時，我該怎麼辦？那難道不是重大的問題嗎？

答：我怎知道我不需要兩隻手臂呢？因為我只剩下一隻了。宇宙裡沒有失誤。你若另作他想，必會引起恐懼與絕望。「我需要兩隻手臂」的故事正是痛苦的開始，因為它與事實真相不符。不編故事的話，我擁有所需的一切。即使沒有右臂，我仍是完整的人，雖然開始寫字時可能歪歪扭扭，但那正是它應呈現的樣態。它會做到「我需要」的程度，而不會按照「我認為我需要」的程度。很顯然，這世上需要一位老師，教導人們如何快樂地用一隻手臂寫出歪歪扭扭的字。在我也樂於接受失去左臂的事實之前，我的「轉念作業」還未做完。

……………………

問：如何學會愛自己呢？

答：「你應該愛自己」——那是真的嗎？當你相信你應該愛自己的這個想法，而你卻不愛自己時，你如何對待自己呢？你能否找到一個放下這故事的理由呢？我不是要你放下這神聖的觀念。倘若沒有想到「你應該愛自己」的故事，以及「你應該愛別人」的故事時，你是怎樣的人呢？這不過是另一個折磨人的玩意兒。它的反向思考是什麼呢？「你不該愛自己」，那豈不更加自然嗎？你還不該愛自己，除非你開始這麼做了。這些神聖的概念、靈性理念，常常變質為一種教義。

…………………………

問：你說：「你是我的投射」，是什麼意思呢？

答：整個世界都是你投射出來的。內在和外在世界永遠搭配得好好的——它們是彼此的倒影。世界是一面鏡子，如實反照出你心裡的影像，你內心若感受到渾沌不明和混亂不堪，必會反映在你的外在世界。你必會看到自己所相信的，你這個混亂的思想者往外看到了自己的倒影。你是一切事物的詮釋者，你若渾沌不明，你所聽到和看到的，必是渾沌不明。即使基督或佛陀在你面前跟你說話，你也只會聽到令人迷惑的言論，因為聽者根本是混亂不清的。你只會聽到你認為他說了什麼，你自己的故事一旦遭到威脅，你就會跟他爭辯不休。

我是你的投射，除此之外，我還會是什麼？我毫無選擇的餘地，我是你認為我是誰的那個故事，你沒看到真正的我，不論你把我看成老、少、美、醜、誠實、欺騙、關心、冷淡，對你而言，我只是你未經審查的故事，是你虛構的神話。

我明白，「你認為的我」，對你而言是非常真實的。然而，我也曾那麼無知，被騙了四十三年，直到我覺醒過來的那一剎那為止。「那是一棵樹、一張桌子、一把椅子」，那是真的嗎？你是否曾停下來反問自己？你曾否靜下心來，仔細聆聽你的反問？誰告訴你那是一棵樹？誰是最早告訴你的權威人士？他們怎麼知道的？我的整個人生和一切身分，全都建構在一個不曾質疑過、有如孩子般天真的信任上。你是這樣的小孩嗎？透過「轉念作業」，你開始認真閱讀真理之書——你自己這本書，這時，你的各種玩具和編造的謊言都慢慢棄置一旁了。

人們告訴我：「但是，凱蒂，你的快樂也全是投射出來的。」我如此回答：「是的，那不是挺美的嗎？我喜歡活在這美夢裡，過著幸福的日子！」要是你活在天堂，你會結束它嗎？它不會結束，也無法結束的。這即是我的事實真相，直到它不是為止。它若改變了，我永遠可以反躬自問。我回答那些問題，領悟出內在的真相，因而化解了所做的一切，使得原本有事變成事事無礙了。在兩極之間，我找到了平衡，我自由了。

問：你說「轉念作業」會讓我沒有焦慮，也不會有問題。但是，那豈不是變成不負責任嗎？倘若我三歲的孩子叫餓時，該怎麼辦呢？我是否能毫不焦慮地想「嗯，她肚子餓是事實真相」，然後讓她繼續挨餓嗎？

答：噢！我的天！甜心，愛是仁慈的。當它看到自己的需要時，不會保持沈默，無動於衷的。你真的認為必須先有未雨綢繆的負面念頭，才會讓你去餵小孩嗎？如果你三歲的孩子叫餓，就去餵她，那是為了你自己的緣故！不焦慮也不煩惱地餵養飢餓的孩子，感覺如何呢？你豈不更清楚知道如何以及何處可找到食物嗎？而且，難道你不會因此而振奮和感恩嗎？這是我的生活方式。我不須藉助焦慮來完成我明知要做的事；焦慮不會帶來效率，唯有平安與清明的心，才會有效率。愛是行動，而且根據我的經驗，真相永遠是仁慈的。

問：你怎能說真相是美善的呢？那麼，戰爭、強姦、貧窮、暴力和虐待小孩呢？你豈能寬容它們？

答：我如何能寬容它們？我只注意到，如果我認定它們不該存在，我就會受苦。在它們消失之前，它們就是存在的。我能否結束內心的交戰？我能否不再用殘暴的念頭來戕害自己和他人？若不能，我就會繼續在心裡進行我要你停止的那些事。神志清明的人永遠不會受苦。你能消除世間的戰爭嗎？透過反躬自問，你至少消除了一個人的戰爭，那就是你。這是結束世間戰爭的開始。倘若生活激怒了你，很好！在紙上批評好戰人士，然後反躬自問，並作反向思考。你真想知道真相嗎？所有的痛苦都肇始於你，也終結於你。

問：「永遠接受事實」，聽起來好像你從此一無所需了，擁有那些東西不是更有趣嗎？

答：我的經驗是我確實一直在「要」一些東西，那不僅有趣，而且帶給我極大的快樂！我要的就是真相，而且我要的，其實是我早已擁有之物。

當我要的就是我本已擁有之物，想法和行動就不會分裂，它們同步前進，沒有任何衝突。如果你感到任何匱乏，把那些想法寫下來，一一反躬自問。我發現生活從未虧待我們，我不需要未來。我需要的一切，永遠裕如，永遠無虞，而且我不必為它付出任何代價。

我現在想要什麼？我想要答覆你的問題，因為那是此刻正在發生的事。我回應你，因為基於愛。「你」是所有結果的初因。我愛這個生命。我怎會需要比我現在擁有的更多或更少之物？何況那是很痛苦的。我之所見、所在之處，所聞、所嚐和所感受到的，全都如此美好。如果你熱愛生命，你會想要改變它嗎？沒有比熱愛真相還更令人興奮的事了。

問：有時候你會說：「神是一切，神是美善的。」那不也是一種信念嗎？

答：我只是用「神」來稱呼「事實真相」而已。我永遠知道神的旨意，那就是「每一刻的事實真相」。我不再懷疑，也不再干涉神的事，就這麼簡單。從這個「新視野」去看一切，萬物是如此完美。這終極真相——我稱它為「最後的判斷」——即是：「神是一切，神是美善的。」真正了解這點的人，不須反躬自問了。當然，說到究竟，連這種說法都不是真實的，但如果它對你有用，就好好享有它吧！祝你有個美妙的人生。

一切所謂的「真相」，最後都會消失，因為世間每一個真理都已經扭曲了。如果仔細審查，我們甚至會放掉這終極真相，那個遠遠超越所有真相的境界，是真正的合一之境，進入神的境界。歡迎回頭，那永遠是一個開始。

……………………

問：如果一切真的只是空無，那又何須自尋煩惱？為何要去看牙醫，為何還要治病呢？

答：我去看牙醫，是因為我喜歡咀嚼食物，我喜歡自己不是「無齒之徒」，我真傻哪！倘若你不知該如何是好，不妨反躬自問，找出屬於你自己的真相。

……………………

問：我如何活在「當下」呢？

答：你一直活在當下，只是沒意識到而已。

只有在這一刻，我們才活在真相裡。你和每個人一樣，都能學習活在當下；在每個當下，愛你眼前的一切，愛它如愛自己一般。只要你繼續練習「轉念作業」，就會愈來愈清楚地看到你的真相，沒有未來或過去。愛的奇蹟自會降臨在你每一個當下——每一個未加詮釋的當下。倘若你的心念跑去管其他人的事，你便錯失了真正的生命。

甚至連「當下」都是一個概念。一個念頭完成它自己時，便消失了，不會留下任何存在的證據，只留下一個概念讓你相信它曾存在過，然而現在，連那一個也消失了。現實永遠是一個過去的故事，在你抓牢它之前，它已經消逝了。我們每個人其實早已擁有自己一直在尋找的平安之心。

問：我發現很難說真話，世事變化無常，我如何前後一致地說真話呢？

答：人類的經驗不斷變化，然而我們那真實且完整的存在卻不曾改變過。讓我們從當下所在之處開始吧。我們能否只說「當前的真相」，而不必跟「前一刻的真相」作比較呢？如果你稍後再問我一次，可能我會有不同的答案。「凱蒂，你口渴了嗎？」不，不渴。

「凱蒂，你口渴了嗎？」是的，我渴了。我永遠說我此刻的真相。是的，不，是的，是的，不。那就是真相。

有一次，我堂兄在清晨兩點鐘打電話給我，非常沮喪地說，他正拿一把上膛的手槍對準頭部。他說如果我無法給他一個活下來的好理由，他就要炸掉自己的腦袋。我沈吟了很長一段時間，很想給他一個理由，卻怎麼也想不出來。我跟電話線另一端的他等了又等，到最後，我告訴他我一個理由都找不到。他突然放聲大哭，顯然這是他需要看到的真相。他說這是他生平第一次聽到的誠實無欺之言，而那正是他一直在尋找的。當時，如果我認為他不該自殺而編造一些理由，就絕對無法給他我所能給予的真實答案——也就是我在那一刻擁有的真相。

我注意到，練習「轉念作業」一段時日的人，他們看待事物時，能真正看清真相，因而變得容易活在真相裡，也容易靈活地改變他們的想法。只因為，誠實地活在當下是一件非常舒服的事。

你認識的人當中，有誰不曾改變過想法呢？這扇門過去是一棵樹，以後會變成柴火，然後回歸空氣和大地。我們全都像這扇門，不斷地變化。當你改變想法時，只需據實以告。倘若你害怕實話實說，人們將如何看待你，那就是你開始混淆的一刻。「你改變想法了嗎？」是的。「你發生什麼事了嗎？」是的，我改變了我的想法。

問：**我真的無法傷害到別人嗎？**

答：對我而言，我不可能傷害別人。（請勿相信這說法，對你而言，它還不是真的，除非你已親自領悟到了）我唯一會傷害的人是我自己。倘若你要求我直截了當說實話，我才會告訴你我所看到的。你要什麼，我就給什麼，而你接收答案的方式，決定了它對你是傷害還是幫助，我只是給你我能給予的東西而已。

但是，如果我認為對你說實話，會傷到你的感受，我就不說（除非你告訴我，你真心想知道）。如果我感到待你不善，內心就會不舒服，連帶也害自己受苦。所以，純粹為了我自己的緣故，我不會那樣做。我要照顧我自己，在那同時也照顧到你。我的友善與你完全無關，我們全都要為自己的平安負責。我可能說出最有愛心的話語，卻激起你的戒備之心，我能夠諒解那點。我了解，你認為我說了你什麼的那個故事，才是你受傷的原因。你之所以一再受苦，因為你不曾用四句問話反躬自問，並作反向思考，探求你的真相之故。

問：這麼多人、這麼多靈魂都在逐漸覺醒，這似乎是整個宇宙的集體渴望，渴望共同覺醒，宛如一個有機體、一個生命。你意識到這趨勢了嗎？

答：我對那一無所知。我只知道，心痛之時，就去審查它。覺悟只是一個靈性概念，另一個遙不可及的渴望而已，甚至連「無上真理」本身，也都只是一個概念。對我而言，經驗才是一切，那是反躬自問要帶給你的珍寶。每個痛苦，逐一被化解了——現在、此刻、當下。倘若你認為自己開悟了，那麼即使愛車遭到拖吊，你依然歡喜如常。就是那樣！你的孩子生病時，你如何反應呢？你先生或太太要求離婚時，你如何回應呢？我不知道人類是否正在集體覺醒。你現在痛苦嗎？那，才是我的興趣所在。

人們常談「自我覺醒」，這就是了！你是否能僅僅快樂地呼吸呢？如果你此刻很快樂，豈會在乎開不開悟呢？只需覺醒於此時此刻就夠了。你能做到這一點嗎？其餘的，最後都會冰消瓦解。心靈與理性合而為一，不再分裂。它找到了家，安息在自己裡頭，成為它自己。除非徹底了解自己編造的故事，否則永無平安之日。

問：我聽說解脫的人沒有任何偏愛，因為他們認為一切都是完美的。你偏愛什麼嗎？

答：我偏愛什麼嗎？我是熱愛事實真相的人，而且永遠如此。「真相」有它的偏愛，白天有太陽，晚上有月亮，看起來，我一直偏愛當下發生的事。我偏愛白天的太陽、晚上的月亮，也偏愛眼前跟我比肩而坐的人。只要有人開始發問，我就在那裡，而他就是我的偏愛，此外別無他人。然後，當我跟另一個人說話時，她就成了我的偏愛，除她之外，也別無他人了。我專注自己正在做的事，由此孳生了我的偏愛。無論我正在做什麼，那就是我的偏愛。我怎能知道呢？我「正在做」啊！我是否偏愛香草更甚於巧克力呢？我「是」如此，直到「不是」為止。改天，我們到店裡買冰淇淋時，我會讓你知道。

問：需要化解「所有的」信念嗎？

答：只要檢查所有使你痛苦的信念即可。你只需從自己的噩夢中清醒，美夢必會隨之而來。如果你的內在世界無比自由、無比美妙，為何要改變呢？活在快樂美夢裡，誰要醒來呢？倘若你的夢並不快樂，歡迎來做「轉念作業」。

永遠只有一個問題：
你當前尚未審查的故事。

14 隨時活用「轉念作業」

我常聽到初學者提出這類疑慮：要是定期練習「轉念作業」，會有什麼結果？他們擔心，倘若放掉自己編造的故事，就會缺乏行動的誘因，接下來不知要做什麼了。正如我們在前面的個案裡看到的，這通常是恐懼感在作祟的緣故。然而，根據那些嫻熟「轉念作業」的人——不論是父母、藝術家，或任職於學校、公司、政府、監獄及醫院等各式各樣角色、身分的人——的親身經驗，情況恰恰相反，反躬自問自然而然地提昇了他們的行動力量，使他們每一個舉措都是清明的、仁慈的，而且一無所懼。

一旦你徹底了解自己的想法，你的身體必會隨之調整，它會自動自發，根本不勞你費心。「轉念作業」要你留意自己的想法，而不是改變它們。當你處理好「想法」之後，「做法」就會適時出現。

你是否認為：你坐在椅子上，體悟了一個「洞見」，問題就此了結，從此過著太平歲月？我不認為如此。「轉念作業」只是整個過程的「半途」而已，另一半要靠你具體「活出來」。除非它們化為行動，在生活裡隨時活用，否則你並未真正擁有它們。「轉念作業」在在顯示出：你完全顛倒了自己的幸福之道。你認為人們應該善待你，其實，它的反面才是真的：「你應該善待他們和你自己。」而且，你對別人的批判也將成為你日後生涯活脫脫的指針。經過反轉之後，你才會看清，什麼才是你的幸福之道。

你一直給家人和朋友的忠告，其實是給你自己的最佳忠告。當你能夠跟自己學習，作自己的學徒時，你便成為一位有智慧的老師。因為你開始懂得聆聽了，即使別人對你的善意建言充耳不聞，你也不會介意。不論是做生意、購物，或洗碗，你的呼吸、你的步履，和白在愉悅地活著，所帶給我們的，點滴都是智慧。

了解自己是最甜美的事。它教我們如何全面負起一己的責任，這正是我們的解脫之道。不必等待別人的了解，即可自我了解；不必期待人們滿足你的需求，即可在自身內尋得全然的滿足。

我們不懂如何改變、如何寬恕，或如何成為誠實的人，我們正殷殷期盼典範的出現。你就是那個典範，你是你唯一的希望，因為除非你改變，否則我們不會改變。我們的任務就是不斷挑戰你，千方百計地讓你動怒、煩躁或反感，直到你了解為止，我們用這種方式在愛你，不管我們是否意識到它。整個世界都是為你而存在的。除非你開始審查並找出痛苦的原因，否則痛苦無法成為你的老師，各種學說理論也全都派不上用場。

然而，要把「轉念作業」化為行動，必須從你內在的聲音開始，它老是喜歡告訴別人該做什麼，其實它是在告訴你自己該做什麼。當它說「他應該撿起襪子」，你只去聽它的反向思考「我應該撿起襪子」，然後就照做不誤，隨著它暢順而無止盡地流動，只是撿襪子，直到你感覺自得其樂為止，因為那是你的真相。你心裡明白：唯一需要清理的房子是你的心靈。

你若不撿襪子，可能導致嚴重後果，使你深陷戰地。而今，這真是個意外的禮物：你原本等著別人去做，結果，你出現了，而且就在眼前。

除非你此刻就在自己內心找到平安，否則世間永無太平之日。你若想要自由，就活出這些反向思考吧。耶穌曾經這樣做過，佛陀也是，史上的偉人都這麼做過，還有無數不知名的了不起人物，正在家庭及社區裡，如此快樂而平安地活著。

到了某個時刻，你可能想進入內心最深處的痛苦清理一番。那麼，就做「轉念作業」吧，等你看到自己該負的那一部分責任後，去拜訪曾被你批評的人，向他們告白，告訴他們你看到了自己該負責的部分，而且正在努力改善中。這一切，全操之在你，而唯有說出事實真相，你才能徹底自由。

所以，我邀請你回顧一下自己的滄桑史，去看出你原本可以活得如何自由自在。你編的故事才是真正令你痛苦的原因，生活就如一面鏡子，反映出你信以為真的東西，絕無例外可言。

你可能害怕深入「轉念作業」，擔心如此一來會失去一些深具意義或價值的東西。我的經驗正好相反：不再編造那些故事，生命反而變得更加豐富了。「轉念作業」的老手都發現：反躬自問並非那麼嚴肅，經過仔細審查之後，過去種種痛苦的想法，往往蛻變為妙不可言的歡笑。

我喜歡自由自在地活在人間，毫無恐懼、悲傷、憤怒，敞開雙臂與心門，隨時隨地迎接任何問題。生活將向我顯示我尚未化解之處，我期待它們的出現，也期盼你與我同行。

只需不斷回歸自己，
因爲你是自己一直等待的那個人。

〈附錄一〉

自我引導

下面是案主針對與朋友或愛人間的衝突，自行操練「轉念作業」的案例。他們的例子充分說明了反躬自問所切入的深度，只要你願意花時間，誠實又徹底地寫下你的答案，經過反覆練習，你也會找到自己的真相。

究竟是我男友殘障，還是我自己？

案主的答覆：

我很難過、生氣，因爲亞倫沒辦法走路，我們無法做「正常夫妻」做的事。

那是眞的嗎？

是真的。

事實是什麼呢？

事實是：亞倫是坐輪椅的，他無法走路。

重寫的答覆（想到：「如果亞倫能走路，我會過得如何？」）：

如果亞倫能走路，我會過得更好。

我敢肯定那是眞的嗎？

不，我無法完全肯定。

當我相信「如果亞倫能走路，我會過得更好」的想法，會作何反應呢？

我覺得自己像個犧牲者。我自怨自憐，開始嫉妒其他夫妻。我覺得受騙了，因而感到很驚慌。我覺得自己喪失了某一部分的經歷，尤其是性生活方面。我特別渴望的，都是對我們來說很困難或不可能做到的事，像是到無殘障設備的地方旅行。我常不必要地而且不停地擔心，如此愛上這個男人是一個錯誤。我懷疑上帝，縱使亞倫是祂放在我面前，刻意要我一再去愛的男人。

當你相信這想法時，你有何感覺呢？

簡直快瘋了，很孤獨、喜怒無常，就像上癮那般困在讓我窒息的想法裡。我的胸口痛得很厲害，好像有人正在踩踏它。我很生氣，因為我們古怪，不正常，常引人側目——這絕非我理想中的夫妻生活。

當我想到「如果亞倫能走路，我會過得更好」時，我如何對待他呢？

我對他很冷淡，刻意保持距離。活得不自在，而且故意壓抑我對他的情意，也故意不跟他分享事物。我不願跟他做愛，而且期待他自己去處理性需求。我表現得好像比他更懂得怎樣照顧他自己。

我如何對待自己呢？

我認為我快瘋了，自己一定有問題，才會愛上坐輪椅的男人。最糟的是，我不允許自己全心全意地愛他，我不斷跟自己說我得了「相互依存症」（codependent）。我心煩意亂，必須藉酒消愁。我要不是讀一大堆書，便是完全不碰書。我想要跟其他男人來一些另類接觸，但通常都只在腦海裡，有時則是跟真正的男人。我快要被自己的兩極想法撕裂了：「這樣做對嗎？不對嗎？」我常因此失眠，卻表現得好像一點都影響不了我對待家人和朋友的態度，我變得防衛性很強，很難相處。我不願想到我們擁有過的美好經驗，只想找出理由證明自己是對的，比如占星術、雙摩羯宮的說法，或是前世今生那類狗屎。我對自己的心口不一感到羞愧。而且，經常藉口我的非凡事業、我的美好房子、我的貓，而不願跟他去新墨西哥。

我是否能找到理由放下「如果亞倫能走路，我會過得更好」的想法嗎？

是的，上述的反應全都是理由。

我是否能找到繼續持有這想法而毫不焦慮的理由呢？

一個也沒有。

若沒有「如果亞倫能走路，我會過得更好」的想法時，我是怎樣的人呢？

一個愛上男子亞倫的女人。

重寫你的反向思考：

如果亞倫能走路，我不會過得更好。這個說法，感覺起來同樣真實。

反向思考原先的答覆：

「我很難過、生氣，因為我無法走路。」是的，有時候我限制自己出遊，並為此責怪亞倫。只要一想到我無法站起來，到任何我想去的地方，就讓我很生氣。

「我們可以做『正常夫妻』做的事」，這是真的，亞倫和我都是在做正常夫妻做的事。只因我拿其他夫妻來作比較，我才無法享受「正常夫妻」的生活，而且一直想要過他們那樣的生活。

珍妮不該騙我

案主的答覆：

我不喜歡珍妮，因爲她騙我。

那是眞的嗎？

是真的。

有何證據能證明那是眞的嗎？

她告訴我那課程限制三十個人，卻收了五十五個人。她告訴我週末之前要送我錄音帶，卻整整拖了一個月以後才送。還有啊，她很肯定地說，她能安排更早的車載我到機場。可是，時間到了，她才說找不到車子來載我。

這些證據眞的能證明她對我撒謊嗎？

是的。

我是否能百分之百肯定珍妮對我說謊呢？

是的。

當我相信珍妮對我說謊時，我的反應如何呢？

我感到失控、無助，不再相信她說的任何事。我很沮喪，而且每當跟她在一起，甚至想到她時，就生起戒備之心。我一直認為我比她更能勝任她的工作。

重寫的答覆（想到：「應該怎樣才對？」）：

人們不該說謊。

那是眞的嗎？

不是，大家都說謊！

當我相信「人們不該說謊」的虛構故事，而她卻說謊時，我怎樣對待珍妮呢？

我把她看成虛偽、不值得信賴、不稱職，而且不關心別人的人。我不信任她，而且對她很冷淡。我把她說的話、做的事，一切行為都視為謊言。我跟她說話很不客氣，我不喜歡她，而且要她感受到我對她的討厭和不認同。

那種感覺如何呢？

我覺得自己完全失控了，我不喜歡自己，而且我覺得自己不對，很內疚。

若沒有「人們不該說謊」的故事，我在珍妮面前是怎樣的人呢？

我會認為珍妮已經盡力了，而且真的做得非常好。她得為這麼多人處理這麼多的資料。我會比較關心珍妮，隨時伸出援手。我可能花些時間跟她聊聊，多認識她一點。當我閉上眼睛看著她，放下自己編的那個故事時，我其實很喜歡她，並願意當她的朋友。

重寫你的反向思考：

人們應該說謊。對，他們應該，因為人們都說謊。

反向思考原先的答覆：

「我不喜歡自己，因為我欺騙珍妮」——那是真的，因為我告訴她我無法改搭較晚的班機，那家航空公司的票全賣光了，但我沒登記候補或改搭別家航空公司。事實真相是我騙她，我想要搭較早的班機。

「我不喜歡珍妮，因為我欺騙自己（關於珍妮）」——是的，那更真實些。當我妄自評斷珍妮所說和所做的一切時，我跟自己說了很多關於她的謊言。我並非討厭珍妮，而是討厭我自己編出來的那些故事、謊言。

「我喜歡珍妮，因為她沒有騙我」——那也是真的，我真的不相信她會故意跟我講不真實的事。她只是轉述她手中所有的資訊而已，她無法預知未來的變動。而且，我真的很喜歡她。

我是自己痛苦的一切肇因，
並非一部分而已。

〈附錄二〉

批評鄰人的轉念作業單

（Judge-Your-Neighbor Worksheet）

誠實批評・寫六道題・四句反問・反向思考

請簡單地填寫一位你無法完全原諒的人。回想當時的衝突場景，感受一下你的憤怒或痛苦，此刻不必反省自己的表現，只需誠實地寫下你心裡對那人的不滿。

1. 誰讓你感到憤怒、挫折、迷惑，為什麼？誰激怒了你？他有哪些地方是你不喜歡的？

我對（人名）＿＿＿＿＿＿感到＿＿＿＿＿＿，因為

（例：我對保羅感到很生氣，因為他不肯聽我說話、不肯定我，我說的每件事他都要反駁）

2.你要他如何改變，你期待他怎麼表現？

我要（人名）＿＿＿＿去做＿＿＿＿

（例：我要保羅承認他錯了，並向我道歉）

3.他應該（或不應該）做、想、成為，或感覺什麼呢？你想給他什麼樣的忠告？

（人名）＿＿＿＿應該（或不應該）＿＿＿＿

（例：保羅應該照顧好他自己，他不應該老愛跟我爭辯）

4.你需要他怎麼做，你才會快樂？

我需要（人名）＿＿＿＿去做＿＿＿＿

（例：我需要保羅聽我說話，並尊重我）

5.此刻，他在你心目中是怎樣的人呢？請詳細描述一下。

（人名）＿＿＿＿是＿＿＿＿

（例：保羅不公正、傲慢自大、講話很大聲、不誠實、行事踰矩，而且不關心別人）

6.你再也不想跟這個人經歷到什麼事？

我再也不要（經歷到）＿＿＿＿

（例：我再也不要感受到保羅對我的不肯定。我再也不要看到他抽煙，毀掉他的健康）

四句反問：

1.那是真的嗎？

2.你敢肯定那是真的嗎？

3.當你持有那個想法時，你會如何反應呢？

4.沒有那個想法時，你會是怎樣的人呢？

接下去，

請反向思考

5.《告別娑婆》

宇宙從哪兒來？目的何在？我是什麼？為什麼會在這裡？要往哪裡去？該怎麼活在這個世界？作者葛瑞・雷納用對話方式從當今世局一直說到真愛、疾病、性與股價，讓我們對複雜的人生百態，頓時生出「原來如此」的會心一笑。讀本書，你會有「千年暗室，一燈即亮」的領悟。（全書513頁）

6.《奇蹟課程研習會第一階段理論基礎班DVD》

鑒於《奇蹟課程》的博大精深，常讓讀者不得其門而入，若水以三日研習的形式，系統化且階段式地解說整部課程的思想架構，將寬恕理念落實於生活。本套教學DVD剪輯自2005年在台北舉辦的「第一階段理論基礎班」的現場錄影，共八講八個小時，並附講義及MP3光碟，字幕具簡繁兩體。

7.《奇蹟課程導讀系列叢書》(2007年起陸續出版)

本系列叢書是若水這些年來與《奇蹟課程》讀者在網站上切磋激盪出來的結晶。她集西方奇蹟教師三十餘年的智慧傳承之大成，深入淺出地為華文讀者撥開《奇蹟課程》的迷霧，是初入門者不可或缺的指引明燈。此書改編自《點亮生命的奇蹟》，並增補了若水近三年來的新作。改換「輕」裝上陣，分為三冊：創造奇蹟的課程、奇蹟的另類對話、從佛陀到耶穌。

8.《奇蹟課程》系列有聲教學教材

奇蹟資訊中心每年發行《奇蹟課程》譯者若水的演講錄音或錄影光碟，將《奇蹟課程》的抽象理念與現實生活銜接起來，幫助讀者了解奇蹟課程的精髓所在，是奇蹟學員不可或缺的有聲輔讀教材。由於教材內容每年不盡相同，欲知詳情請上網www.accim.org的「出版訂購」專欄查詢。

奇蹟資訊中心出版系列

1.《奇蹟課程》

《奇蹟課程》是一部轉化心靈的自修課程，內容共分三部，第一部〈正文〉，為「寬恕」提出一套深湛的形上思想架構，為人類指出一條由恐懼轉向真愛的解脫途徑。第二部是〈學員練習手冊〉，共三百六十五課，旨在潛移默化學員的心識及知見。第三部為〈教師指南〉，全文以問答的形式澄清讀者可能有的疑難。

《奇蹟課程》以基督教為表，以佛教為裡，將東西兩大宗教融合得天衣無縫，為二十一世紀的靈修導引一個嶄新的方向，是關心人類心靈發展的有識之士不可錯過的寶典。（全書長達1200頁，聖經紙精美印刷）

2.《奇蹟課程補編》

這是海倫・舒曼博士晚年所接受的訊息，把《奇蹟課程》獨到的見地具體發揮於心理輔導上，將心理治療由一種職業提升為靈修經驗，使諮商師與受輔者一起學習寬恕，共同得到治療，是不斷充實自我的心靈工作者必讀的靈修書籍。（全書108頁）

3.《寬恕十二招》

《寬恕十二招》把整套自我寬恕過程編寫成十二招。作者保羅・費里尼藉此引導我們靈活且勇敢地超越自卑、自責以及過去的創痛，而進入深度的自我寬恕。這是所有準備好負起自我治療之責的人必讀的書籍，也是曠世靈修經典《奇蹟課程》的輔讀書籍。（全書110頁）

4.《無條件的愛》

作者保羅・費里尼繼《寬恕十二招》之後，另以老莊的散文筆法，細細描述我們每一個人心中都擁有的「無條件的愛」。他由大我的心境出發，以第一人稱的對話方式，直接與讀者進行心與心的交流，喚醒我們心中沈睡已久的愛，開啟那已被遺忘的智慧。此書充滿了「醒人」的能量，是陪伴你走過人生挑戰的最好伙伴。（全書209頁）

國家圖書館出版品預行編目資料

一念之轉：四句話改變你的人生／拜倫・凱蒂（Byron Katie), 史蒂芬・米切爾 (Stephen Mitchell) 合著；周玲瑩譯. -- 初版. -- 臺北市：奇蹟課程, 民96
448面；14.8×21公分
譯自：Loving What Is：Four questions that can change your life
ISBN 978-986-81540-1-8（平裝）

1. 自我實現（心理學） 2. 自我肯定

177.2　　96006323

一念之轉：四句話改變你的人生
Loving What Is

作　　者：拜倫・凱蒂（Byron Katie）　史蒂芬・米切爾（Stephen Mitchell）
譯　　者：周玲瑩
審　　訂：若水
責任編輯：施宏揚
校　　對：李安生　黃真真　施宏揚
封面設計：不倒翁視覺創意工作室
美術編輯：不倒翁視覺創意工作室
出　　版：奇蹟資訊中心・奇蹟課程有限公司
台北市民權東路3段186號7樓
聯絡電話：04-22451255　02-82852257
劃撥訂購：帳號19362531　戶名：劉巧玲
網　　址：www.accim.org
電子信箱：accimadmin@accim.org　mictaiwan@yahoo.com.tw

定　　價：新台幣450元
中華民國 九十六年五月初版
中華民國 九十六年六月二刷
經銷代理：聯經出版公司（電話：02-26422629轉223）
ISBN 978-986-81540-1-8